코로나,

기후,

CORONA, CLIMATE, CHRONIC EMERGENCY

오래된

비상사태

코로나,

기후,

CORONA, CLIMATE,
CHRONIC EMERGENCY

21세기
생태사회주의론

오래된

안드레아스 말름 지음
우석영·장석준 옮김

비상사태

마농지

차례

일러두기

1. 원서의 주는 미주로, 옮긴이의 주는 각주로 처리했다.
2. 원서에서 이탤릭체로 강조한 부분은 고딕체로 표기했다.
3. 저자가 언급한 책들 가운데 국내에서 번역 출간된 경우는 한국어판 제목을 따르고 원제를 병기했다.
4. 단행본과 정기간행물은《 》로, 논문은〈 〉로 표시했다.

1장
코로나와
기후

이번 새천년의 세 번째 10년은 디스토피아적 상상력을 자극하는 일련의 역사적 사건의 꾸러미와 함께 시작되었다. 산림을 태우는 불길은 여전히 오스트레일리아 곳곳에서 맹렬히 솟아올랐다. 이 불길은 오스트리아와 헝가리 국토를 합한 면적보다도 넓은 땅을 잿더미로 만들었고, 70미터 상공으로 화염을 쏘아 올리며, 34명의 사람과 10억 마리가 넘는 동물의 목숨을 제물로 삼았다. 이 불길은 또한 태평양 건너 아르헨티나 쪽으로 연기를 내뿜었는가 하면, 뉴질랜드 산악 위편의 눈[雪]을 갈색으로 채색했는데, 바이러스 하나가 중국 우한의 한 시장 밖으로 뛰쳐나간 것도 바로 그때였다.[1] 야생에서 포획된 동물들을 내다 파는 시장이었다. 새끼 늑대, 대나무쥐, 황금매미, 고슴도치, 다람쥐, 여우, 사향고양이, 거북이, 도롱뇽, 악어, 뱀도 이곳에서 판매되고 있었다. 그러나 초기 연구들이 바이러스 배출원으로 지목한 동물은 박쥐였다. 그 바이러스가 박쥐에서 나와 다른 동물(천산갑이 주요 용의자였다)로

거처를 옮겼다가 우한의 시장으로 이동해서는 상점을 돌아다니던 사람들의 몸속으로 들어갔다는 것이 연구자들의 추론이었다. 환자들이 병원으로 몰려들기 시작했다. 환자 중 한 사람, 당시 문제의 시장에서 일하던 건장한 41세 남성은 고열, 흉통, 마른기침 등으로 고통받으며 일주일을 시달리다(공교롭게도 바로 이 일주일 동안, 화마에 휩싸인 오스트레일리아의 주들은 40도 이상의 고온으로 끓어올랐다) 중환자실로 직행했다.

바이러스는 이제 전 세계로 확산했다. 송전망을 통과하는 전기와도 같은 무시무시한 속도였다. 2020년 2월 초, 매일 약 50명이 사망했는데, 대부분 급성 호흡기 질환이나 호흡 불능이 사인이었다. 3월의 첫날, 전 세계 하루 사망자 수는 70명으로 늘어나 있었고, 4월의 첫날에는 5000명으로 늘어났다. 그래프의 막대가 거의 수직으로 치솟는 기하급수적 증가세였다. 202개국 중 182개국에서 최소 1명 이상의 감염이 보고되었다. 이 죽음의 전류는 지구의 모든 해양을 건너, 벨기에에서 에콰도르까지 전 세계 도시들의 거리로 흘러 들어갔다.

이런 일이 일어나는 동안, 전례 없는 규모의 어마어마한 메뚜기 떼들이 동아프리카와 서아시아를 휩쓸고 있었다.[2] 이들은 땅을 뒤덮고 식물과 과일을 먹어 치웠는데, 이들이 한번 지나간 자리엔 초록빛을 찾아보기 힘들었다. 농민들이 논밭에서 이들을 떼어내고 쫓아내려고 했지만, 소용없었다. 메뚜기 떼가 이루는 구름으로 하늘은 캄캄한 칠흑빛이 되었는가 하면, 두껍게 쌓인 메뚜기 사체들이 철로의 기차를 세울 정도였다. 케냐에서 발견된 살아 있는 메뚜기 무리 하나는 뉴욕시 면적의 세 배 크기였다. 다른 무리들은 보통 이것의 24분의 1 정도였지만, 최대 80억 마리를 거느리고 하루에 400만 명분의 식량을 집어삼킬 수 있었다. 보통의 상황이라면, 이 정도 규모의 메뚜기 떼는 찾아보기 어려웠을 것이다. 그들은 사막에서 고독하게 지내는 생활양식을 고수했을 것이다. 하지만 2018년과 2019년, 그들이 거주하던 사막들에 이례적인 사이클론이 나타나 집중호우가 쏟아졌다. 이로 인해 습기가 과잉 축적되는 바람에 증식한 메뚜기 알은 거대한 탐식의 덩어리가 되었고, 수천만 인구의 식량 공급을 위협할 정도였다. 바이러스의 강림과도 같은 사건이었다.

'묵시록의 기사'*는 결코 홀로 달리지 않는 법이다. 전염병도 결코 홀로 등장하지 않는다. 마치 반죽용 그릇에 끓는 물과 천둥, 역병과 악취 나는 강, 죽은 물고기와 개구리가 함께 들어 있는 형국이었다. 이렇게 쓰고 있는 시점인 2020년 4월 초, 코로나바이러스 팬데믹에 따른 전 세계 확진자 수는 100만 명을, 사망자 수는 5만 명을 넘어설 기세인데, 향후 이 사태가 어떻게 종결될지는

---

* '묵시록'이라고도 불리는 〈요한계시록〉에서 비롯된 표현. 인류 최후의 날 네 명의 기사騎士가 등장해 인간의 죄를 벌한다는 이야기에서 나왔다.

아무도 모른다. 레닌Vladimir Ilich Lenin의 말을 빌리자면, 마치 수십 년이 몇 주로 압축되고, 세계는 고속 기어로 회전하는 것만 같아서, 미래 예측이란 예측은 전부 낭패하기 십상이다. *

하지만 상상으로 기재한 수표 금액의 일부를 현금으로 바꾼다면, 우리는 열병에 걸린 사람들로 가득한, 열병 앓는 지구를 상상해낼 수도 있을 것이다. 다시 말해 지구온난화와 팬데믹이 결합하는 사태를, 예컨대 뭄바이 같은 도시에서, 바다로 가라앉는 슬럼에서 사는 사람들이 폐렴으로 죽어 나가는 사태를. 뭄바이에 있는 다라비Dharavi 빈민가에서 코로나바이러스 첫 확진 사례가 막 보고되었다. 다라비에는 100만 명 인구가 위생 시설도 거의 갖추지 못한 채 빽빽이 모여 살고 있는데, 매년 더 강력해진 폭풍이 빈민가를 침공하고 있다. 이재민 수용소에서는 다닥다닥 붙어 있는 사람들 사이로 전선을 타고 흐르는 전기신호처럼 병원균이 옮겨 다닐 것이다. 지나치게 무덥고, 지나치게 많은 감염병이 나돌아서 외출하기조차 어려울 것이다. 들판은 햇볕 아래 갈라질 테고, 아무도 들판을 돌보지 않을 것이다.

그러나 다른 한편으로, 처음부터 코로나 위기는 훗날 정상 상태로 돌아가리라는 기대와 함께 시작되었다. 이런 목소리는 유독 크고 신뢰할 만했는데, 왜냐하면 이 질병은 (예컨대) 투자 은행

* '혁명'에 대한 레닌의 표현이다.

의 붕괴보다는 시스템 외부에서 가해진 충격에 훨씬 더 가까워 보였기 때문이다. 이번 바이러스는 외부 충격의 전형이었고, 한두 달 내에 흐지부지되어 사라질 성격의 것이었다. 제2의 물결이 올 수도 있겠으나, 그래봤자 똑같은 녀석일 터였다. 백신은 팬데믹을 누를 수 있을 터였다. 팬데믹을 차단하기 위해 취한 모든 조치, 예컨대 거리를 통제하는 경찰 테이프는 일시적 조치일 뿐이라는 이야기가 돌았다. 그러므로 과거의 익숙한 일상으로 돌아간 지구를 우리는 쉽게 상상할 수 있었다. 거리는 다시 붐빌 것이다. 사람들은 안도하며 마스크를 내던지고 쇼핑몰로 몰려들 것이다. 누구에게나 바이러스의 공격으로 중단되었던 활동을 재개하고픈 억눌린 충동이 있을 테고 그 충동은 강렬한 쾌락욕과 함께 풀려날 것이다. 항공기들이 다시 하늘을 날고, 겨울 지나 봄에 새순이 돋듯 하얀 비행운들이 돋아나 지붕을 이룰 것이다. 개인들의 소비욕은 어느 때보다 더 강렬해질 것이다. 누가 이런 일을 겪은 후에도 만원 버스나 지하철에 서 있고 싶겠는가? 잠자던 자동차, 철강, 석탄 공장의 생산 능력이 갑자기 오를 테고, 비축 투입물이 다시 연결된 공급망을 통해 흘러갈 것이다. 눈에 띄지 않는 곳에서 석유 시추가 재개될 테고, 멀리서 작업 소음이 들릴 것이다.

하지만 이 두 개의 대립하는 미래 시나리오는 좀 더 자세히 들여다보면 완전히 동일하다.

과연 출구가 있을까?

비상사태의 현장

이번 바이러스의 확산을 막거나 적어도 확산세를 늦추려고 세계 각국은 자국민을 가정에 묶어두는 실로 이례적인extraordinary(이 단어가 함축하는 모든 의미에서 이례적인) 조치를 단행했다. 봉쇄령은 치안을 확보하기 위한 다양한 조치와 함께 내려졌는데, 일부 국가의 경우 가혹했다. 유럽 국가들에서 금지된 활동 목록에는 2인 이상 집합(독일), 정부 허가 없는 외출(프랑스), 18세 미만의 경우, 부모 중 한쪽이라도 동반하지 않은 외출(폴란드), 도시 간 이동(이탈리아), 소풍, 펍 출입, 외식, 외국인 손님 초대(대다수 국가) 등이 있었다. 2020년 4월 초에 이르면, 호모 사피엔스 전체가 일종의 셧다운 상태에 들어갔다. 후기자본주의의 일상이 이처럼 완전히 정지된 적은 일찍이 없었다.

팬데믹과의 전투에 모든 수단이 동원되었고, 사회 내 '필수' 기능과 '비필수' 기능이 구분되었다. 런던에 있는 호화로운 고급 백화점 해러즈는 후자로 분류되었다. 2차 세계대전 중 런던이 폭격당하던 때도 내내 문을 열었던 이 백화점은 2020년 3월 20일에는 문을 닫았다. 필라델피아의 한 바리스타는 "스타벅스는 필수가 아니"라고 주장했는데,[3] 그를 비롯해 많은 사람들이 미국 내 모든 스타벅스 지점을 폐쇄하자는 노동자들의 청원에 서명했다. 가장 먼저 고통을 겪은 이탈리아 정부는 모든 '비필수' 공장과 사업체에 문을 닫으라고 명령했는데, 슈퍼마켓, 약국, 우체국 같은 곳들은 예외였다. 특정 형태의 생산과 상거래는 인간의 기본 수요를 충족시키지만, 여타 생산과 상거래는 수익 창출 행위를 계속 이어갈 합법적 권리가 없으며 즉시 중단시킬 수 있다는 원칙은 역사상 전례가 없는 것이었다.

'저 물품들'이 아닌 '이 물품들'이 생산되어야 한다는 원칙이 뒤따라 나왔다. 지금까지 가장 노골적으로 비필수 부문으로 지목된 산업은 자동차 제조업이었다. 어떤 자동차 공장이든 바이러스의 온상이 될 위험이 있었다. 3월 중순이 되자 폭스바겐, 혼다, 크라이슬러 같은 자동차 대기업들은 공장 조립라인을 정지시키고 노동자들을 집으로 돌려보냈다. 적기 생산방식을 뒷받침하는 공급망에 차질이 불가피했다. 하지만 자동차 제조 부문은 경이로운 기술력의 현장이기도 하다. 새로운 작업 수행을 위해 로봇공학, 기계공학, 생산 현장의 기술을 동원하고, 대안적인 조립라인을 구축하고, 단기간에 최첨단 제품을 생산해내는 탁월한 능력을 보유하고 있다. 2차 세계대전 때 등장한 개조된 군용 차량들은 그러한 가능성을 상기시켜준다. 이번에 필요하게 된 물품은 탱크나 폭격기가 아니라 인공호흡기, 즉 폐 안으로 공기를 펌프질해 공급하고 체내 분비물을 빨아들여 중환자들의 호흡을 돕는 장치 같은 것이었다. 도널드 트럼프 미국 대통령은 처음부터 이런 생각을 선호하지 않았고('우리'는 비즈니스의 국유화에 기초를 둔 나라가 아니라고 그는 천명했다)[4] 미 상공회의소도 이 방안에 반발했다. 하지만 끝내 트럼프는 위기 시에 대통령이 민간기업에 필수품 공급을 '명령'할 수 있는 '국방물자생산법Defense Production Act'을 발동한다. GM과 포드는 잉여 장비를 생산하던 유휴 공장에서 필요 부품을 조달하여 폭발적 팬데믹 확산 속도에 맞추어 인공호흡기를 대량 생산하는 방법을 찾기 시작했다.[5] GM은 이익 추구를 포기하겠다고 다짐했다.

자동차 제조사들과 비슷하게 비필수성이라는 구렁텅이에 빠지고 만 패션 브랜드들, 예컨대 프라다, 아르마니, 입생 로랑, H&M은 제조 역량의 일부를 의료업계가 간절히 원하던 상품인 의료 작업복, 얼굴용 마스크, 방호복 제조로 돌렸다. 크롭 볼레로 가디건이나 호피 무늬 스웨이드 부츠를 생산할 때가 아니었다. 캘리포니아에서 덴마크까지, 증류주 업체들은 보드카, 위스키 생산라인을 개조해 술 대신 손 소독제를 제조, 공급했다. 계획적인 노동력 재배치가 실행되었다. 스웨덴에서는 지혜로운 항공사인 스칸디나비안 에어라인스의 승무원들이 재교육을 받아 간호사로 투입되었는데, 임무에 대한 열의가 대단했던 것으로 알려졌다.[6] 기내 복도에서 판매할 면세 향수와 보석이 문제가 아니었다. 모든 것은 생명을 구하는 일에 집중되었다.

이번 비상사태 속에서 사적 재산권을 보호하던 울타리들은 허리케인에 휘말린 초가집처럼 산산이 부서지고 말았다. 스페인은 모든 민간 의료 시설을 단번에 국유화했고, 의료 장비 생산 잠재력이 있는 회사들에게 국가 계획에 맞추어 생산하라고 지시했다. 영국은 철도 체계를 사실상 국유화했고, 이탈리아는 국가의 대표 항공사인 알리탈리아를 인수했다. 자본축적이 목적인 산업 가운데 항공산업만큼 큰 소리를 내며 무너져 내린 부문도 없었다. 4월 초에 이르면, 세계 항공기의 절반이 창고로 들어갔고, 런던 히스로 공항은 활주로 하나를 폐쇄했다. 보잉은 아예 공장 문을 닫았다. 대량 항공 운행은 이제 BC(코로나 이전Before Coronavirus) 시대[7]의 이야기가 되고 말았다. 가장 무모할 뿐만 아니라 쓸모없는 스포츠이기도 한 포뮬러원Formula One 역시 무너졌다. 제네바 모터쇼도 취소되었다. 매년 휴스턴에서 열리던 석유·가스 산업계 경영인들의 최대 모임인 세라위크CeraWeek도 취소되었다. 화석 자본이 일종의 마비 상태에 들어간 것이다. 수요가 무너지자 석유 생산 업체들은 유정을 폐쇄했고, 굴착 시스템 가동을 중단했으며, 기존과 다른 생산방식을 도입하기에는 비용 대비 가격이 맞지 않아 곤경에 빠졌다. 프래킹Fracking*은 정지되다시피 했다. 엑손모빌은 셰일 오일과 가스의 엘도라도인 미국 남서부 퍼미안Permian 분지에서 개발 속도를 늦추겠다고 발표했다. 산업 전반으

---

* 퇴적암층에 화공약품을 투입해 폭파함으로써 셰일가스를 추출하는 기술로 환경 파괴 논란을 부르고 있다.

로 보면 2020년에 예상되었던, 전 세계 석유와 가스 추출 인프라 투자 가운데 3분의 2가 보류되었다. "이것은 우리 생애 최대의 경제적 충격이다. 뿐만 아니라 석유 같은 탄소 기반 산업들이 큰 위험에 처했다"고 골드만삭스는 평했다. "그에 따라 석유산업은 여러 부문이 타격을 받았다."[8] 또 다른 분석가들은 석유산업이 한 세기에 한 번 있을까 말까 한 최악의 위기를 맞았다고 주장했다. 이것은 사실상 역사상 최악을 의미한다.

이렇게 하여, 이산화탄소 배출량이 급감했다. 감염병 발원 현장이자 이산화탄소 최대 배출국인 중국이 가장 먼저 맑은 하늘을 경험했다. 2020년 2월 한 달간, 석탄 연소량은 3분의 1 이상, 정제유精製油 연소량은 그보다 조금 적게 감소했다.[9] 한 회사는 휘발유 판매량이 60퍼센트, 경유 판매량이 40퍼센트 감소했다고 발표했다. 국내선 항공편은 2주 만에 70퍼센트 급감했다. 종합해보면, 중국의 이산화탄소 배출량은 **단 1개월 만에 4분의 1 수준으로** 감소했다. 전례 없이 신속한 감축이었다. 팬데믹과 관련 대응책이 전 세계를 뒤흔드는 가운데 이런 흐름은 반복될 수밖에 없을 것이다. 다른 모든 것이 그러하듯, 이러한 감소의 폭이 어느 정도일지는 불확실하지만 말이다.

이 모든 현장에서 전쟁수사학이 유행했다. 각국의 수장들은 스스로 전장의 총사령관이 되었다. "지금 우리는 전쟁 중이다." 프랑스의 에마뉘엘 마크롱은 이렇게 선언했다. "지금 우리는 전쟁 중이며 보이지 않는 적과 싸우고 있다"고 말한 사람은 도널드 트럼프였다. "지금은 전시이며, 인공호흡기는 우리의 탄약이다." 미국 감염병의 진원지인 뉴욕 시장 빌 더블라지오의 선언이었다. 2차 세계대전에 빗대는 일이 대세가 됐다. "이것을 전시 동원이라고 칭하라."《로스앤젤레스 타임스》는 당시의 생산 전환에 관해 이런 논평을 내놓았다. 이제 구식 정치는 상황에 맞지 않았다. 그리하여 가장 완강히 저항하던 이들마저 현실을 받아들일 수밖에 없는 듯 보였다. "비상사태에는 무엇이 중요한지를 신속히 파악하는 일이 매우 중요하고, 우리는 해야 할 바를 할 것"이라고 트럼프는 시인했다. 자신이 코로나바이러스 양성 판정을 받고 자가 격리에 들어갔다가 결국 입원했던 보리스 존슨 영국 총리는 양성 판정 10일 전 기자회견을 열고는 "무거운 절박감"을 통감하며 "전시 정부 지도자처럼 행동하겠다"고 엄숙히 다짐했다. 운명을 응시한 채, 존슨은 이렇게 공언했다. "그렇다, 이번 적은 치명적일지도 모르지만, 그렇다고 천하무적은 아니다. 그리고 현재 제시되고 있는 과학계의 충고를 따른다면 적을 물리칠 수 있다는 것도 우리는 알고 있다." 어떤 시청자들에게 이 드라마는 이제껏 방영된 적이 없는 텔레비전 프로그램의 대본과 유사해 보였다.

저 밖에 우리의 적이 있다

"난 당신이 패닉에 빠지기를 바란다." 2019년 세계 정치의 현장들을 순회하며 그레타 툰베리Greta Thunberg가 되풀이한 말이다. 전부는 아니지만, 여러 나라 지도자들은 툰베리의 직설적 면모에 감탄하여 그를 셀카에 담으려고 애썼다. 하지만 그들이 하지 않은 한 가지가 있었는데, 바로 패닉에 빠지는 것이었다. 그들은 기후위기가 전쟁과 동급의 비상사태라는 생각도 마음에 새기지 않았다. 이는 지난 수년간, 기후과학자들과 활동가들의 주된 선동 언어였다. 이들은 죽음을 목전에 둔 채 생존하고자 군대를 모으고, 다른 것은 모두 배제하고 오직 하나의 목표에만 집중하며, 극단적인 시간 압박을 받으며 결국엔 적을 물리치는 사회의 실제 사례로 2차 세계대전 당시 연합국의 전쟁 수행 노력을 즐겨 언급했다. 미국 경제가 화석연료를 100퍼센트 재생가능 에너지로 어떻게 대체할 수 있는지를 논한 글 중 가장 많이 인용된 논문은 2차 세계대전 당시 수십만 대의 항공기를 출시한 GM과 포드의 공장을 예로 들고 있다.[10] 이것도 가능했는데, 풍력 터빈과 태양광 패널은 왜 안 된단 말인가? 이 논문이 발표된 해인 2011년, 환경운동판의 NGO들은 미국과 중국의 지도자들에게 일종의 전시 행동에 나서라고 촉구했다.[11] 인류의 건강 문제에 가장 권위 있는 국제기구인 세계보건기구WHO는 지구온난화로 인해 어림잡아 매년

15만 명 이상이 사망하고 있다고 밝혔다.

북반구의 장관들, 최고 '정책 입안자들' 가운데 기후위기와 전쟁의 유사성에 관한 이야기를 들어보지 못한 이는 거의 없을 것이다. 현재 홍콩에서 활동하는 지속가능성 연구자 로런스 델리나Laurence Delina의 저서 《신속한 기후 완화를 위한 전략: 전시 동원 행동 모델Strategies for Rapid Climate Mitigation: Wartime Mobilisation as a Model for Action》에서 우리는 가장 소상한 수치 비교 자료를 접할 수 있다. 이 책에서 델리나는 국가가 어떻게 자원(돈, 노동, 기술)을 결집하여 화석연료 산업을 필요한 속도로 단계적으로 폐지할 수 있는지, 그 본보기를 세심히 조사했다.[12] 이 책을 읽은 독자이자, 툰베리가 나타나기 전까지 가장 유명한 기후활동가였던 빌 매키번Bill McKibben은 2016년에 발표한 에세이 〈전쟁 중의 세계〉에서 기후를 전쟁에 비유하며 수사적 글솜씨를 뽐냈다. 매키번은 최근에 나타나는 북극 빙하의 용해를 파괴적인 적군의 공격으로, 뉴스 화면을 채우는 불바다와 가뭄을 대항이 불가능한 습격으로 묘사했다. 이러한 묘사는 결코 은유가 아니었다. "지구온난화는 세계대전 **같은 것**이 아니다. 지구온난화는 하나의 세계대전**이다**. 아이러니하게도, 지구온난화의 첫 희생자들은 위기 발생에 가장 책임이 적은 사람들이다. 그러나 지구온난화는 우리 모두를 겨냥한 세계대전이다." 이렇게 말하고 나서 매키번은 이전의 세계대전에서 그랬듯이, 생산 기구와 기관을 개편해야 한다고 주장했다.[13]

매키번은 2016년 미국 대선 당시 버니 샌더스 캠프의 핵심 지지자였다. 샌더스는 "마치 전시 상황에 처한 것처럼 이 사안에 접근"해야 한다고 권고했다. "저 밖에 우리의 적이 있다." 그런데 샌더스가 당내 공천 경쟁에서 패했음에도, 민주당은 대선 전에 전시 동원과 같은 조치를 취해야 한다는 샌더스의 요구를 공식 입장으로 채택했다. 힐러리 클린턴은 백악관에 '기후변화 전담 상황실'을 설치하겠다고 약속했는데, 이 상황실은 프랭클린 D. 루스벨트가 전쟁 캠페인을 주관했던 '맵룸map room'을 모델로 삼은 것이다. 미국 기후환경운동의 한 분파가 제시한 '승리 계획안'에는 깃발이 아니라 풍력 터빈을 들고 있는 미국 군인들의 실루엣이 등장했다. 즉 기후 시위대는 '1차 세계대전, 2차 세계대전, 이산화탄소 세계대전'이라는 문구와 엉클 샘의 굳은 표정이 새겨진 현수막을 들고 있는 것처럼 보였다.[14] 2019년 주목을 받은 기후운동가 세대는 상징적 인물(알렉산드리아 오카시오코르테스Alexandria Ocasio-Cortez는 그중 한 명이었다)과 함께했고, 조지프 스티글리츠나 에드 밀리밴드 같은 유명인들에게도 손을 뻗었는데, 이 두 사람은 그해 전시 수준의 기후위기 대응을 주문했던 이들이다.[15] 실제로 기후 비상사태와 공황을 선포할 필요성은 코로나 이전인 2019년의 주요 이슈였다. 일례로 《타임》지는 12월 23일자 표지에 파도가 몰아치는 절벽에 서 있는 그레타 툰베리의 모습을 싣고 그를 '올해의 인물'로 선정하기도 했다. 그리고 바로 이날, 앞서 말한 우한 시장의 41세 노동자는 여전히 집에서 몸을 덜덜 떨며 비말을 내뱉고 있었다.

코로나와 기후의 차이: 첫 장면

확증편향에서 헤어나지 못하고 역사적 유사성에 집착하는 이 회의실에서, 우리는 한 가지 질문을 제기해야만 한다. 왜 세계의 북반구 국가들은 코로나 사태에는 행동에 나섰고, 기후 사태에는 행동에 나서지 않았던 걸까? 더 정확히 말해서, 왜 그들은 온실가스 감축에 관해 기껏해야 립서비스만 했고, WHO가 COVID-19라고 공식 명명한 19년형 코로나바이러스 관련 질병을 퇴치하기 위한 조치를 슬그머니 회피했던 걸까? (심지어 그들은 시민들에게 외출 금지령도 내리지 않았다.) 이 질문은 2020년 3월, 인류가 등 떠밀려 참여하게 된 온라인 포럼에서 숱하게 논의되었다. 코로나와 기후 대응의 격차에 관해 많은 설명이 제시되었다. 가장 먼저 살펴볼 것은, 아마도 트럼프 같은 사람이 동의할 텐데, 이 두 문제 중 실제로 존재한 것은 하나뿐이었다는 주장이다. 하지만 이 주장은 제쳐두기로 하자. COVID-19는 어떤 절대적이고 객관적이며 임상적인 의미에서, 인류에게 기후보다 더 심각한 위험이라고 믿는 이들도 있다. 이 입장도 방어하기는 어렵다. 우리가 수수방관하는 지구의 이상고온은 인류의 삶의 토대를 깡그리 불태우고 말 것이다(셀 수 없이 많은 다른 생물종들은 말할 것도 없다). COVID-19는 이런 규모의 위해를 가할 수 없다. 다시 말해, 이 질병이 설혹 천문학적 수준으로 증폭되어 흑사병 수준에 도달해서 유럽이나 다른 대륙 인구의 절반을 죽인다 해도, 앞서 말한 역사의 종착역에서 어느 정도 떨어진 안전한 지점에서 멈출 것이다. 4월 초, 과학자들은 확진자의 사망률이 1퍼센트 미만일지 아니면 10퍼센트까지 치솟을지를 두고 논쟁하고 있었다. 반면, 기후 붕괴는 그처럼 넓은 아량으로 탈출의 여지를 약속하지 않는다. 기후 붕괴는 인류 대다수가 종말에 이를 수 있는 재앙이다. 따라서 위험의 심각함 자체만으로 전례 없이 신속하게 코로나에 맞서 전쟁에 돌입한 상황을 설명하기란 어렵다.

과학의 발전 수준 역시 이 상황을 설명하지 못하기는 마찬가지다.[16] 사실 정부가 행동에 나섰을 때, 코로나19를 연구하는 과학자들은 이 질병의 거의 모든 측면을 두고 골머리를 앓고 있었다. 바이러스가 공기로 이동할 수 있는지, 무증상자를 통해서도 확산되는지, 회복된 환자는 면역력을 갖게 되는지, 왜 어떤 곳에서는 사망자가 그리도 적고 다른 곳에서는 그리도 많은지, 어떤 전략이 사태를 되돌리는 데 가장 효과적일지(접촉자 동선 추적? 집단 검사? 집단 면역? 집단 전체 격리?), 모든 것이 불확실하기만 했다. 의견이 일치하지 않았을 뿐만 아니라 행동의 일관성도 없었다. 한편 지난 수십 년간 도서관에는 기후과학의 근본 주장을 입증하는 보고서들과 문헌들이 가득 들어찼다. 각국은 겉으로는 행동했지만, 한 세기에 걸쳐 축적된 지식은 무시했다(전자가 나쁜 행동이었다는 말은 아니다).

누군가 "온실가스는 볼 수도 없고 냄새도 맡을 수 없다"고 말했다.[17] 하지만 코로나바이러스가 이리저리 부딪치며 거리를 지나가는 모습을 목격하거나, 그 악취를 맡은 이 또한 없었다. 어떤 이는 이번 팬데믹이 하나도 복잡할 게 없다고 주장했다. 반면 "당혹스러울 정도로 복잡하기만 한" 기후 미로는 행동에 나서기 어렵게 한다는 것이다.[18] 모든 사람이 이 바이러스가 어떻게 전파되는지(사람 간의 긴밀한 접촉을 통해) 이해했고, WHO는 사태를 완화하기 위해 "즉시 실행 가능한 방책"을 제시했다. 반면, 기후 영역에서 이와 유사한 조치는 없었다. 그러나 인간이 초래한 기후변화의 메커니즘이 기침이나 재채기를 하는 누군가가 비말을 통해 다른 사람에게 코로나19를 옮기는 메커니즘보다 더 불가사의한 것은 아니다. 정부간기후변화협의체IPCC를 비롯한 과학 기구들이 제시한 정책 권고 사항도 그다지 난해하지 않다. 탄소 배출을 중단하라는 권고 말이다. 간단하지 않은가.

어떤 이는 지구의 이상고온화가 "먼 훗날의 가능성"으로, "미래의 불확실한 위협"으로 남아 있는 반면[19] 코로나19는 "미래 세대의 문제가 아니라 지금 살아가고 있는 모든 사람의 문제"[20]라고 지적했다. 사실을 말하자면, 전자는 아마도 40년 전이라면 유효했을 주장이다. 2020년 3월까지 WHO가 추적해온 바에 따르면(각국 정부들이 이제는 여기에 귀를 기울이게 되었다), **지난 40년 동안** 기후변화로 인해 매년 15만 명 이상이 사망했고,[21] 기후변화로 인한 고통과 생명 손실 추세는 계속 상승세에 있다. 세계기상기구WMO는 2019년 극한 기후 사태로 2200만 명의 이재민이 발생했고, 이는 2018년의 1700만 명보다 500만 명 증가한 수치라고 밝혔다.[22] 우루과이부터 한국까지, 전 세계 기후 불행 목록이기도 한 2019년 WMO 보고서는 치명적인 폭염, 파괴적인 홍수, 비참한 사태를 불러오는 사이클론, 심각한 가뭄으로 인한 농작물 파괴, 뎅기열 환자의 급증 등을 열거해놓았는데, 그중 으뜸은 오스트레일리아의 산림 화재와 '아프리카의 뿔the Horn of Africa' 지역에서 발생한 메뚜기 떼의 습격이었다. 이러한 사건은 모두 개연성이 있거나 예측할 수 있는 것이 아니었다. 어떤 구체적 기상 현상도 지구온난화의 결과라고 볼 수는 없다는 주장[23](이것이 새천년이 시작되기 얼마 전 과학의 수준이었다)은 그릇된 것이다. 병원균은 틀림없이 적이지만, 또 다른 전쟁 상대일 기후변화의 경우 "단일하고 분명한 '적'이 없으니 이 문제로 누가 비난받아야 한단 말인가?"[24]라는 주장 역시 그릇되었다. 기후운동은 과학적 해명을 충실히 따랐고, 이제 어떤 세력이 비난받아야 하는지 분명해졌다. 기후전쟁에서 우리의 적은 다름 아닌 화석 자본fossil capital이다.

기후위기의 비현실성과 비교적 온건한 성격, 불확실성, 감각하기 어려운 특성, 복잡성, 원거리성 또는 뚜렷한 전선戰線을 긋기 어려운 특성. 이 모든 설명은 이데올로기적 지시문으로 이해해야 한다. 실제 현상에 관한 내용이 아니라 왜곡된 인식에 기초한 수사일 뿐이다. **그 자체로** 기후 대응을 방해하는 이데올로기의 어조가 이 설명들의 진리 내용을 구성한다. 적이 존재하지 않는다고 확언하는 것은 아니라 해도, 적이 존재하지 않는다고 믿는다면 은근히 수동적 행동을 야기하게 된다. 다음과 같은 입장도 마찬가지다. "지금 우리가 기후변화에 대응하는 행동에 나서든 그렇지 않든, 미래는 계속해서 나빠질 것이다. 무력감이 생길 수밖에 없다. 반면, 코로나바이러스와 관련해서는 오늘 행동에 나서면 실제적이고 입증 가능한 결과로 이어지리라는 느낌이 든다."[25] 여기서 "결과"는 분명히 행동들의 **효과**이지, 원인은 아닐 것이다. 만일 각국 정부가 기후변화에 단호히 행동했다면 많은 희망이 생겨났을 것이다. 반대로 코로나바이러스가 미쳐 날뛰도록 방치했다면, 당연히 절망이 시작되었을 것이다. 위험 앞에서 역사적 책임을 다하지 않는 국가들이 야기할 무기력함은, 운명에 굴복함이 타당하다고 말하면서, 자기 자신을 먹이 삼아 증식할 것이다(하지만 오직 그 무기력함이 긍정되고 재생될 때에만 그럴 것이다). 지난 수십 년 동안 적진이 기울인 노력을 살펴볼 때 이런 인상이 남는다.

하지만 좀 더 면밀히 살펴봐야 하는 가설들도 있다. 예컨대 기후변화는 **점진적으로** 진행되지만, 코로나19는 갑작스럽고 폭발적이라는 가설 말이다. 이 가설은 거대한 궤도 이탈이 현실화된 2020년 3월, 호소력 높은 설명으로 간주되었다.[26] 하지만 지구온난화의 실상은 다음과 같다. 지구온난화는 돌연 출현했다가 원래 있던 자리로 돌아가지 않는다. 반면, 코로나19는 그리리라고 예상된다. 하지만 점진성은 지구온난화의 성격을 지시하기에 적당한 단어가 아닐 것이다. 기후 붕괴는 물질을 쓸어버리고, 가속도가 붙어 아래로 흘러내리는, 지구 시스템 전체의 산사태로 여겨질 만하다. 사람들을 덮칠 때마다 그 산사태의 충격은 결코 점진적이지 않을 것이다. 만일 우리가 '점진적'이라는 단어로, 시간 흐름상의 순간 X를 순간 Y와 구별하기 어렵게 만드는 여러 요소의 느린 축적을 의미한다면 말이다.

이 정의를 따를 때, 섬 하나의 인프라 일체를 일거에 부숴버리는 허리케인은 전혀 점진적이지 않다. 오스트레일리아의 연옥 같은 산불이나 케냐의 메뚜기 떼 습격은 다른 평범한 사건과 비슷하게(또는 거의 비슷하게) 느껴지지 않는다. 이러한 타격을 받은 대상은 산산조각이 날 것이다. 해수면 상승 같은 지구온난화의 일부 면모는 점진적으로 진행될 수 있다. 하지만 지구온난화는 어느 날 갑자기 물 폭탄 같은 느낌으로 우리에게 나타나기도 한다. 2019년 11월, 2미터 가까이 치솟은 홍수가 베네치아를 강타했다. 홍수는 "묵시록적 대참사"[27] 같은 장면을 연출하며 대리석과 벽

돌, 광장과 바실리카 양식 성당을 박살냈다. 베네치아 시장은 (기후변화 부인론자가 아닌 다른 모든 이들처럼) 이 대참사의 원인으로 기후변화를 꼽았다. 이 사건은 기후변화 과정에서 나타날 일반적 재난의 형식, 즉 일종의 미사일 대공습으로 보인다. 그리고 이런 재난의 형식은, 점진적이라는 점에서가 아니라, 저지되지 않는 한 **수십 년, 수백 년간 장기 지속될 경향**을 보인다는 점에서 코로나19 같은 단일 사건과는 구별된다.

점진주의. 이것은 지구온난화가 선형적 인과법칙을 따라 시계침처럼 똑딱거리며 극미한 힘을 계속 추가하는 식으로, **"자연은 도약하는 법이 없다**Natura non facit saltum"는 고색창연한 도그마에 부합하는 방식으로 진행될 것이라는 예상이다. 이런 의미의 점진주의는 오래전부터 악성 이데올로기 여과 장치였다. 연구의 최전선에서 움직이는 사물을 관찰하는 과학자들은 이 장치를 갈기갈기 찢어버렸다. 이 지면에서 점진주의의 죽음을 길게 검토할 여유는 없다. 현재의 연구 속도는 너무나 빠르고, 몇몇 새 연구 결과들이 2020년 3월 단 며칠 사이에 발표되었다는 사실을 언급하는 것으로 충분할 것이다. 예컨대, 2019년 여름 단 2개월간의 기록적 더위로 인해 6000억 톤의 빙하가 그린란드에서 사라졌음이 밝혀졌다. 이 현상은 2.2밀리미터의 세계 해수면 상승을 초래했는데, 다음번 상승을 위해 이보다 훨씬 더 많은 탄약이 준비되어 있다. 한 분석에 따르면, 북극과 남극의 만년설은 1990년대보다 7배 더 빨리 녹아내리고 있다. 지난 3월 10일, 《네이처 커뮤니케이션스》는 점진주의라는 관에 못 하나를 더 박는 연구를 제시했다. 아마존 열대우림과 카리브해 산호초 같은 지역 생태계들이 얼마나 빠르게(수년, 수십 년이라는 인지 가능한 규모의 기간 안에) 붕괴할 수 있는지에 관한, 모델링에 기반을 둔 경험적 연구였다. 이 연구는 "전통적인 선형적 세계관을 통해 우리가 예상하던 것보다 훨씬 더 빠른" 변화들에 대비해야 한다는 경고를 던지며 끝을 맺었다.[28] 지구온난화란 점진적인 것과는 정반대에 가까운 사태인 것이다. 즉 돌발적인 교란의 연속이되, 경사가 완만한 폭포의 연속.

그러나 여전히, 코로나19와 기후변화의 양상들에는 이 둘이 엄연히 다른 것이라는 반응을 불러올 만한 무언가가 있는 듯하다. 그건 정확히 무엇일까? 이 질문을 곰곰 생각해보는 사람이라면, 설명되어야 할 현상explanandum이 **대중 참여** 행동은 아니었다는 점을 염두에 두어야 한다. 다시 말해, 프랑스 사람들, 영국 또는 오스트레일리아 사람들이 같이 모여서 토론을 거쳐 봉쇄령을 결정한 것이 아니었다. 사태는 민주적 숙의 과정을 거치기에는 너무나도 신속히 일어났다. 또한 유의미한 탄소 배출량 감소를 무의미한 미래의 일로 연기하자는 결정(긴축재정 정책만큼이나 대중의 수요에 민감한 영향을 끼치는 문제에 관한 정책 결정)을 한 것도 아니었다. 우리는 **선진 자본주의 국가의 정부들**이 이 바이러스에 관해 왜 그토록 흥분했는지, 그 이유를 찾고자 한다. 이와 관련해, 한 관찰자는 팬데믹 초기 단계에서 감염병의 희생자들이 상류층 우파의 핵심층, 즉 백인 노인층으로 보인다고 지적했다. "기후위기와는 달리 코로나바이러스는 주로 밀레니얼 세대보다는 노년층, 즉 우파의 핵심 지지층을 위태롭게 한다"는 것이다. 또, 이들을 포기하는 어떤 정부도 다음 선거에서 살아남지 못할 것이라고 말이다.[29] 이것은 전체 그림의 일부로 보인다.

하지만 다시금 생각해보면, 문제는 한결 더 복잡하다. 왜냐하면 백인 노인들도 지구온난화로 피해를 입기 때문이다. 2003년, 유럽은 역사상 가장 더운 여름 속에서 불타올랐다. 절정에 이른 폭염으로 약 3만 명이 사망했는데,* 절반은 프랑스인이었다. 8월의 20일간, 프랑스 인구의 한 부문이 무더기로 쓰러졌다. 기저질환이 있던 65세 이상의 사람들이, 어떤 근본 경향**이 원인으로 강력히 지목되는 대규모 사망 사건의 희생자들이었다.[30] 2019년 여름, 두 차례의 폭염으로 프랑스인 1500여 명이 목숨을 잃었는데, 주로 노인들이었다.[31] 또 산림 화재로 인한 연기가 오스트레일리아 동부 지역 거주민들의 폐로 유입되어, 19주 동안 최악의 피해를 당한 4개 주에서 400명 넘는 이들이 목숨을 잃었다. 이들

---

* 세계기상기구WMO가 추산한 바로는 2003년 유럽에서 폭염으로 사망한 사람은 약 7만 명이다.

** 지구온난화를 뜻한다.

중 많은 이들이 심장질환이 있던 노인들로, 호흡 곤란으로 사망했다. 물론 유해한 기체 입자가 산림 화재로만 발생하는 것은 아니다.[32] 2020년 2월, 우한이나 상하이 같은 도시를 뒤덮었던 오염 물질 담요가 걷히자 숨쉬기가 훨씬 쉬워져서, 스탠퍼드대학 연구자의 계산에 따르면 이 사태 덕에 5세 이하 어린이 4000명과 70세 이상 성인 7만 3000명이 목숨을 구했을 정도였다. 코로나19로 잃은 목숨보다 공기 정화로 구제된 목숨이 약 20배 더 많다는 뜻이다. 의도하지 않았던 부수 효과는 훨씬 더 강력한 일종의 구조 행위였다. 팬데믹이 곧 만병통치약이라는 해석을 사전에 차단하려고 애쓰며, 이 연구자는 "현상 유지 행위에 종종 은폐되어 있는 건강상의 악영향"을 강조하고자 했다. "우리의 통상적인 행동 방식을 뒤엎을 필요가 있다"는 것이다.[33] 어떤 이들은 어리석게도 유럽 국가들에서 같은 식의 균형(방역보다는 대기 오염 방지로 더 많은 목숨을 구하는 사태)이 나타나리라 예상하기도 했다. 프랑스의 한 연구자는 "지금은 너무나도 매력적인 시대"라며 무미건조한 논조로 이야기했다.[34]

그러나 이후 팬데믹이 완화되자 사망률이 다시 낮아졌다. 물론 이 질병이 앞으로 얼마나 치명적으로 변해갈지는 아무도 알지 못했다. 3월 말의 한 추정치는, 대처하지 않을 경우 코로나19로 인한 사망자는 2020년 한 해만 4000만 명이 될 것이라고 내다봤다.[35] 정말이지 으스스한 숫자가 아닐 수 없다(대기 오염으로 인한 연간 사망자 수보다 5배 이상 많은 수치다). 각국 정부는 수십만, 심지어 수백만 명이 침대에서 쇠약해지다가 사망할 것이라는 전망에 직면했다. 4월 초, 그러한 대규모 사망 사태가 일어날 가능성은 남반구에서 가장 높다는 사실이 명백해졌다. 예를 들어 코로나19가 아직 본격적으로 모습을 드러내지 않은 인도의 다라비 같은 곳에서 말이다. 이미 수천 명이 이탈리아, 스페인, 영국, 미국에서 사망한 시점이었다. **희생자들의 시간표**라 불릴 만한 것이 핵심 차이인지도 모른다. 매키번이 지적했듯, 대기라는 매개를 통해 살해하는, 화석 자본이 벌이는 전쟁에서는 "위기 발생에 가장 책임이 적은 사람들", 즉 남반구의 가난한 사람들 중에서 첫 사망자가 나온다. 궁극적으로 이 전쟁은 "우리 모두를 상대로 한 세계대전"인지 모르나, 가장 늦게 세상을 떠날 이들은 부자들이다. 코로나19의 경우, 시간표는 정확히 반대여서, 집단 사망에 이른 첫 부류는 부유한 북반구 사람들이었다.

코로나바이러스가 정말로 전 지구적 위기로 확산된 역사적 순간을 우리는 정확하게 꼽을 수 있는데, 바이러스가 이란을 휩쓸던 때가 아니라, 이탈리아에서, 더 정확하게는 북부의 부촌인 롬바르디아에서 수백 명의 사망자가 나오기 시작한 시점이었다. 바로 그때, 서방 각국 정부들은 패닉에 빠진다. 설상가상으로 유명 인사들과 정치인들이 병을 앓기 시작했다. 톰 행크스와 그의 아내, 플라시도 도밍고, 크리스토퍼 히브주, 파트리크 드브지앙, 랜드 폴, 하비 와인스타인, 영국의 찰스 왕세자, 모나코의 앨버트 2세 왕세자, 스페인 극우 정당 복스Vox의 사무총장. 물론 영국의 총리도 이 무리에 끼여 있었다. 한편, 호화 유람선들 안에는 펄펄 끓는 지옥 속 특별 연회장이 마련돼 있었다. 이들 중 누구도 기후 위기가 초래한 심각한 위험에 직면하지는 않았었다. IPCC 역시 유럽을 기후위기의 '진앙지'로 공표한 적은 없다. WHO는 3월 중순 코로나와 관련하여 유럽을 진앙지로 공표했지만 말이다. 왜 코로나19가 첫 희생자들로 선진 자본주의 국가의 거주민들과 지배계급을 선택했을까? 여기에는 결정적 이유가 있는데, 뒤에서 다시 논할 것이다. 지금은 다른 질문을 던져야 한다. 코로나19가 기후위기와 다른 점은 무엇인가?

기후위기 희생자 시간표와 더 유사한, 실제로 만들어졌을지도 모를 다른 희생자 시간표를 생각해보자. 코로나19가 2020년 2월 이란에서 이라크로 번져 바스라와 바그다드에서 약 2000명을 죽이고, 아이티로 폴쩍 뛰어 5000명을 죽이고 이어서 구불구불한 길을 내려가 볼리비아와 모잠비크에서 비슷한 수효의 인명을 끝장냈는데, 같은 시간대에 런던, 파리, 뉴욕에서는 환자 수가 수백 명대에 머물렀다고 상상해보자. 만일 사태가 이랬다면, 북반구의 각국 정부들이 바이러스가 악화되든 말든 방조했을 것이라는 추정은 설득력이 없지 않다. 그들은 원조 물품을 보냈을 테고, 아마도 조건부 구호용 부채를 일부 제공했을 것이다. 하지만 이들은 자본주의 자체를 격리 조치하지는 않았을 것이다. 심지어 평상시처럼 경제활동을 했다간 감염이 더 확산한다 해도 마찬가지였을 것이다. 왜 그래야 한단 말인가? 죽어가는 이들은 **그들의** 사람들이 아니지 않은가? 적어도 **초기에는** 그랬을 것이다.

기후와 관련해서 북반구는 수십 년간 이런 생각에 익숙해져 있었다. 극단적 날씨가 언제든 따라다니고, 그로 인한 골칫거리가 더 심각해지겠지만, 여전히, 당분간, 이 문제는 **주로** 지구 반대편의 문제일 텐데, 일부 비참한 주변부에서 일어나는 기후 재난 뉴스라는 끊이지 않는 배경음이 이 사실을 중계해줄 것이다. 바로 이런 생각 탓에, 기후위기 대신 다른 사안들이 우선시된다.

3월 말 기준, 코로나19 사망자 수 상위 10개국은 미국, 이탈리아, 중국, 스페인, 독일, 프랑스, 이란, 영국, 스위스, 네덜란드 순이었다.[36] 공교롭게도 이란과 스위스 두 나라를 제외한 모든 국가가 1751년 이래 이산화탄소 누적 배출량이 최고치에 이른 데 책임이 큰 상위 10개국이었다.[37] 2020년 3월, 팬데믹으로 가장 심각한 타격을 받은 것처럼 보였던 국가들은 기후 비상사태를 가장 심각하게 초래한 일부 국가들이었다. 우리에게 무언가를 설명해주는 현상이다. 이 희생자 시간표는 하나의 충격으로 다가왔다. 독일의 어느 자유주의자의 발언은 적절했다.

우리의 상상 속에서는 중환자실에 환자가 넘쳐나고 적정 수의 호흡기가 부족해지는 사태는 일어나지 않았다. 열이 끓는 몸으로 숨을 헉헉대며, 사람이 바글바글한 병원 복도로 들어선다는 것은 공포 판타지로만 생각되었다. 이런 사태는 개발도상국에서는, 어쩌면 러시아에서는 일상일 수도 있겠지만, 우리의 일상은 아니라고 우리는 생각해왔다![38]

이로써 모든 것이 변했다. 코로나와 기후의 희생자 시간표에서 부자와 빈자는 상이한 양극단으로 몰렸다. 코로나19의 시간표는 북반구 정부들로 하여금 옳은 일을 하도록 유도했으나, 기후의 경우는 악당 같은 방식으로만 행동하도록 유도했다. 어쩌면 인류는 초기에 유럽을 통과하는 항로를 택했던 코로나19에게 감사해야 할 것이다.

하지만 이러한 말들은 사태의 부분만을 설명할 뿐이다. 다양한 시간 요소가 가해자들의 행동에 영향을 미쳤기 때문이다. 1980년대 말과 1990년대 초반 과학 발전에 힘입어 기후위기의 요인들이 드러났을 때 UN은 회원국들에게 탄소 배출량 감소를 지시했다. 이 문제는 북반구 대중의 의식 속에 자리를 잡았고, 1988년 미국의 폭염을 비롯해 그후에 일어난 극단적인 기상 사태들은 기후위기 흐름과 연결되었다. 화석 자본은 예방전쟁을 일으키는 등 기후위기 완화 행동을 방해하는 데 노력을 아끼지 않았다. 말 그대로 기후변화를 부인하는 입장을 고수했든, 아니면 악취 나는 몇몇 녹색자본주의 형태로 변신했든, 화석 자본은 기후위기 극복을 위한 실제 행동에 극력 저항했다.[39] 결국 필요에 부응하여 배출량을 감축하려는 조치들은 길을 잃었고, 수렁에 빠졌으며, 거부되었고, 무수한 경로를 통해 전면 개조되었으며, 초점을 상실했다. 감축 노력은 가망 없어 보였다. 그렇다. 적이 설치해놓은 함정과 매복이 가득한 미궁이었다.

지구온난화가 장기 추세였기에 가해자들은 **생각보다 더 오랜 기간에 걸쳐 방해 행동에 나설 수 있었다.** 가난한 사람 먼저라는 희생자 시간표도 여기에 한몫했다. 코로나19는 둘 다 달랐다. 이 바이러스는 너무나도 갑작스레 세계를 강타해서, 어떤 자본주의 기업도 사업 중단 조치에 저항할 시간이 없었다. 바이러스는 여행을 통해서 전파되었고, 따라서 항공사, 크루즈 사업체, 자동차 기업들(우연히도 이 산업들은 화석 자본의 상당 부분을 차지하는 석유 기업들이 뒷받침하고 있다)은 공장 폐쇄 사태를 예방하거나 무마해야 한다고 생각했을 것이다. 과거 기후 전선에서 그러했듯 말이다. 그러나 바이러스의 전격 기습은 그들마저도 압도하고 말았다. 그들은 몸을 낮추어 웅크리고는 예외적인 모습을 보였고, 팬데믹과의 전쟁에서 승리함으로써 모든 것이 정상으로 돌아오기만을 기다렸다. 물론, 한쪽 구석에서는 건강보다 중요하다며 경제 회복에 집중하려는 미약한 시도가 있었지만, 곧바로 무시되었다. 적어도 초기 단계에서는 그랬다.[40] 선제 타격의 예술 또는 기동전인 정치에서 얻을 수 있는 하나의 교훈이랄까.

코로나19는 속전속결 총력전 양상으로 나타났다. 고층건물의 유리창을 날려버리는 돌풍처럼, 이 감염병은 최소한의 상대적 자율성만 남기고는 국가의 옷을 남김없이 벗겨버렸다. 북반구의 각국 정부들은 노인층과 청년층의 생명을 구하기 위해서 자본주의 경제 기구들의 이익을 희생하는 이례적 처신을 했다.[41] 혹자는 역사의 이 순간을 근대 부르주아 민주주의의 가능성이 최고로 발현된 순간으로, 재산 존중을 넘어서는 생명 존중의 순간으로, 민주주의 체제 국가들이 선서한 평등주의의 약속을 구현한 승리의 순간으로 여길지도 모른다. (그러나 바로 이때, 이 국가들의 자축을 지그시 누르며 중국과 이란이 먼저 행동에 나섰다.)

그렇다면, 어떤 식으로 보든 우리는 시간상의 차이에 다시 주목하게 된다. 장기적 성격의 지구온난화와 일시적 쇼크인 코로나19라는 차이 말이다. 하지만 애초에 질문 자체가 잘못 제기되었을 가능성이 있다. 이 둘을 서로 비교할 수나 있단 말인가? 한 사람의 일대기를 다른 사람의 한 시간과 비교하는 꼴이 아닐까? 이 문제는 뒤에서 다시 검토하기로 하고, 우선 공간이라는 차원을 추가해보자. 코로나19 진압은 최근 몇 년간 북반구의 정치를 장악했던 중요한 패러다임에 부합한다. 국가주의 말이다. 국가주의는 국경 폐쇄, 군대를 동원한 시민 감시(덴마크가 이런 기회를 붙잡았다), 자조와 자립, 외부에 문을 걸어 잠그는 쇄국을 통해 실행될 수 있었다.[42] 이러한 조치로 인한 혜택은, 효과가 있는 한, 각국의 국민에게 곧장 집중되었다. 그러나 온실가스 배출량 감축의 경우, 이득은 세계 곳곳에 분산되었다. 즉 독일이 온실가스를 대폭 감축하면 독일인이나 다른 국가 국민들만큼이나 케냐인들도 혜택을 볼 것이다. 이산화탄소 진압 조치는 국민국가라는 프레임에 부합하지는 않는다. 코로나19와의 전쟁은 애국적 자긍심을 끌어내는 수단과 방법 일체(위험한 시국에 자기를 보호하는 국가, 국가라는 방어벽 뒤에 대피한 국민)에 의존하는 고전적 형태의 전쟁으로 생각될 수 있다. 반면, 이산화탄소와 벌이는 전쟁은 그러한 주형을 슬그머니 빠져나가는 경향이 있다. 이 전쟁은 자기 자신만이 아니라 외국에 사는 이들의 이익까지도 함께 도모하는 전쟁일 것이다. 무엇보다 가난한 이들을 위한 전쟁일 것이다.

극단주의의 변화무쌍함

코로나19와 기후에는 공통된 구조적 특징이 있다. 죽음의 양이 곧 각국의 행동/비행동 양의 함수라는 것이다. 치료 없이 방치될 경우, 두 가지 재난 모두 자기 증폭적 재난이 된다. 다시 말해 감염자가 늘면 늘수록 더 많은 이들이 감염되고, 지구가 뜨거워질수록 피드백 메커니즘은 지구를 더 뜨겁게 가열한다. 또 일단 궤도에 오르면, 이러한 자기 증폭적 연소燃燒를 종식할 유일한 방법은 퓨즈를 절단하는 것뿐이다.[43] 현재 북반구의 국가들은 이 조치가 가능하다는 증거를 이미 제시했다. 이를 무효화하기란 쉽지 않을 것이다.

탄소 배출량 감축을 요구했을 때, 기후운동가와 옹호자, 과학자 들은 감축 비용이 지나치게 비싸다는 이야기를 들었다. GDP의 0.1퍼센트나 0.2퍼센트를 갉아먹을 거라고 말이다. 기후위기에 대응한다면서 "0.1퍼센트 이상의 성장률을 희생하는 비용을 들이며 기후 정책을 추진하는 일은 정당하지 않다"는 것이 2017년 《월스트리트 저널》에 늘 제시되던 강론이었다.[44] 어떤 이들은 직장을 잃을 테고, 파산하는 이들도 생길 것이다. 사람들은 자신에게 익숙한 삶을 교란하는 행위를 결코 받아들이지 않을 것이며, 일부가 어쩔 수 없이 배출량을 감축하더라도, 언제나 탄소의 쾌락 속에서 뒹굴 '무임승차자'는 있을 것이다.

글쎄, 이미 밝혀졌지만, 이 모든 주장 그리고 훨씬 더 많은 주장이 2020년 3월 자취를 감추었다. 어떤 에너지 전환 플랜에도 3월에 벌어진 사건을 고무 선동하는 주장이나 요구는 담겨 있지 않았다. 즉 기후를 구하기 위해 세계 자본주의가 단 하룻밤 사이에 일시 중지되어야 한다고 주장한 사람은 없었다. 탄소 배출량이 30일 만에 4분의 1 수준으로 감축되어야 한다고 주장한 사람도 없었다. 연간 5~10퍼센트 감축 요구는 이치를 모르는 극단주의라고 매몰차게 거부되었다. 인류가 자가격리 상태에 들어가야 한다고 주장한 사람도 없었다. 기후운동 단체에서 제출한 로드맵, 선언, 비전(급진적인 색채도 있다) 가운데 2020년 3월 지구를 강타한 국가 개입이라는 유성遊星 폭풍 같은 무언가를 짧게나마 표현한 것도 없었다. 그럼에도 우리는 언제나 비현실적이라느니, 비실용적이라느니, 이상주의자라느니, 쓸데없는 걱정을 한다느니 하는 소리를 들었다. 다시는 이런 거짓말에 귀를 기울이는 이가 없어야 할 것이다.

세계의 시민들은 비상 행동에 나서기를 망설였던가? 지난 3월 말 실시된 세계 여론조사는 정부의 조치에 대한 대중의 지지도가 압도적으로 높았음을 보여주었다. 사람들은 최대한도의 조치들을 혹평하기보다는 최대한도에 못 미친 조치들에 불만을 드러냈다. 인류의 거의 절반 내지 43퍼센트는 팬데믹과의 전쟁에서 자국 정부가 **너무 소극적**이라고 생각했다. 조사 대상 45개국 가운데 8개국에서만 자국 정부의 행동이 지나치다며 불편해한 소수 집단(인구의 약 4분의 1)이 있었다. (이 8개국에는 기후변화 무대응의 본고장인 미국이 포함되어 있었다. 미국에서 이런 소수 집단은 19퍼센트였다.)[45] 분명, 수많은 인명이 위태로운 경우 어떤 것들은 양보해야 한다는 생각이 수용되기란 그리 어려운 일이 아니다.

무임승차자들은 정부의 조치를 뒤집었던가? 코로나와 기후는 게임 이론가들이 사랑하는 '집합행동의 문제collective action problems'

라는 프레임으로 이해할 수 있다. 모두가 협동의 결실을 누리게 되지만, 누구라도 슬그머니 빠져나가 좋은 데서 휴가를 즐길 수 있다는 문제 말이다.[46] 누구라도 손 씻기를 거부하고, 상대방 얼굴 5센티미터 앞에서 말하고, 사치스럽게 탄소 배출 행위에 탐닉할 수 있다는 문제, 또 그런 삶을 쉽게 누릴 수 있다는 문제. 그런 사람은 집단적 노력이 얻어낸 이득을 다른 이들처럼 똑같이 취하면서도, 자신이 선호하는 습관은 전혀 포기할 필요가 없을 것이다. 하지만 모두가 그런 식으로 행동한다면, 모든 노력은 허사가 되고 만다. 다시 말해, 기후위기 완화 행동에 나서길 주저하는 진영에서 예견하듯이, 집합행동 자체가 무너지고 말 것이다. 하지만 코로나의 경우, 각국은 시민들이 준수할 수 있는 규칙을 정하고 공표함으로써 이 고르디우스의 매듭Gordian knot*을 잘라버렸다. 규칙을 지키지 않거나 무임승차하는 행위를 완전히 없앨 수는 없었고, 죄책감을 유발하는 말과 강압적 조치들이 문제가 없는 것은 아니었다. 하지만 전반적으로 정부의 요청은 사람들에게 막대한 영향을 끼쳤고, 사회의 상부에서 시작된 집합행동에 동참

---

* 고대 소아시아의 왕국 프리기아의 왕 고르디우스가 자신의 전차를 복잡하게 얽힌 매듭으로 묶어놓은 데서 비롯된 표현. 아무도 풀지 못하던 상황에서 알렉산드로스 대왕이 칼로 매듭을 잘라버렸다는 이야기가 전해진다. 고르디아스의 매듭은 풀기 어려운 문제를, 그 매듭을 자른다는 것은 대담한 행동으로 난제를 해결하는 것을 뜻한다.

한 시민들은 놀라운 결속력을 보여주었다. 집합행동의 딜레마란 결코 해결 불가능한 문제는 아닌 것이다.

그렇다면 재차 상기해야 할 것이 있다. 탄소 배출량의 급격한 감축을 요구했던 이들 가운데 봉쇄령같이 불편한 조치에 순응하라고 요구한 이는 아무도 없었다는 사실 말이다. 기후위기 완화 운동은 사람들에게 집에서만 지내는 은둔자가 되라고 요구하지는 않을 것이다. 사실 안분을 즐기는 사회적 삶convivial living은 이 프로젝트에 오히려 도움이 될 것이다. 즉 버스를 이용하고, 음식을 나누고, 거리에서 떠들썩한 파티를 열고, 양로원이나 경로당에서 사랑하는 이들과 행복한 시간을 보내는 행동, 아니면 아마존에서 최신 게임기를 구매하는 대신 콘서트 티켓을 구입하는 행동은 화석연료 **없이** 살아가려는 노력과 **조화를 이룰** 것이다. 기후 비상사태 대응 프로그램은 인간의 가장 기본적인 이동을 북돋을 뿐만 아니라, 삶의 질을 **향상**할 수 있다. 지난 수년간 국가 이하의 지역 단위에서 기후운동은 캠페인과 실행으로 그럴 수 있음을 입증했다.[47] 이런 원인을 감안한다면, 기후전쟁은 이미 승리한 것이나 다름없다.

코로나19를 유발했던 바이러스가 2020년 초 전 세계로 활동 무대를 넓혀나갔지만, 그것은 이윤 추구로 인한 배출물은 아니었다. 다시 말해, 코로나바이러스는 자본축적을 위한 굴뚝에서 흘러나온 것은 아니었다. 반면 이산화탄소는 잉여가치 생산의 물적 토대인 화석연료에서 나오는 배기가스이고, 따라서 힘을 나타내는 지표이다. 대기권에 이산화탄소를 지속적으로 배출하는 행위에는 이해관계가 얽혀 있다. 그렇기에 일부 화석 자본가들과 그 친구들은 이산화탄소 누적량의 증가가 인류에게 실제로는 **유익하다**고 수십 년간 설교해온 것이다.[48] 하지만 코로나바이러스를 대신해 그런 탄원을 한 사람은 아직까지는 없다.

또 다른 차원의 적대가 기후라는 무대를 가득 채우고 있다. 화석 자본이라는 적은 반드시 극복해야 할 대상이며, 한 달이나 한두 해 동안이 아니라 영구적으로 종식되어야만 한다. 물론 기후 비상사태 자체는 영원히 계속되지는 않을 것이다. 이행기가 찾아올 테고, 이행기의 효과는 이행기보다 오래갈 것이다. 그렇지 않다면 만사가 실패로 귀결될 것이다. 이행기는 코로나19가 지속되는 기간보다 더 길 수도 있지만(지금 이 글을 쓰는 시점에는 지속 기간이 얼마나 될지 누구도 알 수 없겠으나) 고통의 정도는 훨씬 덜해야 할 것이다. 이행기는 사유재산의 완전한 철폐를 수반하며 자본의 형태를 영원히 역사의 무덤에 묻을 것이다. 그 이행기는 아마도 전시 코뮤니즘war communism 시기와 유사할 것이다.

2장

오래된 비상사태

그러나 자세히 살펴보면, 팬데믹을 상대로 한 강력한 대응은 피상적인 모습일 뿐이다. 경각심 넘치는 코로나바이러스 대응, 안이한 기후 대응. 이런 대비는 잘못되었다. 인수공통감염병 유출 사태를 시사하는 불길한 징조가 수년간 계속 있었지만, 각국은 인류가 초래한 기후변화에 대처해온 수준으로 이 문제를 다뤘다. 다시 말해, 각국은 어떤 행동도 취하지 않았다. '인수공통감염병'이라는 용어는 병원균이 동물 개체 안에 있다가 인간의 체내로 이동하는 감염병을 뜻하는 일상용어에 지나지 않는다(그러나 이제는 바뀌어야 한다). 병원체는 생물종 간 경계를 뛰어넘어 전파되는데, 곰팡이, 세균, 아메바, 바이러스가 이에 해당한다. 어떤 종류든, 제 먹잇감을 숙주 내부에서부터 먹어 치우는 미소생물들이다. 기생생물의 표본인 이들 병원체는 유기체의 몸속에 침투해 안에서 먹고 번식하며 살아가는데, 이 과정에서 숙주에게 피해를 입힌다.[1]

'코로나바이러스Coronavirus'는 이런 의미에서 특별한 능력을 지닌 바이러스이다. 이 바이러스의 이름은 현미경으로 관찰된 분자의 형태에서 기원했다. 수십 개의 붉은 돌기가 달린 회색빛 공 형태인데, 라틴어로 코로나corona라고 하는 왕관royal crown과 어딘가 닮은꼴이다. 2020년 봄, 세계 어디에서나 볼 수 있는 이미지가 된 이 바이러스는 올해의 인물이 아니라 올해의 유기체로 등극했다. 이것은 갈고리 같은 역할을 하는 돌기를 이용해 다른 세포 안으로 뚫고 들어가 들러붙을 수 있다. 같은 계열의 숱한 바이러스들처럼, 이 특정한 코로나바이러스(공식 명칭은 제2형 사스코로나바이러스SARS-CoV-2)는 숙주인 박쥐에서 밖으로 튀어나왔다. 왜 그랬던 걸까?

보통의 상황에서는 코로나바이러스나 다른 인수 공통 병원체들은 야생에서 눈에 띄지 않게 생활한다. 이들은 자연 숙주들 또는 '보유' 숙주들 사이에서 이리저리 옮겨 다닐 뿐이다. 기생생물을 받아들이고 견디며, 그로 인해 병이 나더라도 심하게 앓지 않는 숙주 동물들 말이다. 수백만 년간 이 바이러스들은 숙주들과 함께 공진화를 거듭했고, 영구히 숙주들의 몸에 거주하면서 그들을 죽이지는 않는(그들을 죽이는 행위는 일종의 자살행위일 수도 있다) 일종의 삶의 양식modus vivendi에 도달했다. 때로 원숭이나 생쥐 두어 마리가 병에 걸리고 사체가 숲 바닥에 깔릴 때도 있었지만, 관대한 초목은 인간이 알아채기도 전에 그들의 사체를 수거하곤 했다.[2]

열대우림은 지구상에서 가장 다양한 생물종을 거느리고 있다. 반대로 극지방에 가까워질수록 생물다양성의 수준이 낮아진다. 빙하시대는 일조량이 적은 고위도 지역에서 주기적으로 진화의 서판을 말끔히 지워버리곤 했다.* 적도 주변에서 동식물군은 빙하의 위험을 피하며 태양이 선사하는 에너지를 탐닉했다. 이로써 열대우림은 지구상에서 가장 경이로운 생물학적 현상의 요람이 되었다. 또 열대우림은 지구상에서 가장 풍요로운 병원체 풀을 거느리고 있다. 적도에 가까울수록 숙주와 바이러스는 더 많아진다. 이들 가운데 일부는 상황에 따라 새로운 영토로 진출하는데, 이 진출이 성공하려면 여러 조건이 충족되어야 한다. 숙주들이 병원체들을 다른 숙주에게 (재채기, 기침, 출혈 과정에서 그런 것처럼) 흘려야 하고, 다른 숙주는 감염에 취약해야 한다. 병원체가 운이 좋으면 병원체를 받는 숙주는 '증폭 숙주'가 되기도 하는데, 이것의 품 안에서 병을 옮기는 인자는 마음 내키는 대로 증식하고, 새로운 유전적 결합태를 시도하며, 추진력을 얻어 다음 단계를 준비할 수 있다. 이 감염 경로 대부분은 머지않아 막다른 골목에 도달하고 만다. 그러나 때로 장벽의 틈새들은 일렬을 이루고, 병원체들은 이 틈새들을 뚫고 나아가 인류 사회에까지 도달하기도 한다. 거리가 짧을수록, 병원체가 제 솜씨를 뽐낼 필요는 적어질 것이다.

---

* 진화사에 출현한 생물종이 멸종했음을 뜻한다.

이것은 오래된 이야기다. 예컨대, 림프절페스트bubonic plague*
와 광견병은 인수공통감염병의 두 가지 악명 높은 사례이다. 이
질병들은 향기 나는 수세식 변기가 각 가정에 구비돼 있는 현대
에는 그다지 어울리지 않는다. 덕분에 최근 들어서는 과거의 질
병으로 여겨지고 있다. 자본주의의 최고 황금기였던 2차 세계대
전 이후 수십 년간 "서구 세계는 감염병으로 인한 인명 손실을 사
실상 종식했다"[3]고 우리는 배웠다. 이처럼 한없이 낙천적인 진단
은 새천년의 두 번째 10년의 마지막 해까지 이어져왔다. 부르주
아 낙천주의 합창단의 대표 단원인 스티븐 핑커Steven Pinker는 베
스트셀러인《지금 다시 계몽Enlightenment Now》(2018)에서, 세계 전
역에서(유럽, 미국, 그러나 무엇보다도 개발도상국에서) 목격되는 "감
염병 정복"이 "부유한 세계가 곧 더 행복한 세계"임을 입증하는
증거라고 호들갑을 떨었다. 또는 더 투명하게 말하면, 자본의 엄
지손가락 아래에 있는 세계가 가능한 세계 가운데 최고라는 증거
라고. "천연두는 전염병이었다." 위키피디아의 이 문장을 핑커는
이렇게 읽었다. "그렇다, 천연두는 과거에 **있었다.**" 즉 이것은 더
이상 존재하지 않으며, 아직 제거되지 않은 질병들 역시 빠른 속

---

* 페스트균*Yersinia pestis*에 의해 감염되는 세 종류의 페스트 가운데 하나로,
2010~2015년 이 병에 걸린 사람은 3248명, 사망자는 584명으로 기록되었다. '가래
톳페스트', '선페스트'라고도 불린다.

도로 박멸되고 있다는 뜻이다. 핑커는 예측 가능한 미래에 어떤 감염병도 세계를 강타하지는 않을 거라고 자신만만하게 예측하며 책을 마무리했다.[4] 그가 과학 읽기에 신경을 썼다면, 높은 파고를 이루며 밀려오는 물결이 자신이 그토록 지키려 했던 요새에 이미 부딪치고 있음을 알아챘을 것이다.

예컨대, 핑커는 《네이처》지의 지면을 살펴볼 수도 있었다. 2008년 한 과학 연구진은 1940년 이래 발생한 335건의 신종 감염병을 분석한 결과 "시간이 지나면서 발병 건수가 현저히 늘어났다"고 이 저널에 발표했다. 대부분 인수공통감염병이었고, 발원지는 거개가 야생 지대였다.[5] 이 논문이 실린 지 6년 후 발표된 한 조사에서도 같은 경향성이 관찰되었다. 하지만 이 조사는 사람면역결핍바이러스HIV(SARS-CoV-2가 출현하기 전, 동물을 숙주로 하는 바이러스 가운데 가장 유명했던 현대 바이러스)로 대표되는 1980년대 감염병 양상에 큰 변화가 있었음을 알아냈다.[6] 1980년대 이후 한 생물종에서 다른 생물종으로 옮겨 간 병원체들의 목록은 연속 거래 기록처럼 확대되었다. 1998년 말레이시아에서 처음으로 발견된 니파바이러스, 1999년 뉴욕으로 건너온 웨스트나일바이러스, 2014년 서아프리카를 강타해 엄청난 피해를 남긴 에볼라바이러스, 2015년 중남미 대륙을 휩쓴 지카바이러스, 2002년 세계를 뒤흔들었던 사스의 주범인 코로나바이러스, 2012년 중동 지역을 순회한 메르스의 기원인 코로나바이러스, 때로는 새로운 변종으로 나타나며 재유행을 반복하는 숱한 고질병들(탄저병 anthrax, 라임병Lyme disease, 라사열Lassa fever), 그리고 허리케인처럼 정기적으로 출현하는 인플루엔자임에도 특징 없는 이름을 부여받는 H1N1, H1N2v, H3N2v, H5N1, H5N2, H5Nx 등.[7] 2019년 무렵에도 과학 연구들은 "감염병이 세계 곳곳에서 유례없는 속도로 출현하고 있고"[8] 이 중 인수공통감염병의 비율은 3분의 2와 4분의 3 사이로 추정되며, 팬데믹의 경우 인수공통감염병의 비율이 거의 100퍼센트라는 사실을 반복해서 언급했다.[9] 감염병은 그 자체로 장기 추세를 보이고 있는 것이다.

새롭고 기이한 질병이 야생에서 나타난다는 것은, 사실 논리적 귀결이다. 인간이 지배하는 영역 너머에서 알려지지 않은 병원체들이 살아간다는 것 말이다.[10] 하지만 그런 영역은 평화로운 상태로 방해받지 않을 수도 있었다. 박멸욕에 가까운 욕망을 품고 끊임없이 야생을 공격하고, 잠식하고, 침입하고, 잘라내고, 파괴하는 인간의 경제활동이 아니었다면, 아무 일도 일어나지 않았을 것이다. 병원체들은 우리를 향해 달려들지 않았을 테고, 자연에 있는 숙주 안에서 편안히 머물렀을 것이다. 하지만 그 숙주들이 궁지에 몰리고, 스트레스를 받고, 쫓겨나고, 죽임을 당할 때, 그들은 멸종이냐 이동이냐 하는 선택지 앞에 놓이게 된다.[11] 2012년에 출간되었고 지금 상황에서 필독해야 하는 책인《인수공통 모든 전염병의 열쇠Spillover: Animal Infections and the Next Human Pandemic》

에서 데이비드 쾀멘David Quammen은 일련의 결과를 유통 창고 의 붕괴에 비유한다. 불도저들에 의해 "나무들이 쓰러지고 토착 동물들이 학살되면, 토착 병균들은 먼지처럼 공중으로 날아간 다".[12] 과학도 여기에 동의한다. 즉 이러한 장기 추세의 일반적 원 인은 야생 지대 전체로 진군하는 인간의 경제활동이다. 그 대응 으로 바이러스가 인간 세계로 침투하는 것은 필연이다.[13] 사건은 박쥐목(익수목) 동물에서 시작된다.

박쥐와 자본가에 대하여

2020년 기준, 세계에는 1200종 이상의 박쥐가 서식하고 있다. 최 소 6500만 년간 분화를 거듭해온 박쥐목 동물은 포유동물 중에 서 가장 오래된 목目에 속한다. 또 포유동물 중에서 종다양성이 둘째이고(1위는 설치류), 그 개체수는 포유동물의 5분의 1을 차지 한다. 박쥐는 병원체를 옮기는 데 따를 자가 없는 동물이기도 하 다. 숫자가 더 많은 설치류가 절대적인 수에서는 박쥐보다 약간 더 많은 바이러스를 보유할 가능성이 있지만, 한 종당 거느리는 병원체 손님의 수는 박쥐가 훨씬 더 많다. 그런데 이들은 별반 개 의치 않는 것 같다. 계속해서 감염되는데도, 병증을 전혀 보이지 않는 것이다. 감염된 박쥐 무리의 떼죽음에 관한 보고는 제출된

적이 없다. 그래서 박쥐학자들은 박쥐가 바이러스들에 대한 독특한 내성과 이례적으로 강력한 면역체계를 가지고 있다고 추정한다. 이런 면역체계는 수백만 년의 진화 과정이 선사한 공통 특성에서 비롯할 수밖에 없다.[14] 그 특성이란 무엇일까?

모든 박쥐는 박쥐 하면 떠오르는 특유의 **능력**을 보유하고 있다. 비행 능력 말이다. 일부 다람쥐들과 여우원숭이들은 짧은 거리를 활공滑空하거나 낙하한다. 반면 박쥐는 부산스럽게 날개를 퍼덕이며 지속 비행을 유지하는 유일한 포유동물이다. 대가를 지불하지 않고 이런 활동을 하기란 불가능하다. 공중에 떠 있기 위해 이들은 엄청난 양의 에너지를 소모하는데, 이 과정에서 몇 시간 동안 체온이 40도까지 올라갈 정도로 신진대사율을 높인다(마라톤 선수들을 떠올려보라). 활력이 떨어지는 포유동물이 이런 상황에 처하면 고열에 시달릴 것이 자명하다. 물론 열은 병에 시달리는 신체의 일차적 방어기제일 것이다. 이러한 사실은 박쥐가 약간의 발열을 통해서(이들에게 열은 자연 상태에 가깝다) 무엇이든 떨쳐버릴 수 있다는 점을 시사하는 듯하다. 반대로, 박쥐에 터를 잡은 바이러스들은 고열에 가까운 온도에 적응해야만 한다. 그렇다면 이론상, 박쥐는 **자신들의** 몸은 손상시키지 않은 채로, 다른 포유동물들의 더 취약한 면역체계는 제압할 수 있는 병원체들의 숙주로 진화한 셈이다.

비행이 초래한 다른 결과도 있다. 특유의 비행 능력 덕에 박쥐는 먼 거리도 이동한다. 매일 밤 먹이를 찾아 수십 킬로미터를, 보금자리를 찾아 수백 킬로미터를, 여름과 겨울에 서식지를 찾아 1000킬로미터 이상을 이동하는데, 여행길에서 병원체들을 주워 담기도 하고 흩뿌리기도 한다. 박쥐는 땅 위에서는 거의 생활하지 않는다. 대신 공중에서, 나무 위에서, 지붕 아래에서, 즉 자기 아래에 있는 무언가에 침과 배설물을 떨어뜨릴 수 있는 곳에서 산다. 이들은 인간 가까이로, 과수원이나 논밭, 집이나 마구간 안으로 이동할 수 있다. 만일 그럴 이유가 있다면 말이다.[15]

또한 박쥐에게는 둘째 핵심 특징이 있다. 무리 짓고 사귀기를 좋아한다는 것이다. 이들은 무질서하게 몰려들어 이례적인 밀집도와 다양성을 보이는 군집을 이룬다. 어떤 박쥐들은 다닥다닥 붙는데, 1제곱미터당 개체수가 3000마리, 보금자리당 개체수가 수백만 마리가 될 정도이다. 어떤 박쥐들은 여러 종이 어울리면서 바이러스를 수시로 교환하기도 한다. 병원체들과 그들의 진화를 위해 마련된 천국이자, 집단 면역을 위한 최적의 방식인 셈이다.[16] 달리 말해, 박쥐는 2020년 봉쇄령의 두 가지 주요 규정, 즉 여행하지 말고 무리를 만들지 말라는 규정을 어기면서 살아간다. 세계가 반복해서 배워야 했듯, 왜 박쥐들이 초능력을 방불케 하는 힘을 지닌 숙주인지, 왜 그들 몸속의 바이러스가 다른 환경에 놓이면 그토록 치명적으로 변하는지를 설명해주는 대목이다.

니파바이러스는 말레이시아 북부의 숲에서 인간 세상으로 이동했다. 숲속 어느 돼지 농장 주위에 있던 과일나무에 박쥐들이 몰려들면서 일어난 일이었다. 이들은 돼지들에게 똥을 싸거나 배설물을 흘렸고, 돼지들은 증폭 숙주 역할을 하며 바이러스를 인간에게 옮겼다. 니파바이러스는 고열, 기침, 호흡곤란을 유발했다. 이 증상들은 현기증, 혼수상태, 뇌염으로 악화했는데, 치명률이 40퍼센트에 육박했다. 억제되기 전, 최초 발병으로 인해 사망한 이들은 약 110명이었다.[17] 광견병 역시 박쥐라는 보유 숙주에서 발생한다. 에볼라를 비롯해, 악성으로 보고되는 다른 수십 가지 병원체들도 마찬가지다.

그러나 박쥐목류 최고의 특징을 보여주는 것은 다름 아닌 코로나바이러스다. 사스는 금번 새천년에 팬데믹 사태를 방류한 최초의 코로나바이러스였다. 이 감염병에 놀란 과학자들은 중국 남부의 동굴을 찾아가 연구한 끝에 말편자박쥐horseshoe bats를 숙주로 판별했다. 바이러스는 이 동물에서 증폭 숙주인 사향고양이로 이동했다가 이후 인체도 장악하게 된다.[18] 박쥐에서 코로나가 발견된 시점은 이번 새천년의 초반이었지만, 메르스라는 형태로 공격을 재개하기 전까지 이 바이러스는 자신을 거의 드러내지 않았다. 메르스는 박쥐에서 낙타를 거쳐 인간으로 옮겨 왔다.[19] 집단 사망을 불러온 이러한 가벼운 타격들이 나타난 이후, 더 많은 과학자들이 열대지방 곳곳으로 흩어졌다. 무엇이 잠재되어 있는지를 알아내기 위해서였다. 이름으로는 딱인 '예측PREDICT' 프로젝트에 참여한 한 연구진은 열대지방 20개국에서 약 1만 2000마리의 박쥐를 포획해 표본을 채취한 다음 야생으로 돌려보냈다. 이들은 박쥐 1종당 약 3개의 코로나바이러스가 있음을 알아냈다. (수많은 설치류와 영장류도 검사를 받았지만 양성 반응을 보인 개체 가운데 98퍼센트 이상이 박쥐였다.) 박쥐들의 세상 전체를 돌아다니고 있는 코로나바이러스의 수가 약 3000개라는 결론이 뒤따랐다. 이들 전부가 인간을 감염시킬 능력을 갖춘 것은 전혀 아니다. 일례로, 2016년 중국 남부의 한 박쥐 무리가 돼지들에게 코로나바이러스를 떨어뜨렸다. 돼지들은 급성 설사로 죽었지만, 바이러스는 인체를 뚫고 들어가는 데는 실패했다. 하지만 수백 종의 코로나바이러스가 인체를 뚫을 잠재력을 가지고 있고, 더 많은 바이러스가 그런 잠재력을 갖추어가고 있을지도 모른다.[20]

일단 세포 하나를 납치한 뒤 코로나바이러스는 살아 있는 생물처럼 행동한다. 실제로 코로나바이러스는 자연선택이라는 법칙을 따른다. 이들은 주변 세계에 적응하려고 분투하는데, 숙주에게 빌붙고, 공격에서 살아남고, 다른 곳으로 도망치고, 복제하고, 혈통을 영속시키는 과제들을 잘 수행하는 한에서만 생존을 지속해간다. 또 코로나바이러스는 대부분의 생물보다 더 빠른 속도로 진화할 수 있다. 이들의 유전정보는 DNA의 복잡한 이중나선 속이 아니라 더 단순한 RNA 속에 저장되어 있다. RNA는 환상적인 속도로 돌연변이를 일으킬 수 있는, 한 가닥으로 된 분자로서(무거운 짐을 실은 마차보다 속도가 빠른 단거리 주자들의 계주를 생각해보라) 새로운 유전 조합을 조형하며 환경에 도전한다.[21]

SARS-CoV-2는 눈부신 장점 하나를 갖추게 되었다. 숙주에게 피해를 입히기 **이전에** 다른 숙주로 건너갈 수 있다는 장점이다. 무증상 환자도 타인에게 이 바이러스를 전파했다. 때문에 전염 사슬은 사스 때보다 훨씬 더 효과적으로 대륙들로 뻗어나갔다. 사스는 반대로 우선 증상이 나타난 뒤에 전염력을 발휘했고 그래서 비교적 손쉽게 제압되었다. 다시금 말하지만, 이 바이러스는 박쥐에서 비롯되었고, 더 많은 종류의 코로나바이러스들이 지금 부화 중이라는 사실은 확실하다. 그렇다면 전부 박멸하면 그만이지 않을까? 중국에서 이번 사건을 계기로 박쥐류를 박멸해야 한다는 주장이 제기되었다.[22] 감염병이 발발하면 흔히 나타나는 반응이다. 작은 예를 하나 들자면, 니파바이러스 감염병 사태는 발원지 인근에 살던 100만 마리가 넘는 돼지들의 도살로 귀결되었는데, 합리성이 있는 행동으로 보인다. 여기에서 더 나아가 이렇게 추론해볼 수도 있다. 남아 있는 야생 지대 전체를 밟아버리면 그만이지 않을까? 만일 지구 전체가 맨해튼 같은 모양이 되어버린다면, 분명 우리를 괴롭힐 기생생물은 그다지 많지는 않을 것이다.

미친 생각처럼 들릴지 모르지만, 여기에는 논리적 요소가 있다. 통상적인 생물다양성은 병원체의 다양성과 서로 연관되기 마런이다. 전자를 완전히 없애버리면, 기생생물과 증폭 숙주, 숙주들의 계통 전체도 자연히 제거될 것이라고 충분히 예측할 수 있다.[23] 하지만, 정반대의 사태도 가능하다. 생물학자들은 '희석효과 dilution effect'라는 가설을 세웠는데, 생물종들이 어느 정도 수준으로 풍부해지면 **사실상** 감염 사태가 억제된다는 것이다. 어느 생태계에, 이를테면 숲에 많은 개체수와 종류의 동물들이 존재하는 경우, 그중 일부 동물은 숙주로서는 무능할 것이고, 이런 동물의 체내에서 기생생물들은 먹을거리도, 자기복제를 위한 플랫폼도 거의 찾지 못할 것이다. 이런 동물을 물어봤자 전파하려는 시도는 허사가 된다.

예컨대, 어떤 숲에 다람쥐가 많다면 동물을 물어뜯으려는 진드기들은 다람쥐를 겨냥할 텐데, 이 진드기들은 다람쥐가 적을 경우 인간을 목표물로 삼을 수도 있다. 불쾌감을 일으키고 때로는 몸을 쇠약하게 하는 라임병은(최악의 경우 만성 피로와 인지 장애를 일으킨다) 진드기에 의해 전염된다. 진드기들은 다양한 생물이 어울려 살아가는 북미의 숲에서는 주로 주머니쥐를 물어뜯는다. 그런데 주머니쥐는 진드기를 죽인다. 하지만 건강하지 못한 숲에선 주머니쥐가 자취를 감춘다. 대신 흰발생쥐가 계속 번성하는데, 이들은 진드기를 가장 잘 수용하는 숙주이다. 실제로 흰발생쥐들은 경쟁자가 줄어든 덕분에 어느 때보다도 번성하고 있다. 생물다양성의 고갈은 완충지대를 제거한다.[24]

희석효과론을 둘러싼 이론적 논쟁은 아직 진행 중이지만, 희석효과가 하나의 법칙이라고 말해주는 보편적인 경험 증거들이 있다. 이 법칙은 이러하다. **생물다양성 수준이 높을수록 인수공통감염병 위험은 낮아진다.** 보금자리인 야생 서식지에 대한 외부 공격에서 살아남는 생물종들은 대개는 병원체를 쉽게 거느리고, 빠른 속도로 증식하며, 인간 거주지들의 틈새에서 서식하는 기회주의자이거나 보편서식종*이기 쉽다(생쥐나 잡초를 생각해보라). 창고는 철거할 수 있겠지만, 먼지는 사라지지 않는다. 철거 과정에서 먼지는 우리를 향해 직격탄을 날릴 것이다.

인간이 박쥐 안에서 감염병을 끄집어낸 것은 이번이 처음이 아닐 것이다. 오스트레일리아에서는 화가 잔뜩 난 남자들이 날여우박쥐를 괴롭히고 사냥하는 사건이 있었다. ("저 녀석들이 사람에게 똥을 갈겼다! 복수의 시간이다. 이제는 사람이 저들에게 똥을 갈길 차례다!" 이 사냥을 지지했던 사람이 한 말로, 데이비드 쾀멘이 인용한 것이다. "대체 저들이 무엇에 도움이 되겠나? 모두 없애야 한다! 왜 없애지 못할까? 감상적인 녹색주의자들 때문이다!")[25] 브라질에서는 폭탄을 사용하여 흡혈박쥐 서식지를 조직적으로 폭파한 사건이 있었다. 그러나 무작위로 추려낸 모든 사례에서 의도한 바와는 정반대의 결

---

* 서식 환경이나 먹이를 크게 가리지 않아서 어디에서든 서식할 수 있는 생물종을 가리킨다.

과가 나왔는데, 병원체 무리는 더 먼 곳까지 흩어졌다. 박쥐 박멸이란 생물다양성을 잃는 또 하나의 방법일 뿐이다. 식물에 수분 授粉하고, 식물의 씨앗을 분산하며, 해충을 억제하는 데 박쥐들이 중차대한 기능을 수행하기 때문이다.

그러나 아직까지는 팬데믹 사태의 원흉에 복수하려는 욕망은 무시해도 좋은 작은 위협에 불과하다. 정작 우리가 살펴봐야 하는 것은 산림 파괴다. 산림 파괴는 생물다양성 손실, 인수공통감염병 확산의 한 동인이기도 하다. 도로가 열대림 사이에 놓이고, 숲 일부가 제거되고, 숲 안쪽 깊은 곳에 전초지가 마련될 때, 인간은 자기들끼리 살아온 무수한 생물들 전부와 접촉하게 된다. 병원체들이 최대한 많은 무리를 이루며 거주하는 공간을 사람들이 습격하거나 점령하고 있다. 두 집단이 가장 빈번히 만나는 무대는, 나무들이 소리소문 없이 사라지고 인간의 극단적 경제활동이 진행되는 파편화된 숲들의 가장자리이다. 이렇게 되면, 쥐나 모기 같은 보편서식종들이 '중간 숙주'의 재능을 발휘하며 해당 지역에서 번성하는 경향이 있다.[26]

파편화는 오늘날 지구의 숲들이 처한 운명이다. 잔여 숲 가운데 약 20퍼센트는 숲 경계 끄트머리에서 100미터 이내에 있고, 약 70퍼센트는 1킬로미터 이내에 있으며, 한때 숲이 우거졌던 섬들은 경관이 말끔히 정리된 바다에 떠 있다.[27] 전반적으로 이런 사태는 생물다양성 측면에서는 일종의 죽음이지만, 기생생물들에게는 별반 그렇지 않다. 최근 한 생태학자 집단은 숲의 파편화가 병원체의 진화를 **가속화**한다는 흥미로운 가설을 제출했다. 병원체들과 숙주를 섬 같은 서식지에 가두고 제한된 공간에서 생존할 방도를 찾으라고 압박하면 그렇게 된다는 것이다. 각 "섬"에는 이제 기생생물과 숙주라는 "공진화의 엔진"이 존재하는데, 이들은 돌연변이와 유전적 표류의 이점을 최대한 이용하는 한편, 자신들만의 고유한 궤도를 따라 이동하고, 종국엔 역설적으로 병원체 다양성이 증가하게 된다.[28] 산림 파괴라는 엔진은 기생생물들의 실험을 활성화하는 파생 엔진을 되살리는 셈이다. 그리고 이러한 흐름은 인류와 인접해 있는 문을 향해 이동해 갈 것이다.

이러한 가설이 진리로 확정되든 아니든, 확실한 것이 있다. 감염병 확산의 핫스폿이 곧 산림 파괴의 핫스폿이라는 사실이다. 이 핫스폿의 위치는 열대 지역으로, 가장 많은 박쥐가 발견된 곳이기도 하다. 세계 박쥐의 4분의 1은 동남아시아에 살고 있는데, 최근 수십 년간 쇠사슬 톱과 불도저가 이곳의 열대우림을 짓밟아왔다.[29] 그 결과, 열대우림 내 서식자들은 만성 스트레스에 시달리는 것처럼 보인다. 박쥐들은 사라진 서식지와 먹이를 벌충해야 하고, 섬들 사이를 이리저리 날아다녀야 하며, 위험을 무릅쓰고 항해하고 적지를 건너야만 하니 예전보다 훨씬 더 심한 스트레스에 시달리고 있다.[30] 이러한 변화는 이들의 건강에 어떤 영향을 미칠까? 스트레스가 인체를 계속해서 마모시키는 것과 상당히 비슷할 것이다. 보르네오섬 북쪽 끝에 있는 말레이시아 사바Sabah에서 한 박쥐학자 팀이 조각난 숲들의 안쪽과 주변에 덫을 놓고 포획된 박쥐들의 사체를 검사했다. 이 사체들은 피해가 덜한 지역의 동종에 비해 신체 질량body mass이 더 작고, 면역체계의 보병이라 할 백혈구 수는 더 적었으며, 전반적인 건강 상태 역시 더 열악했다. 산림 파괴로 인한 스트레스는 박쥐들의 강력한 방어망에 균열을 내고, "바이러스 가득한 배설물의 파동"[31]을 촉발하는 듯하다.

그리고 이 와중에 바이러스들은 우연히 마주치는 숙주들의 체내로 무더기로 흘러든다. 이 숙주가 인간일 가능성도 큰데, 오래된 서식지를 빼앗긴 박쥐들이 헛간, 정원, 마을, 대농장(박쥐들이 더 잘 생존할 수 있는 곳은 카카오 대농장이다) 안에서 피난처와 먹이를 찾기 때문이다. 오스트레일리아 동부에서 숲들이 사라진 뒤로, 날여우박쥐는 인근 목장과 공원에서 나오는 것으로 먹고 살 도리밖에는 없다. 목초지 마련을 위해 브라질 열대우림들이 개간되면, 흡혈박쥐(피를 먹고 살기 때문에 이렇게 불린다)는 어쩔 수 없이 소를 공격하게 된다.[32] 비슷한 역학이 설치류의 세계에서도 작동한다.

자, 만일 정말로 산림 파괴가 21세기 초반의 인수공통감염병 확산을 불러온다면, 다음과 같은 질문을 제기해야만 한다. 무엇이 산림 파괴를 유발하는가? 물론 벌목은 오래된 인간의 관행이다. 유사한 다른 관행들처럼, 벌목은 줄곧 형태를 바꿔왔다. 단절이 일어난 것은 1990년대였다. 1990년대 이전 열대 지역, 특히 동남아시아와 중남미의 열대 지역에서 산림 파괴 행위의 주체는 주로 각국 정부였다. 1960년대와 70년대, 반정부 농민 투쟁의 물결이 두 대륙을 휩쓸었다. 이들은 동남아시아의 모든 신생 독립국(수많은 베트남들)의 외진 숲속에서 활동했는가 하면, 거의 모든 중남미 땅에서 쿠바 혁명 같은 혁명을 하려 했다. 미국은 휘하에 있던 각국 정부에게 농민들의 배후지를 점령함으로써 투쟁을 저지하라고, 투쟁 세력의 은신처를 없애고 대중의 지지를 약화시키라고 명령했다. 원하던 농지를 불하받게 된다면 소규모 자작농들은 게릴라들에게 넘어가지 않을 테고, 이런 식의 농지 분배를 위해서는 대농지를 몰수하는 것(미국이 한사코 피하려고 했다)보다는 숲을 개방하는 편이 훨씬 나았다. 그래서 인도네시아의 군사 정권은 자작농들을 변방의 섬들로 이주시켰고, 브라질의 군사 정권은 거대 고속도로로 아마존의 숲을 두 동강 냈으며, 개척자들을 파견해 지선도로 인근 농지의 소유권을 주장케 했다. 1990년대가 도래했고, 모든 농민 투쟁이 패배한 상태였다. 반면 구조조정 프로그램은 이 프로그램의 영향 아래에 있던 국가들에게 재정과 무역수지를 개선하라고 강요했다. 이제, 동인이 뒤바뀌었다. 전 세계에서 계급적 힘의 균형에 변화가 일어났고, 이로써 산림 파괴 양상도 달라졌다. 어느 중요한 메타 분석의 용어를 쓰자면, 산림 파괴는 이제 "기업 주도"로 진행됐다. 국가는 한 발 뒤로 물러서, 값싼 땅과 노동력의 소유권을 이전하는 일에 주력했다. 이제 숲을 개간하는 사업은 "고도로 자본화되고 잘 조직화된" 민간 행위자들이 맡았다. 이들은 도로를 건설하는 한편, 장비를 보내 대규모 농장과 채석장, 목장을 조성하기 위해 길을 내거나, 외지의 시장에 내다 팔 목적으로 목재를 베어냈다. 국가는 더 이상 피폐한 농민 군대가 있는 숲으로 무작정 밀고 들어가지는 않았다. 또 다른 세력이 자신의 목적을 달성하기 위해 농민들을 박살냈던 것이다.[33]

이번 새천년이 시작된 뒤로 열대림을 잘근잘근 씹어 삼키고 있는 것은 다름 아닌 상품 생산이다. 상품 생산은 모든 최전방에서 다양성을 짓밟고 있다. 단 네 가지 상품, 즉 소고기, 콩, 팜유, 목재(임팩트가 강한 순서대로 나열한 것)가 2000~2011년 극적으로 가속화된 열대림 파괴 면적의 10분의 4를 차지하는데, 이 열대림들은 동남아시아와 중남미의 7개국에 분포해 있었다.[34] 위에서 조망해보면, 역사적 단절이 훤히 보인다. 소농은 소규모 숲을 제거하지만, 산업 규모로 움직이는 사업체들은 대규모 숲을 제거한다. 인도네시아에서 통상 3000헥타르 이상의 면적을 차지하는 팜유 대농장이 그러하고, 브라질에서 통상 1000헥타르 이상을 차지하는 소 목장이 그러하다.[35] 그렇다면 제거되는 숲의 면적 자체가 일종의 동인인 셈이어서, 현장 위성사진을 분석한 최신 자료들은 새천년의 첫 10년간 대규모 개간으로 파괴된 산림 면적이 소농들이 파괴한 면적보다 훨씬 더 크다는 사실을 확인해준다. 다시 말하지만, 총손실이 가장 많은 현장인 동남아시아와 중남미에서 이런 경향이 가장 도드라졌다.

사바에 살던 박쥐들에게 스트레스를 유발하는 것은 무엇일까? 이들의 서식지를 침투하고 있는 것은 바로 팜유 대농장이다.[36] 현재 세계에서 유통되는 팜유의 90퍼센트가 말레이시아와 인도네시아에서 생산되고 있는데, 말레이시아 내 농지의 70퍼센트가 이 한 가지 상품 생산에 사용되고 있다. 이 때문에 말레이시아는 현재 산림 파괴가 가장 심각한 국가에 속한다. 21세기의 첫 10년간 이 나라보다 더 빨리 오래된 숲을 잃어버리고 만 국가는 없었다.[37] 오래된 숲들은 단작농업 용지를 조성하는 과정에서 잘려나갔다. 이 용지들 중간중간에는 공장들이 있는데, 팜유는 열매 수확 후 24시간 안에 짜내야 하기 때문이다. 이 대농장들의 소유주는 말레이시아에서 가장 규모가 큰 기업들에 속한다. 이들은 세계 금융계에 완전히 통합되어 있는가 하면, 사전 투자upfront investments*의 원천으로서 없어서는 안 될 기업들이다. 공장과 정제소들은 상품을 어느 시장으로든 수송할 도로, 트럭, 항구, 수송선 들의 네트워크에 연결되어 있다. 수많은 노동자들이 기업이 제공하는 농장 내 임시 숙소에서 생활한다. 한 연구자는 사바에서 일하

＊ 작물이 수확되거나 사업이 시행되기 이전에 거래가 이뤄지는 방식의 투자.

는, 부채 상환의 덫에 걸린, 주로 이민자인 노동자들의 삶의 양태를 들춰냈다. 도착과 동시에 빚을 지고, 여권은 압수되며, 경찰을 두려워하고, 외상으로만 식료품을 제공받으며, 빚은 점점 늘어나고, 간혹 법정 최저임금 이하의 급여를 받는 삶 말이다.[38] 이 기업들이 성취하려는 것은 무엇일까? 한 산림생태학자 그룹은 이렇게 쓰고 있다. "대농장 기업들과 해당 주주들은 자본에 돌아오는 이윤의 극대화를 추구한다. 또 값싸고 마음대로 이용할 수 있는 광활한 대지, 믿을 수 있는 저임금 노동력의 활용을 추구한다."[39] 이들은 전형적인 자본주의 기업들이다(대체할 만한 다른 용어란 없다). 본성상 이들은 확장 강박에 시달린다. 21세기 초반, 동남아시아에서는 대농장들이 대대적으로 부활했는데, 이러한 식민지 시대의 잔재가 대지를 장악했고, 여러 형태의 생명을 쥐어짰다.[40] 박쥐들의 온전한 삶이란 대농장 소유주들의 관심 목록에서 최하위에 속한 사안일 것이다.

그렇게 하여 이 지역은 오늘날 날여우박쥐들을 상대로 선전포고 없는 전쟁이 벌어지는 전장이 되었다. 날여우박쥐는 날개 길이가 거의 2미터나 되는, 박쥐 가운데에서는 가장 몸이 큰 거대박쥐류로, 보통 맹그로브, 늪지대, 열대우림 내 시끌벅적한 공동 서식지에 군집해 산다. 산림 파괴는 이들의 서식지를 산산조각 내면서 이들에게 스트레스를 가한다. 물론 팜유만이 비난받아야 하는 상품인 것은 아니다. 니파바이러스의 경우, 문제는 돈육 상품이었다. 과일박쥐들이 서식하는 숲 깊숙이 밀고 들어가, 결국 과일박쥐들을 자극했던 상업용 돼지 농장 말이다.[41] 태국 북부 지역의 한 박쥐 종도 산림 파괴로 인해 스트레스에 시달린다고 보고되었는데, 이 경우도 규모는 다르지만 플랜테이션과 인프라 개발이 원인이었다.[42] 현재 시점에서 상세한 분석을 제시하는 연구는 아직 많지 않다. 하지만 박쥐학자들은 큰 그림을 인식하고 있고, 이 그림은 동남아시아에 국한된 것은 아니다.[43]

자메이카 중심부의 콕핏컨트리Cockpit Country는 석회암 바위들이 부서져 형성된 카르스트 지형*을 이루고 있다. 깊은 골짜기들 주변에는 수백 개의 산봉우리가 있는데, 이 골짜기들은 지하의 무수한 동굴들로 이어져 있다. 이곳의 숲에는 피난처가 풍부하듯, 먹을거리가 풍부하다. 야생 얌**과 바나나와 구아바나무, 목화, 산타마리아나무, 구아노*** 같은 것들 말이다. 10여 종이 넘는 이 지역의 박쥐들에게는 천국인 셈이다. 식민지 시대에는 농장에서 도망친 노예들, 즉 '마룬'들에게 은신처였던 곳이기도 하다. 이들은 불가사의할 정도로 견고한 요새가 되어준 숲에 숨어

***

* 용해 가능한 암석 지대가 녹아내려 형성된 지형을 통칭한다. 영월, 평창, 삼척, 제천, 단양 등지에서도 석회암 동굴 등의 형태를 한 카르스트 지형을 볼 수 있다.
** 참마라고도 부른다. 산이나 들에 자생하는 참마과의 덩굴성 초목으로, 주로 열대와 아열대 지역에서 자라지만, 일부 종은 온대 지역에서도 자란다.
*** 해안 또는 섬에 군생하는 물새들의 배설물이 쌓여 굳어진 덩어리.

서 영국에 맞서 싸웠다. 구전에 따르면, 마룬들은 질소가 풍부해서 폭발력이 있는 동굴 안의 박쥐 구아노로 화약을 만들어 머스킷 소총에 장전했다. 도망 노예 출신인 이 마룬 무리는 여전히 숲 주변의 마을들에 거주하며 마을의 보호자 역할을 하고 있다. 그런데 지금 이들은 위협에 노출되어 있다. 지하에 보크사이트*가 매장되어 있기 때문이다. 캐나다 광업회사 노란다Noranda는 지난 수년간 계속 노천 채굴 사업 승인이 나기를 기다리며 불만을 터뜨려왔지만, 자메이카 정부는 지금껏 승인을 주저하고 있다. 콕핏컨트리의 운명을 둘러싼 이 갈등은 자메이카에서 가장 중요한 환경 투쟁이다.[44] 마룬들과 동맹 세력 쪽에서는 꾸준히 저항 운동을 하고 있고, 노란다의 피고용자들도 반대 시위를 하고 있다. 2019년 학교 기후파업 때에 그랬던 것처럼 이들의 투쟁은 기후 시위가 있을 때마다 주목받고 거론된다.[45] 코로나19 팬데믹이 자메이카에 도달했을 때, 박쥐를 없애자는 목소리가 나왔고, 이 투쟁에 가장 깊이 개입했던 환경시민단체는 이에 맞서 "박쥐를 그냥 내버려둬!"라고 외쳤다.[46] 노란다의 승인 요청을 수용해서는 안 되는 또 다른 이유다. 가까운 시일 안에 이런 갈등은 얼마나 더 많이 일어날까? 아무도 모른다. 적도 주변, 박쥐와 자본가의 충돌 지점이 어디가 될지는 아직 알 수 없다. 시간만이 답을 알려

---

* 알루미늄, 시멘트, 화학제품 생산에 사용되는 광물.

줄 것이다.

그런데 이에 관한 연구를 시작한 과학자가 있다. 인수공통감염병 확산의 시대에 변증법적 생물학이라는 귀중한 전통을 계승하고 있는 롭 월리스Rob Wallace가 주인공이다. 월리스는 에볼라 바이러스 연구에 진력했다. 코로나와는 계보가 다른 이 바이러스는 오랫동안 서아프리카에서 잠들어 있었는데, 과일박쥐를 타고 열대우림에서 뛰쳐나와 마을을 하나둘 감염시켰다. 1976년 이후 기록된 감염병 발생 사례는 20여 건이 넘었다. 하지만 2014년에 벌어진 사태는 성격이 완전히 달랐다. 이전에 비해 40배 이상으로 규모가 커진 당시에 에볼라는 기니에서 시작해 라이베리아, 시에라리온, 나이지리아, 세네갈을 강타하며 팬데믹 직전 국면에 이르렀다. 발열, 설사, 과다 출혈 증상을 보인 확진자 중 절반 이상이 사망했고 이들 국가의 수도 거리에는 시체들이 즐비했다.[47] 대체 무엇이 이런 국면 전환을 일으킨 걸까? 원인은 병원체나 숙주와 관련된 것이 아니라 모종의 "비非바이러스적" 상황임이 틀림없었다.[48] 이 재난이 발생하기 5년 전, 세계은행은 이 지역의 숲 지대를 "세계에서 가장 덜 사용된 잠재 농지의 하나"로 꼽았다. 그런데 기니 정부는 한 농산업 부문에 이곳을 넘겨준다. 팜유 농업이었다. 플랜테이션 붐이 여기에도 당도했다. 미국, 영국, 말레이시아, 인도네시아 등지의 기업들이 팜유를 생산하기 위해 땅들을 불법 수탈하며 이 붐을 촉진했다. 자연스럽게 과일박쥐들은 오래된 은신처에서 쫓겨나 야자나무들 주위로 몰려들었다. 오래된 숲들을 발가벗김으로써 기업들은 "보통은 바이러스가 감염력을 제대로 발휘하지 못하게 막는 마찰력"을 제거했고, 희석효과는 뒤집혀서 오히려 사태 악화를 촉진하고 말았다.[49] 지금까지 우리가 언급한 자연과학자들 중 마르크스주의자는 단 한 명도 없지만(물론 속으로는 마르크스주의자일 가능성까지 배제할 수는 없다) "이 숲들을 글로벌 자본 회로에 개방하는 것" 자체가 이 모든 질병의 **근본 원인**이라는 결론을 끌어내는 데는 월리스 같은 공공연한 마르크스주의자가 필요하다. 박쥐를 비롯한 동물들이 살아가는 나무를 난폭하게 뒤흔드는 것은 고삐 풀린 자본축적 운동이다. 바이러스의 이슬비는 그런 식으로 떨어져 내린다.

생태적으로 불평등하고 병적인 교환

또 한 가지 결론이 있다. 원인은 지역 내부에 있지 않다는 것이다. "만일 시골 지역들이, 나아가 그곳과 엮여 있는 병원체들이 자본의 회로에 의해 세계화된다면, 질병의 근원은 병원체가 처음 출현한 국가를 넘어서는 무언가일 것이다."[50] 자메이카에 매장된 보크사이트를 더 많이 캐내려는 움직임은 자메이카 외부에서 비롯된 것이다. 이 물질은 킹스턴*의 아이들에게 먹이려고 채

굴되지 않는다. 지구를 잿더미로 만들며 자원을 뽑아내는 경관을 연출하면서, 보크사이트에 투자하고, 미국 내 알루미늄 공장으로 수송하며, 결국 이익을 챙기는 것은 외국 자본이다. 이들이 지나간 자리에는 크게 입을 벌린 시골의 붉은 상처들, 그리고 천식을 앓는 어린이들이 남는다. 팜유는 말레이시아의 일반 가정들을 위한 물질이 아니다. 팜유는 세계 각지의 화장품, 화학, 식품, 축산, 에너지 기업으로 수출되는데, 열대림을 쓰러뜨리고 있는 다른 세 가지 상품, 즉 소고기, 콩, 목재 역시 경향성은 같다.[51] 이런 사태를 명료히 이해하기 위해 학자들은 '원거리 연결teleconnection'이라는 기상학의 개념(말레이 군도의 대기압 상승이 엘니뇨를 촉발하고, 엘니뇨는 페루 전역의 폭우와 보츠와나의 건기를 유발하듯 원거리의 사건들이 서로 연결되어 있다는 개념)을 무역의 경로에 적용했다.[52] 열대 지방에서 산출된 제품에 대한 원거리의 수요가 산림 파괴의 주요 동력원이다.[53]

생산과 소비 간 공간 분리가 후기자본주의 세계화의 본질적 특징이므로, 이것은 결코 놀라운 일은 아니다. 한 장소에서 구매되는 상품은 생소한 지구의 반대 지점에서 생산되어 이동한 것이다. 인과관계는 공중에 떠 있을 수밖에 없다. 하지만 이런 흐름이 남반구와 북반구 양쪽에서 균등하게 나타나는 것은 아니다. 수요

＊ 자메이카의 수도.

라는 대기압은 지금도 여전히 북반구에서 상승하고 있다. 만일 무역 상품들에 포함된 대지(해당 상품들을 재배하고, 먹이고, 채굴하고, 가공하며, 조립하는 데 필요한 대지)의 양을 계산한다면, 원거리 연결의 진앙지가 유럽임이 드러날 것이다.[54] 유럽연합 국가들은 대지에서 나오는 상품의 절반 이상을 세계 다른 지역들에서 공급 받고 있다. 독일의 경우, 이 공급량은 5분의 4 이상이다. 일본(92 퍼센트)과 미국(33퍼센트) 역시 무역 상품들에 포함된 대지의 총수탈량 측면에서 크게 뒤지지 않는다.

이것은 결코 사소한 흐름이 아니다. 얼마나 많은 대지가 북반구 쪽으로 질질 끌려가는지 알려주는 한 계산에 따르면, 2007년 유럽연합의 순수입 상품의 양은 **인도 전체 표면적만 한 크기**의 대지를 포함하고 있었고, 향후 더 늘어날 전망이었다.[55] 달리 말해, 유럽연합은 수출과 수입에 포함된 대지의 크기에서 매년 최소 인도 국토 면적의 대지를 빨아먹고 있다. 무역수지는 사뭇 다른 것을 보여줄 수도 있다. 즉 유로나 달러로 계산된 수출 흑자 또는 소량의 적자를 나타낼 수도 있을 것이다. 하지만 **실제 대지**로 계산된 경우, 유럽연합은 시장을 매개로 하여 다른 나라들이 제공하는 어마어마한 양을 게걸스럽게 먹어 치우고 있고, 잔액은 제로다. 유럽연합은 '생태적으로 불평등한 교환'이라 알려진 과정의 특징을 구현해 보이고 있는 것이다. 겉으로 드러난 재정 면에서는 공평해 보일지 모르나, 부유한 국가들이 가난한 국가들의 생물물리적 자원을 흡수하고 그들의 천연자연을 소비하도록 만드는 거래 말이다.

이 천연자연의 일부는 바로 숲이다. 엄격한 양적 연구 방법으로 수행된 연구들은 동일한 결론을 내놓고 있다. 먼저 발전한 국가들에 대한 수출에 중점을 두는 경우, 개발도상국들은 상대국의 상품 수요를 맞추느라 자기네 숲을 더 빠른 속도로 개발하는 경향을 보인다는 결론이다. 물론 이와 같은 관계는 식민주의가 아니었다면 발생하지 않았을 것이다. 식민주의의 유산은 구조조정 프로그램, 부채 상환, 다국적기업의 투자, 미국 수출입은행 같은 국가기관이 지원하는 프로젝트 등을 통해 생명력을 유지하고 있다. 또 이 모든 것들이 산림 감소를 가속화한다는 점이 사실로 드러났다. 숲들이 쓰러진 자리에서는 상품들이 한꺼번에 쏟아져 나온다. 일례로, 미국의 햄버거 탐욕은 아마존 열대림을 밀고 조성한 목초지를 통해 충족되고 있다. 북반구로의 커피 유입은 열대 지역의 산림 파괴 없이는 애초에 불가능하다. 초콜릿의 경우 스위스, 독일, 오스트리아가 최고 소비량을 보이고, 코트디부아르, 가나, 인도네시아로 구성된 톱 트리오가 공급처인데, 한때 야생림이 있던 곳에서 자라난 카카오나무들에서 나온다. 이것은 몇몇 예시에 불과하며, 이와 유사한 상품 목록은 길다.[56]

슈퍼마켓 진열대에서 동떨어진, 적도에 가까운 땅에서 일어나는 이러한 사건들은 해당 지역 생물다양성의 파괴를 시사한다.

열대 지역 상품들을 구매함으로써, 부국의 수입상들은 자국 대지의 동식물에 끼치게 될 생태적 영향을, 우연히 더 풍요로운 생물종을 거느리고 있을 뿐인 열대 지역의 대지로 떠넘길 수 있다. 과학자들이 이러한 점들을 알아내고 서로 연결하기까지는 시간이 걸렸다. 그러나 2012년의 한 획기적 연구는 지구상 모든 동물종들에게 가해지는 생명의 위협 가운데 3분의 1의 직접 원인으로, 북반구 국가들을 대상으로 한 커피, 소고기, 차, 설탕, 팜유 같은 상품의 판매를 지목했다. 생물다양성을 위협하는 물품을 수입하는 상위 7개 수입국은(이들은 언제나 상위 국가들인가?) 미국, 일본, 독일, 프랑스, 영국, 이탈리아, 스페인이었다.[57] (내가 이 글을 쓰고 있는 시점인 2020년 4월 중순, 코로나19 확진자 수가 가장 많은 상위 7개국은 미국, 스페인, 이탈리아, 프랑스, 독일, 영국 그리고 중국이다.[58] 아래에서 이러한 우연의 의미를 살펴볼 것이다.) 동일한 위협 물품을 수출하는 상위 7개 수출국, 즉 생물다양성이 착취된 국가들은 인도네시아, 마다가스카르, 파푸아뉴기니, 말레이시아, 필리핀, 스리랑카, 태국이었다. 이 흐름은 수직적이다. 북반구 쪽으로 날아가 사라지는 생물종들이 만드는 수직의 흐름.

이러한 기본 패턴을 확인해준 일련의 연구가 뒤따라 나왔다. 멸종 위협에 대해 (북쪽을 향해 이동하는) 수출품이 갖는 책임량을 훨씬 더 높게(최대 60퍼센트) 잡은 연구가 있는가 하면, 3분의 1에 근접한 수치를 제시한 연구도 있다.[59] 그리고 중대한 뉘앙스 하나가 추가되었다. 소비가 생물다양성에 대해 갖는 1인당 책임량에서는, 훨씬 더 큰 쏠림 현상이 나타난 것이다. 캐나다, 핀란드처럼 부유하되 인구가 희박한 국가들이 상위권 국가로 치솟았다. 평범한 핀란드인 한 사람은 무역을 통해 세계 평균을 훨씬 웃도는 규모로 생물종 손실을 유발한다는 것이다. 한 명의 중국인이나 인도인의 영향은 이 경우에도 낮았다.[60] 다음 단계의 연구는 물론 이러한 숫자를 소득 계층으로 더 세분화하고 캐나다, 핀란드, 중국, 인도의 사람들이 **계급별로** 각기 어떻게 남반구에 압력을 행사하는지를 살펴보아야 할 것이다. 하지만 연구 결과는 같은 말을 되풀이하며 사실상 하나 마나 한 소리가 될지도 모른다. 매우 부유하다는 것은 곧 열대 지역의 대지를 집어삼킬 만큼 세계의 부를 독점한다는 뜻이다. 실제로 통계를 보면 "국가의 부가 증가하면 생물다양성은 손실되는데, 수입량 증가 속도가 국내 손실속도보다 더 빠르기 때문"이다. 부유한 국가일수록 먼 지역에 사는 다른 생물종들의 공간을 집어삼킬 가능성이 크다. 구역질나는 악취미들이 포장으로 전부 가려지고 있다.

'생태적으로 불평등한 교환'은 변방의 대지에 과도한 해를 가하기 때문에 비윤리적이라며 늘 지탄의 대상이 되었다. 하지만 이제 우리는 월리스를 따라 한 걸음 더 내디딜 수 있게 되었다. 이것은 산림 파괴의 숨은 동인이며, 따라서 생물다양성 손실, 인수공통감염병 확산의 동인이다. 일부 박쥐들과 다른 바이러스 숙주

동물들은 저 무역 폭풍 속으로 빨려 들어갈 것이다. 우리가 본 것처럼 관련 연구는 아직 태동 단계에 있지만, 2020년 3월 초《네이처 커뮤니케이션스》지는 부엌의 선반에서 병원의 병상까지 이어진 연결통로 전체를 추적한 모델 연구를 발표했다. 연구 주제는 잘 감지되거나 진단되지 않는 질병의 하나인 말라리아였다. 이 감염병의 연간 확진자 수는 약 2억 3000만 명, 사망자 수는 약 40만 명에 이른다. 모기는 열대우림 생물군계biomes의 다수를 점유하고, 산림 파괴는 병원病原 집단인 모기의 개체수를 급증시킨다. 산림이 파괴되면 더 많은 햇빛이 토양, 즉 모기 유충의 성장지에 도달한다. 게다가 생물다양성이 감소하면, 유충들을 잡아먹는 포식 동물도 줄어들게 된다. 산림 파괴 탓에 말라리아로 가장 고통받고 있는 국가는 나이지리아다. 이 나라의 산림 파괴는 대체로 목재와 코코아 수출 탓에 발생하고 있다. 이런 상품들의 최종 목적지는 북쪽에 있는데, "말라리아 발자국malaria footprint"이 가장 큰 북반구 소비자들은 코코아에 걸신들린 네덜란드인, 벨기에인, 스위스인, 독일인이다. "이 불평등한 가치 사슬에서 생태계 악화와 말라리아 감염 위험의 부담을 지는 것은 저소득층 생산자들이다." 더 쉬운 말로, 유럽인들이 초콜릿과 이익을 얻을 때 아프리카인들은 모기를 얻는다.[61]

박쥐가 거느리는 바이러스들은 더 큰 자기복제 능력을 확보하고 더 멀리 이동하고 있지만, 그 동인은 대개 비슷하다. 사실 투자 흐름을 추가해보면, 위아래가 뒤바뀐 월리스의 지도를 훨씬 더 뚜렷하게 볼 수 있다. 질병의 진정한 핫스폿이 뉴욕, 런던, 홍콩 같은 곳에 있다는 사실을 말이다.[62] 숲을 향해 뻗어나가는 힘과 병원체를 뽑아내는 힘이 자본의 중심 교차 지대만큼 강한 곳은 없다.

수렵채집인의 식량에서 수백억 달러의 산업으로

그러나 가난한 국가들에서 일어나는 **모든 일**이 부자들의 잘못이라 주장한다면, 천박하고 터무니없는 짓일 것이다. 예컨대 가난한 국가들 내의 인구 증가는 어떤가? 지금까지 제출된 가장 종합적인 연구는 전체 인구의 증가와 산림 파괴 사이에 "유의미한 mildly significant" 상관관계가 있음을 밝혀냈다. 또 다른 연구는 둘의 상관관계가 "중요하지 않다"고 판단했지만, 다른 연구들은 둘 사이에 분명한 긍정적 관련성이 있음을 알아냈다.[63] 한마디로, 관련 연구 결과들은 서로 엇갈리며, 때로는 충돌한다.[64] 1990년대 이전, 자국의 숲들을 식민지화한 국가들이 유발한 것으로 보이는 지방의 인구 증가가 가장 큰 문제처럼 보일지 모르겠다. 하지만 실제로는 반대의 흐름, 즉 숲 지대에서 도시로 향하는 인구 이동이 생물다양성에 훨씬 더 많은 위해를 가할지도 모른다. 새로운 도시 거주민들이 (숲에 빨대를 꽂은) 도시의 시장에 자신들의 구매력을 더할 것이기 때문이다. 특히 도시 거주민들은 육식을 더 많이 하는 경향을 보인다. 도시의 타운들이 인근 숲들 속으로 뻗어 나가며 도시와 야생동물의 접경면을 확대하는 동안, 도시 거주민들은 원거리의 미개발 지대에서 가져온 식료품을 사러 시장에 갈 것이다. 이 식료품 중에 야생동물 고기가 있을 수도 있다.[65]

'야생동물 고기Bushmeat'는 식용 목적으로 사냥한 동물의 고기를 일컫는 용어이나, 스웨덴 남성들이 총으로 사냥해 아늑한 불가로 끌고 가는 엘크를 가리키는 용어는 아니다. 다시 말해, 사실상 열대지방용으로 쓰이는 말이다. 사바나나 정글에서 포유동물을 죽이는 행동은 나무를 베는 행동보다도 오래되었지만, 이제는 명백히 6차 대멸종을 유발하고 있다. 2016년 기준, 육지 포유동물 301종이 식용 목적으로 사냥하는 이들에 의해 벼랑 끝으로 내몰리고 있는데, 이들 중 3분의 1 이상이 동남아시아에서 서식한다. 이 동물들의 목록에는 박쥐목 동물도 포함되어 있다. 박쥐는 인간의 식탐 탓에 멸종 위기에 처한 동물 가운데 위기 순위 3위를 차지한다. 인도네시아의 날여우박쥐부터 적도에 있는 기니의 과일박쥐까지, 박쥐는 매일 사람들의 식탁에 오르고, 그중에서도 동남아시아가 최고 품질의 육류 전문 식당으로 여겨진다.[66] 설치류도 열대지방에서 널리 사냥되고 있는 대표적인 동물에 속한다.[67] 하지만 같은 이유로 가장 위협받고 있는 동물종은 영장류이다. 영장류 동물들은 병원체의 숙주가 될 수 있는 능력 면에서 셋째로 뛰어난 포유동물이다.[68] 박쥐들이 탁월한 친화력을, 설치류가 추종을 불허하는 끈기를 자랑한다면, 영장류는 다른 면에서 흥미로운데, 계통발생학적으로 인간에 근접해 있는 동물들이기 때문이다. 그들이 소유하는 것이라면 우리도 쉽게 얻을 수 있고, 우리가 소유하는 것이라면 그들도 쉽게 얻을 수 있는 것이다.

그렇다면 관련 사업에 내재한 인수공통감염병의 위험성은 명백하다. 실제로 야생동물 고기를 얻기 위해 사냥하는 이들은 바이러스에 자주 감염되는데, 특히 원숭이와 유인원들에게서 감염된다. 이들 중 사람 간 전염이라는 엄청난 도약을 하는 경우는 거의 없지만 말이다.[69] '바이러스 채터'*는 많아도 실제로 유행으로 이어지는 경우는 적은 것이다. 1940~2005년에 출현한 전염병 가운데 야생동물 고기가 원인이었던 경우는 겨우 2퍼센트에 불과했다. 원인의 44퍼센트는 "대지 사용의 변화", "식품 산업의 변화", "농업의 증대"였다(이것의 중심축은 산림 파괴다).[70] 그렇다고 야생동물 고기 문제를 경시해서는 안 된다. 이것이 무수한 생명체들에게 심대한 문제가 될 수 있기 때문이다. 미얀마의 티크나무 숲속에선 사냥꾼들이 범, 표범, 랑구르langur,** 곰, 거북이 그리고 다른

* 인수공통감염병의 병원체가 어느 생물종에서 다른 생물종에게 옮아 가는 것.
** 동남아시아에 서식하는 원숭이의 한 종류.

레드 리스트Red List*에 올라 있는 멸종 위기 동물들을 추격한다. 중앙아프리카에서는 맨드릴mandrill**과 고릴라들이 함정과 덫, 활과 화살의 포위망 속에 있다.[71] 수많은 사냥꾼들은 교환가치가 아니라 사용가치 때문에 식용 야생동물을 포획하고 있다. 즉 식용이나 약용으로 야생동물을 잡아 가정에 공수한다. 전 세계 계급 사다리에서 가장 낮은 단에 속하는 이들은 단백질 부족에 시달리는 생계형 농민, 일용직 노동자, 재산 없는 소작농, 소수민족의 일원이나 토착 원주민들이기 쉽다.[72] 그런데 바로 이런 이유로, 이들이 야생동물의 멸종을 초래하고 있다는 사실(마르크스주의자들을 막연히 당혹하게 만드는 사실이다)은 훨씬 더 근사한 주제의 융단 아래 은폐되고 만다. 야생동물 고기는 복잡미묘한 문제일 수도 있다. 하지만 이 문제를 마치 없는 일로 치부한다면, 노골적인 부정직을 드러내는 사례일 것이다.

그러나 이 문제는 현재와 같은 강력한 경향으로 비약하지 않았다면, 이처럼 심각해지지는 않았을 것이다. 산림 파괴는 야생동물이 서식하는 폐쇄된 구역을 강제로 열어젖힌다. 수많은 도

---

* 국제자연보전연맹International Union for Conservation of Nature(IUCN)에서 지정한 멸종 위기 동물 목록으로, 야생 절멸Extinct in the Wild(EW), 절멸 위급Critically Endangered(CR), 절멸 위기Endangered(EN), 취약Vulnerable(VU), 준위협Near Threatened(NT), 관심 대상Least Concern(LC)으로 분류된다.
** 원숭이의 한 종류. 맨드릴개코원숭이라고도 불린다.

로는 침투를 위한 로켓 발사대여서, 도로변에서 사냥꾼들은 쉽게 손이 닿는 장소에 덫을 설치하거나 총을 들고 급습을 감행하기 쉽다. 그런 후 이들은 생물의 사체를 차에 싣고는 도시의 시장으로 연결된 도로를 따라 달릴 것이다. 이제 야생동물 고기는 판매 가능한 상품이 되었고, 사냥의 목적은 더 이상 오래된 사용가치가 아니다. 대신, 이윤이라는 마법의 주문에 종속되었다.[73] 아프리카 내 대형 유인원 육류 상품(카메룬의 보호구역에서 밀렵된 침팬지와 고릴라들은 도살된 뒤에 조각나고, 훈제되고, 팔린다)의 공급망에 관한 첫 연구에 따르면, "전부 남성인 사냥꾼들을 움직이는 주된 동인은 이윤"이며, 이들은 이 공급망에서 지출을 최소화하는 동시에 가장 큰 이익을 챙겨 가는 "중간상인들의 사주"를 받는다.[74] 그 결과, 수요의 본질이 변형된다. 일부 야생동물 고기는 별미 요리로 격상되어 부유한 식객들에게 제공된다. 말레이시아에서는 박쥐 고기가, 마다가스카르에서는 여우원숭이 고기가 최고급 요리다.[75] 2019년 10월 《사이언스》지에 발표된 시기적절한 한 조사 보고서에 따르면, 이런 식용 행위는 질적 비약을 통해 전 세계적인 문제로 발전하게 된다. 이 보고서의 첫 문장은 의미심장하다. "야생동물 무역은 동물종을 멸종으로 내몰고 있는 수십, 수백억 달러 규모의 산업이다." 이 무역은 스스로 움직이는 자본축적의 한 부문이 되었는데, 산림 파괴를 기반으로 성장하는 기업들처럼 동물의 죽음을 간접 거래하는 게 아니라, 최고급 요리, 의 약 재료, 장식품, 의복 재료로 쓰일 동물 사체를 직접 거래하거나, 아니면 누군가에게 애완동물로 공급한다. 이 산업의 연간 수익은 최소 80억 달러 최대 210억 달러인데, 세계무역의 어두운 부문들 가운데에서도 가장 거대한 부문의 하나로, 아직 남아 있는 지구의 야생 지대에 낚싯바늘을 드리우고 있다. 앞서 언급한《사이언스》조사 보고서에 따르면 5579종의 동물종이 상품 공급망 속으로 끌려 들어가고 있다. 지구상의 모든 조류, 포유류, 양서류, 파충류의 18퍼센트에 해당하는데, 만일 산업이 계속해서 세를 확장한다면(이런 방향으로 흐르고 있다) 그 종수는 머지않아 8775종이 되어 "무역으로 인한 멸종 위기" 수준으로 치달을 것이다. 그리고 이 죽음의 방주가 돈의 바다에 가라앉게 되면, 일부 병원체들은 다른 숙주를 찾아 나설 것이다.[76]

신고전주의 경제학의 표준 모델들의 예측대로라면, 사냥 대상 동물들이 점점 더 희귀해지고 찾기 어려워지면 사냥꾼들은 더 쉬운 먹잇감을 찾아 나설 것이다. 사냥에 투자하는 비용을 시장 가격에 더는 맞추지 못할 테니 말이다. 포획을 위해 더 먼 바다로 나가야 하지만, 잔챙이들만 끌어올리고 말 어부들은 지쳐서 포기하는 순간에 도달하고, 그렇게 해서 물고기는 멸종을 면할 것이다. 낮은 수준의 평형 상태가 이루어져 개체수가 회복될 것이다. 하지만 럭셔리 상품의 소비 시장이 열리면, 이 모델은 산산조각 나고 만다. 오늘날 희귀한 것은 그 자체로 프리미엄 상품이 된다.

희귀 동물일수록 시장 판매가는 상승하고, 매력적인 상품일수록 값이 비싸다는 이유로, 남들과 자기가 구별되기를 바라는 부유한 소비자들의 차지가 된다. 또 "마지막 남은 박제품"에 얼마든 지불할 준비가 된 개인들이 있는 한, 사냥꾼들은 사력을 다해 사냥에 나설 것이다. 결코 충족될 수 없는 특권욕의 소유자들인 부유층에 의해 소비가 촉진될 때, 생물종 보호가 당연하다는 가정은 무너져 내린다. 대신 이들은 "멸종의 소용돌이"로 흡수되고 마는데, 이 소용돌이는 오늘날 전 세계 야생동물 무역에 필수적인 요소다."

부르주아 경제학에 따르면, 시장에서 상품 가격이 상승하면 수요는 감소한다. 그러나 이 경우는 정반대 법칙이 작동한다. 공급업자들은 말도 안 되는 손실을 보더라도 야생동물들에게 눈독을 들일 것이다. 예컨대, 인도네시아의 희귀 앵무새를 거래하는 밀매상들은 이 동물의 90~95퍼센트를 죽이는 수법조차도 서슴지 않고 동원한다. 잡은 앵무새들을 페트병에 쑤셔 넣어 바다에 던지고는 해상에서 낚아채는데, 10마리 중 최소 9마리가 병 안에서 죽어나가는 이런 상황이 이윤을 **증대시켰다**. 해당 앵무새 종을 더 희소하게 만들었기 때문이다. 공통 패턴은, 세계 곳곳에서 서로 연결되어 있는 중간상인들이 사냥꾼들을 자본축적 회로에 접속시키는 것이다. 이때 전통 방식으로 사냥하던 이들은 하루 종일 일하는 전문 밀렵꾼들에게 밀리거나 때로는 전문 밀렵꾼으로 변신한다. 작업work이 임금노동wage-labour으로 탈바꿈하는 것이다. 멸종의 소용돌이가 파괴적인 힘을 발휘할수록, 사냥은 더욱더 자본가의 성격을 띠어야 한다. 숲이 텅 빌 경우, 마지막 남은 박제품을 추적하거나 더 신기한 생물종과 서식지를 찾아 이동하려면, 정교한 현대적 기술이 요청된다.[78]

지금껏 우리는 수렵채집인들의 수풀에서 출발해 얼마간 여정을 지속했다. 그리고 이 모험담의 제1장이 시작된 곳에 당도하게 되었다. 우한의 시장 말이다.

메이드 인 차이나

코로나19가 시작되었을 무렵 인수공통감염병 확산을 연구하던 과학자들이 표출하지 않은 감정이 하나 있다면, 다름 아닌 '충격'이었다. 박쥐로부터 터져 나올 예정인 팬데믹은 "그저 시간문제일 뿐"이라고 2018년 한 연구진은 결론지었다[79](이와 같은 예언을 우리는 더 많이 만나게 될 것이다). 물론 정확한 발생 장소는 예측 불가능했지만 말이다. 마치 다음번 산불이 어디서 일어날지 아무도 알 수 없는 것과도 같다. 오랫동안 중국은 가능성이 가장 높은 후보국이었다. 2019년 11월, 중국 및 세계의 전문가로 구성된 대규모 연구진은 통찰력이 뛰어난 과학 논문을 발표했다. 박쥐에서 유발되는 코로나바이러스에 관한 연구 논문이었다. 중국 남부 지방의 주민들이 대개는 중간 매개물인 사향류, 오소리, 닭을 만지면서 이 바이러스와 접촉한다고 봤는데, 연구는 감염병 확산이 임박했을 가능성도 확인했다.[80] 이러한 우려의 배경은 물론 사스였다. 박쥐 바이러스를 살아 있는 동물을 사고파는 시장(이곳에서 소비자들은 아무 의심 없이 이 바이러스를 만나게 되었다)으로 보냄으로써 후계자의 동선을 미리 보여준, 다가올 사태의 작은 전조다. 현재 우리는 SARS-CoV-2의 병인학病因學에 대해서 지난 수 개월간 진행된, 동료 검토를 거친 과학 논문들이 허용하는 만큼만 확신할 수 있을 뿐이다. 하지만 전체 윤곽은 이미 상당히 잘 정리된 듯하다. 비록 디딤돌이 누구인지는 영원히 밝혀지지 않겠지만, 바이러스가 디딤돌을 거쳐 박쥐에서 시장으로 옮겨 갔고, 이 뉴스가 터지자마자 우한의 노점상들은 치명적인 타격을 입었다는 사실 말이다.[81] 하지만 더 중요한 것은, **전 지구적 흐름이 그곳에서 집중된 양상을 띠었기 때문에, 오직 그 이유 탓에 중국이 이 질병의 요람이 될 수 있었다**는 사실이다.

다른 곳에서 그랬듯, 자본주의의 발전은 중국 내에서도 박쥐들에게 불친절했다. 유칼립투스 플랜테이션 용도로 숲의 서식지가 잘려 나갔고, 시멘트 제조업체들은 석회암 언덕과 무너진 동굴을 파냈고, 관광객들은 동굴들을 헤집고 다녔고, 몸집을 부풀려간 도시들은 보금자리를 삼켰다. 박쥐들과 다른 바이러스 숙주 동물들은 전형적인 압박에 노출되어온 셈이다.[82] 한편 인류는 대규모 도시화가 진행되는 가운데(역사상 가장 거대한 규모의 이주였다) 도시의 타운들로 몰려들었고, 육류에 대한 탐욕은 어느 때보다 왕성했다. 새 밀레니엄 첫 10년간 전 세계 육류 소비량은 약 33퍼센트 증가했다. 세계가 전 지구적 자본주의에 어지러운 속도로 통합되던 이 역사적 시기에, 다른 것들처럼 신속한 확장세를 보인 틈새 시장이 하나 있었다. 바로 '웻마켓wet market(노점시장)'이다. 도살 이후 동물 노점들이 물에 흠뻑 젖기 때문에 생긴 이름이었다. 길게 열을 이룬 채 생물처럼 맥동하는 이 시장은 온갖 종류의 야생동물을 전시했는데, 그들은 점점 더 넓어지고 있는 포획 망에서 잡혀 와 호기심 어린 취향을 만족시켰다.[83]

중국 버전의 야생동물 고기는 더 이상 옛날 식으로 유통되지 않는다. 자본주의가 자본주의 이전의 잔여물을 흡수하여 이익을 뽑아내는 데 얼마나 능숙한지를 다시금 보여주며(고대와 현대의 형태를 섞은 또 하나의 하이브리드) 야생동물 관련 전통 요리·한약재 판매업은 영리 추구 산업으로 변신했는데, 이 산업의 지배자는 보편적 등가물*을 끝도 없이 먹어대는 최상위 포식자였다. 최상위 부유층이 가장 진귀한 상품을 원했다. 돈만 있으면 모든 것을 살 수 있었다. 콴멘은 이렇게 쓰고 있다. "야생동물 섭취는 부유

* 화폐를 뜻한다.

층 소비 행태에서 관찰되는 과시욕의 한 가지 면모일 뿐이다. 이들의 과시욕은 유리벽 뒤편에 수많은 여성들이 몸을 팔려고 서 있는 어느 사창가를 후원하는 일까지 뻗어 있을지도 모른다."[84] 이번 코로나 팬데믹 사태 속에서, 샤먼廈門대학 위안징징苑晶晶이 주도하는 중국의 생태학 연구진은, 육류의 성격이 단백질 보충원에서 "야생동물의 희소성과 높은 가격 탓에 여피족*이나 폭력적 성향의 사람들"이 찾는 기념품으로 변질되고 만 사태에 한탄했다. 사스와 SARS-CoV-2의 출현 사이에 제출된 한 연구는, 이런 동물의 주요 소비층이 고소득자 청년들이라고 보고했다.[85] 전형적인 고객은 젊고, 부유하며, 학력이 높은 남성이었다.[86] 웻마켓의 후원자들은 수조 안에서 헤엄치는 물고기들, 우리에서 꽥꽥대는 새들 사이를 산책하는 즐거움을 만끽했다. 오감을 만족시키는 "생생하고 왁자지껄한" 쇼핑 경험 말이다.[87] 이 세계를 풍선처럼 크게 부풀리는 마법의 매질媒質은 언제나 그렇듯이 돈이었다.

이 웻마켓이 인수공통감염병의 온상이었다. 층층이 쌓여 있는 너구리, 날다람쥐, 오소리, 대나무쥐, 뜸부기, 그리고 각양각색의 까마귀들. 병원체의 폭동이 일어나기에 이보다 더 좋을 수는 없었다. 사스를 일으킨 사향고양이는 히말라야산맥에서 포획된 후 광둥 지역에서 생물 상품live commodities으로 전시되었는데, **바로 이**

---

* 도시에서 사는 젊은 전문직 종사자를 뜻한다.

전시 장소에서 바이러스에 감염되었을지도 모른다. 같은 시장에서 박쥐들이 판매되고 있었기 때문이다. 숱한 다른 동물들도 양성반응을 보였다. 대변과 소변, 침이 어쩔 수 없이 섞여 있는 감금틀에서 바이러스에 감염되었던 것이다. 사스는 김이 무럭무럭 나는 이 냄비에 뚜껑을 덮지 않았다.[88] 사스가 발생한 지 10년 후, "야생동물을 음식물로 섭취하고, 상아나 큰 고양잇과 동물의 가죽을 공예품이나 기념품으로 구입하고, 동물 모피 옷을 입는 행동이 멋진 생활양식, 엘리트의 상징이 되었을 때"[89] 멸종 소용돌이의 요동은 더욱 거세지고 있었다.

눈에 띄는 한 희생자는 천산갑이었다. 이 동물은 몸 전체가 비늘로 뒤덮인 유일한 포유동물로, 분류학상 어떤 범주에 포함해야 할지 애매해 보이는 동물이다. 물고기를 연상시키는 비늘 갑옷을 입은 이들은 속이 빈 나무를 은신처로 삼고, 흰개미집을 파헤치며, 위협받으면 몸을 둥글게 말아 딱딱한 공 모양이 된다. 새천년에 들어서 천산갑 상거래에 혁신이 일어났다. 그 비늘과 고기를, 여드름에서 암, 불임에 이르기까지 만병 통치약으로 보던 비非동시대적 관념에 변화가 일어나, 진귀한 이국적 볶음 요리로 부상한 것이다. 1990년대만 해도 중국은 여전히 천산갑을 '자급'하고 있었지만, 2000년 이후 시장 수요가 급증하자 동남아시아 전역에서 천산갑들을 진공청소기처럼 빨아들이게 된다. 2010년대 초가 되면, 이 지역에서도 천산갑은 찾아보기 어렵게 되었다. 그러자 거래상들은 눈을 돌려 아프리카의 천산갑들을 약탈하기 시작했다. 또는 오랫동안 전통 방식으로 천산갑을 사냥해온 동부 히말라야 부족들을 동원했다. 1990년대에 천산갑은 중국 시장에서 1킬로그램당 14달러에 판매되었다. 2016년의 평균가격은 600달러였다. 당시 일부 레스토랑에서는 1000달러 가까운 가격에 팔렸는데, 이런 사태가 초래한 결과란 벼락부자 사이에서 천산갑 요리가 거부할 수 없는 매력의 상품으로 인식된 것뿐이었다. 천산갑 와인 같은 혼합 음료는 새끼 천산갑을 미주米酒와 함께 끓여 만드는데, 건강식 약술로 여겨진다. 이런 혼합 음료들로 인해 이 종의 개체수는 현재 자유낙하 상태에 있다. 주지하듯 초기에 제출된 일부 보고서들은 우한 시장에서 SARS-CoV-2를 촉발했을 동물로 천산갑을 지목했다.[90] 한 연구진은 우리 안 천산갑들의 체내 바이러스의 RNA 염기서열과 SARS-CoV-2의 RNA 염기서열이 약 90퍼센트 일치한다는 사실을 확인했다고 주장했다. 다른 연구진은 100퍼센트에 가까운 수치를 제시했다.[91] 이와 같은 유전자 해부로 전염의 계보학을 확인할 수 있을지는 지켜볼 일이다.

이 글을 쓰고 있는 지금, 천산갑을 제외한 다른 중간 숙주 동물들도 무대에 등장했다. 우한의 시장에서 판매되던 대나무쥐들의 서식지는 코로나바이러스를 탑재한 박쥐들의 서식지와 같았다. 진미의 주인공인 이 설치류들이 2018년, 야생에서 포획된 뒤 '화눙華农 형제' 소유의 농장으로 이동했다. 화눙 형제는 대나무쥐를 감금하는 법, 그들에게 먹이를 주고, 그들을 괴롭히고, 도살하고, 먹고, 팔고, 부자 되는 법을 알려주는 동영상을 올려 중국 인터넷 유명인사로 등극한 이들이다. 박쥐들이 화눙 형제의 농장을 방문했을 가능성이 있다. 탁자에 오른 또 다른 시나리오는, 야생 박쥐들이 자신들의 의지로 우한 시장이나 인근에 모였다는 것이다. 우한시에 있는 양쯔강 대교의 데크에는 줄지어 서서 밤새 불을 밝히는 녹색 가로등이 이동 중인 박쥐들을 유혹한다. 다리 주위에서 박쥐들의 보금자리가 발견되었는데, 문제의 시장까지는 불과 20분 거리다. 다리 위의 박쥐들이 근처 동물들과 접촉했을 수도 있고, 아니면 이들이 영양 공급원인 곤충들을 찾아내려고 문제의 시장에 직접 찾아갔을 수도 있다. 이 모든 이야기는 정황 증거에 기대고 있다. 그러나 지금까지 제시된 단서들은 빛의 진화 속도로 돌연변이를 일으킬 수 있는 코로나바이러스들의 "배양소incubation bed"로 우한의 시장을 가리키고 있다. 인간의 게놈이 1퍼센트 진화하는 데는 800만 년이 걸린다. 반면, 이번 코로나바이러스와 같은 종류의 RNA 바이러스는 단 며칠 만에 같은 성과를 달성할 수 있다. 서로 다른 야생동물들을 번갈아 쌓아놓아 보라. 그러면 온갖 팬데믹의 지옥이 머지않아 족쇄에서 풀려날 것이다. 이 지옥은 야생동물 관리 방식이 초래하는, 충분히 예측 가능한 부산물이다.[92]

야생동물 관리 방식 자체만 보면, 특별히 또는 유독 **중국적**이라

할 만한 특성은 딱히 없다. 야생동물을 고급 진미나 전리품으로 소비하는 행동은 역사시대를 관통하는 지배계급의 풍속인 듯하다. 이집트 파라오나 영국 영주들을 어느 정도 아는 사람이라면, 인지할 만한 점이다. 현재 미국 내 사유지에는 전 세계 야생 지대에서 서식하는 호랑이보다 더 많은 호랑이가 포획되어 있다.[93] 텍사스주의 목장 소유주들은 이 크고 희귀한 고양잇과 동물 한 마리로 자신의 부를 과시하려는 묘한 취미가 있다. (2020년 3월 말 넷플릭스가 봉쇄령에 갇혀 즐길 거리를 찾는 이들에게 다큐멘터리 시리즈물 〈타이거 킹Tiger King〉을 선보였을 때, 이 현상은 대중문화 속으로 진입하게 된다. 넷플릭스의 이 시리즈는 예기치 않았던 아이러니와 순환을 야기했는데, 인간의 야생동물 감금 행위에 뿌리를 둔 팬데믹 기간에, 집 안에 갇힌 인간들이 야생동물을 감금하는 이들의 '살해, 파괴, 광기'로 가득한 화면에 착 달라붙어 있었던 것이다.) 중국 다음으로 미국은 제2의 불법 야생동물 시장인데, 이 중 상당수는 심지어 불법도 아니다. 천산갑은 여전히 공공연히 거래되고 있고, 트럼프 행정부는 천산갑을 멸종위기종법Endangered Species Act이 규정하는 동물에 포함해야 한다는 요구에 반응조차 하지 않고 있다. 물밑에서 진행되든 아니든, 반다 펠바브브라운Vanda Felbab-Brown이 《멸종 시장: 야생동물 밀매와 해결 방안The Extinction Market: Wildlife Trafficking and How to Combat It》에서 말한 것처럼, 천산갑 거래를 지속시키는 이들은 부자들이다.[94]

이 법칙은 꽤나 보편적이다. 사우디아라비아의 부자들은 소말리아에서는 희귀 영양들을, 아프가니스탄에서는 눈표범들을 강탈한다. 멕시코 부자들은 악어를 비롯한 파충류 가죽으로 만든 부츠를 선호하고, 러시아 부자들은 새로운 모피 사랑을 창안해냈다. 유럽에서 이 시장은 거의 전적으로 고급 사치품 소비자들에게만 열려 있다. 이 시장에서는 음식도 거래된다.[95] BC(코로나 이전) 시대의 마지막 몇 년간 독일에서는 얼룩말 스테이크를, 노르웨이에서는 악어 소시지를, 스웨덴 육류 판매점에서는 유대목 동물marsupial*과 낙타와 비단뱀 고기를 볼 수 있었다(비단뱀은 2010년대에 수입이 폭증했는데, 가격이 1킬로그램당 120달러까지 올랐다). 일본에서는 고래, 미국에서는 거북의 인기가 높았다. 캘리포니아에서 이번 새천년 초기에 선풍을 일으킨 하얀 전복은 결국 개체수가 99.99퍼센트 감소했다.[96] 멸종 시장은 세계의 1퍼센트가 살아가는 방식의 일부이지 어떤 민족에게도 핵심 문화는 아니다. 중국 내에서 실제로 소용돌이를 일으킨 것은 이 인민공화국이 세계화된 자본주의에 통합된 사건 그 자체였다. 자본의 회로가 중국의 시장들에서 가동되었고, 무역 연계망을 통해 모든 대륙의 야생동물들에 새로운 방식으로 접근할 수 있게 되었다.[97]

값싼 노동력 또한 특별히 또는 유독 중국적이라 할 만한 특성

---

* 캥거루, 코알라처럼 육아낭에 새끼를 넣고 다니는 동물.

은 아니다. 석탄에 관해서도 마찬가지다. 그렇다고 이런 문제들이 중국에서 심각한 사태를 일으킬 수 없다는 의미는 아니다. 세계의 다른 부분과 동떨어진 문제들로 취급되어서는 안 된다는 말일 뿐이다. 중국 안의 세계, 세계 안의 중국을 보고 싶다면, 2018년에 출판된 링마Ling Ma의 소설 《격리Severance》보다 더 좋은 출발점도 없을 것이다. 이 소설은 이번 밀레니엄에 출간된 가장 예언적인 감염병 소설임이 틀림없다.

캔더스 챈은 뉴욕에서 직장을 구한다. 중국 이민자의 딸인 챈은 출판사에 취직한 후 광둥성 내 인쇄 작업 감독을 맡아 현지 공장을 방문한다. 노동자들은 귀마개를 끼고 윙윙거리는 기계들, 그라인더들 바로 옆에서 작업을 하고 있었다. 이 광경을 보며 챈은 회사가 "해마다 우리 자신의 노동의 가치를 갉아먹고 있다"는 생각을 어렴풋이 하게 된다. 하지만 공장 지역에서 무언가 다른 사건이 은밀히 끓고 있었다. 알 수 없는 폐질환이 공장 전체에 퍼졌고, 출판사 거래처들은 문을 닫아야 했다. 흔한 감기로 오인되곤 했던 이 질병은 "미세 곰팡이 포자를 들이마심으로써 감염되는 셴 열병Shen Fever"으로 판명되었다. 초기 증상은 두통과 호흡곤란 등이지만, 후기로 접어들면 치명적인 고열이 나타났다.

머지않아 감염자 수가 미국에서도 급증하게 된다. 미국인들은 일상생활을 계속 유지하며 감염 통계치도 신경 쓰지 않으려 하지만, 재앙은 점점 커져 끝내 사회 붕괴가 일어난다. 뉴욕의 사무실

빌딩이 텅텅 비고, 직원들은 재택근무를 한다. 디자이너들은 마스크에 자사 로고를 부착한다. 점차 도시에 인적이 사라지고, 버스 운행이 중단되고, 슈퍼마켓은 문을 닫고, 타임스퀘어는 사막처럼 변해간다. "관광객도, 노점상도, 경찰차도 이제 없었다. 아무도 없었다." (반복되는 허리케인 이후 떠난다는 이들도 있었다.) 뉴욕의 거리를 배회하며 텅 빈 도시를 사진에 담다가 챈은 문득 반쯤 열린 가게로 들어가, 손에 잡히는 대로 빅토리아 양식의 라벤더색 테디베어 인형을 집어 들고는 "인형 뒤쪽에 붙은 상표를 노려본다. 거기에는 이렇게 적혀 있었다. 메이드 인 차이나. 당연히 그랬다".

수입 제품에 실려 미국으로 들어갔던 셴 열병은 모든 이들을 휘젓고 괴롭혔다. "어디로 가든, 당신은 이 세계의 현실을 벗어날 수 없다." 최고 수준의 '인지 지도'* 그리기 실험이기도 한 이 소설은 당연히 모든 세부 사항을 정확히 예견하지는 않는다(그런 것은 불가능하고 무의미할 것이다). 하지만 이 소설은 영국 왕립학회 회보에 제출된 인수공통감염병에 관한 논문 6편만큼이나 선견지명을 보여주었다고 할 만하다. 코로나19 팬데믹이 터지기 전에 이

---

* 개인이 일상적인 또는 은유적인 공간 환경 안에서 어떤 현상의 상대적 위치, 속성에 관한 정보를 얻고 저장하고 호출하는 등의 활동을 하도록 도와주는 정신적 지도를 뜻한다. 또는 외부의 물리 환경이 개인의 정신 안에서 공간적 의미를 띠는 형태로 재현된 것이라고 봐도 된다.

미 소설 《격리》는 다음번 '중국산 바이러스'와 완전히 세계화된 자본을 연결하는 탯줄을 조명했다. [98]

기생생물에게 날개가 있다면

SARS-CoV-2가 중국에서 전 세계로 확산할 수 있었던 것은 전 세계를 연결하는 교통망 덕분이었다. 사실 이것은 어느 팬데믹이든 발생의 필수 요건이다. 다시 말해, 감염병 발생은 충분조건이 아니며, 파동이 퍼져 나가려면 송전망이 있어야 한다. 만일 외부와 단절된 어느 부족의 사냥꾼이 무언가에 감염되어 수면 중에 사망한다면, 이야기는 그걸로 끝날 것이다. 초기 근대의 감염병 역사는 상업자본의 잉크로 집필되었다. 먼 지역에서 값싼 제품을 구입해 지구를 횡단한 뒤 비싸게 파는 일에 전문가였던 상업자본 말이다. 《전염병, 역사를 흔들다Contagion: How Commerce Has Spread Disease》에서 마크 해리슨Mark Harrison은 거래 장부에 기록된 감염병의 연대기를 정리한다. 이 연대기는 흑사병에서 시작한다. 마멋marmot에 기생하던 한 병원성 세균이 숙주를 쥐로 바꾼 뒤, 레반트 지역* 항구에서 중국산 실크와 향신료를 수집하던 제노바

---

* 현재의 시리아, 레바논, 이스라엘 일대를 가리킨다.

상인들의 상선에 오른다. 1347년 10월, 이 상인들이 시칠리아섬에 발을 들여놓았을 때, 전염병도 이들과 함께 유럽에 도착한다. 물론 이보다도 더 거대한 영향을 미친 사건의 목록에는, 카리브해 섬에 크리스토퍼 콜럼버스가 상륙한 사건도 있다. 콜럼버스의 상륙과 더불어 구세계의 질병 한 다발(천연두, 홍역, 발진티푸스, 인플루엔자, 그리고 아마도 폐렴을 일으키는 균)이 대륙으로 건너갔는데, 토착 원주민들에게 이런 세균은 낯선 것이었다. 연이은 전염병의 파동은 식민지 지배자들을 위해서 서반구*를 말끔히 청소해주었다.[99]

그런데 이 사건들만큼이나 무시무시한 게 있었다. 감염병은 당시만 해도 어떤 제약 속에서만 작동했다. 다시 말해, 감염병은 바람이 부는 만큼의 빠르기로 이동할 수 있었다. 19세기 초까지만 해도 세계를 일주하는 데는 꼬박 1년이 걸렸다. 만일 항해자가 장거리 항해 선박에 어떤 바이러스를 실었다면, 그는 배 안에서 죽거나 회복되어, 도착하기도 전에 감염력을 상실할 것이었다. 그러나 선박이 화석연료로 움직이기 시작하자, 이러한 제약은 산산조각 나고 만다.[100]

증기선은 바람을 앞질러 파도를 헤치고 나갈 수 있었는데, 엔진의 연료가 이러한 자연력과는 아무런 관련이 없었기 때문이다.

* 아메리카 대륙을 뜻한다.

원료는 지하에서 왔고, 그것의 힘은 태곳적부터 땅속에 저장되어 있었다. 이렇게 하여 석탄은 그때까지 병원체들을 억지했던 장벽의 틈을 열고 만다. 증기선이 세계의 바다에 모습을 드러낸 시기는 1830년대, 이때 부분적이었지만 선박 여행 시간이 절반으로 줄어든다. 여행 시간은 다음 수십 년 동안에 다시 절반으로 주는데, 밤낮없는 기술 향상 덕이었다. 이제 감염된 여행자들은 무증상 상태로도 하선할 수 있었다. 증기 동력에 힘입은 최초의 감염병 사례는 1844년에 일어났다. 바로 이해, 에클레어Eclair는 병든 선원 한 명을 데리고 포츠머스로 돌아왔다. 에클레어가 탔던 배는 영국의 무역을 확대하려고 서아프리카 해안을 위아래로 왔다 갔다 했는데, 이 과정에서 그는 황열병을 얻게 된다. 돛으로 항해하는 느긋한 여정이라면 거의 생존하기 어려운 병이었다. 에클레어의 상륙은 당시 영국 사회에서 널리 쓰이던 새 동력에 대한 불안감을 낳았다.[101] 어느 열병 전문가는 "증기를 내는 것들의 열기에 의해 항해 기간 내내 보존된, 인위적으로 올라간 주변 기온"을 통해 해당 질병이 수입되었다고 생각했다.[102] 석탄 연소로 생긴 열기는 감염을 위한 '온실'을, 열대 감염균들이 북반구에 이를 때까지 계속 보존될 만큼 따뜻한 기관실을 만들어냈다. 석탄을 상품으로 운반하는 상선들은 특히 감염력이 높은 운송 수단으로 생각되었다.

중기의 시대가 도래하자, 감염병은 새 일정표와 여행 안내서를 제공받게 된다. 1849년, 황열병은 최초로 증기선을 타고 대서양을 건넜고, 리우데자네이루와 뉴올리언스에서는 무시무시한 감염병이 퍼져 나갔다. 1832년엔, 유럽을 집어삼켰던 콜레라 팬데믹이 이 연못을 건넜다.[103] 그후 1848년에 한 차례, 1866년에 또 한 차례 콜레라 팬데믹이 발발했는데, 전해지는 바로는 메카에서 미시시피까지 콜레라는 "전례 없이 신속히" 확산했다. 1890년대에는 한 전염병이 아편 무역(이것 자체가 본디 무장한 증기선의 도움으로 가능했다)의 동맥을 따라 광둥성을 탈출하여 전 세계로 퍼져 나갔고, 시드니와 산투스의 항구로 들어왔다. 홍역은 돛에 의지해서는 결코 피지까지 도달하지 못했을 것이다.[104] 만일 피지의 설탕 대농장에서 중노동을 하기 위해 배를 타고 온, 인도 출신 계약 노동자들이 홍역을 배에 실었다면, 3개월간의 항해가 끝날 무렵 그들은 완전히 회복되었거나 땅속에 매장된 상태였을 것이다. 그런데 영국이 증기기관을 도입하며 항해 기간을 1개월로 줄이자, 이제 바이러스는 피지 해안에 상륙할 수 있게 된다. 뒤늦게 출현한 이 전염병들 가운데 어느 것도 흑사병이나 콜럼버스의 침략만큼 으스스한 죽음의 신으로 진화하지는 않았다. 이 전염병들의 역사적 변별성은 사망자 수가 아니라 공간과 시간의 차원과 관련이 있다. 요컨대, 이 사건들은 전 지구적이었고 신속했다. 증기 동력이 등장하기 전에는 어떤 질병도 이 정도의 공간성과 시간성을 보이지 않았다. 더욱이 이 질병들은 다가올 한층 더 나쁜

사태를 예고하고 있었다.[105]

　1918년엔 조류 숙주, 아마도 야생 오리들에 붙어 있던 바이러스가 아마도 캔자스에서 인체로 침투했고, 그후 증기선을 타고 세계 곳곳으로 퍼져 나간다.[106] 이 감염병은 훗날 '스페인 독감'으로 알려지는데, 1차 세계대전 막바지에 언론을 검열하던 참전국들과 달리 비참전국으로 통제가 없었던 스페인에서 처음 이 감염병을 보도한 탓에 붙은 명칭이었다. 더 정확한 명칭은 미국 독감 또는 증기 독감일 것이다. 세 차례나 세계적 회오리를 일으키며,* 18개월간 최소 5000만 명의 목숨을 앗아갔는데, 인류 역사상 기간당 사망자 수가 가장 많았던 사건이다. 그중에서도 두 번째 유행이 최악이었다. 1918년 8월, 바이러스는 폐 깊은 곳으로 침투하는 변종으로 변이된다. 이 변종의 희생자들은 피부가 파랗게 변색되었고, 그중 4분의 1은 체내에서 솟구치는, 거품이 부글부글 끓는 핏물에 익사했다. 이 변종 바이러스 감염은 보스턴, 브레스트, 프리타운 세 항구에서 거의 동시다발로 발생했다. 서아프리카 시에라리온의 수도인 프리타운은 원양 증기선들에게 핵심적인 석탄 기지였다(영국은 이 지역에서 석탄 광산을 개척했다). 'HMS 만투아Mantua'호의 간략한 항해일지에 따르면, 8월 1일 배가 플리머스를 떠날 무렵, 환자 명단에는 4명의 이름이 올라 있

*　이른바 '스페인 독감'은 1918년 봄, 1918년 가을, 1919년 봄 세 차례 유행했다.

었다. 하지만 2주 후 시에라리온에 도착했을 때 환자 수는 124명으로 늘어나 있었다. "석탄 채굴 시작, 현지 노동력 투입." 5일 후, 일지는 첫 사망자, 즉 폐렴으로 사망한 선원의 이름을 기록하고 있다. 선원들은 수십 명씩 죽어가기 시작했고, 원주민들이 만투아호에 석탄을 실어 나를 무렵엔, 아프리카 대륙에서도 사망자가 속출했다. 처음에는 프리타운의 갱부들과 짐꾼들이 죽어 나갔고, 그다음엔 철도를 타고 내륙으로 죽음의 세력이 뻗어갔다. 곧 다른 항구들에도 더 많은 이들이 상륙했는데, 바이러스는 기차에 몸을 싣고 대륙 안쪽으로 돌진했다.[107]

이 사태를 두고 "마치 식민지의 교통망이 팬데믹을 위해서 계획된 것만 같았다"[108]고 두 역사학자는 쓰고 있다. 사하라 사막 이남의 아프리카에서 약 200만 명이 사망했는데, 앞서 말한 것처럼 역사상 가장 격렬하고 시간상으로 집중된 재앙이었다. 해상과 육상의 증기기관은 이 팬데믹을 세계의 사방四方으로 몰고 갔다. 어떤 곳도 이 재앙에서 벗어날 수 없었다. 예외는 엄밀한 자가격리 방책이 시행되던 몇몇 고립된 섬들뿐이었다. 이러한 사태를 목격한 어느 역사학자는 "한마디로 이것은 증기기관이 운행한 팬데믹이었다"고 결론 내렸다.[109]

증기 운항은 이제껏 등장한 화석연료 기반 이동 방식 가운데 최고 단계인 항공 운항에 비하면 빛바랜 것이다. 하이옥탄 가솔린*은 석탄에 비해 극히 짧은 시간에 감염된 환자들을 목적지까지 이동시킬 수 있다. 사실, 대륙 횡단 항공기의 속도는 너무나도 빨라서 병원체를 옮기는 일부 동물들(도드라지게는 절지동물들)은 발견되지 않고 은밀히 이동할 수 있다. 보다 일반적으로는, 세계 전역을 여행하는 인간 여행자들은 잠복기라고 할 수도 없는 몇 시간 만에 한 대륙에서 다른 대륙으로 바이러스를 이주시킨다. 공항이 많다는 것은, 그만큼 진입로가 많다는 얘기다. 비행기 승객이 많다는 것은, 그만큼 감염에 취약한 군중이 많다는 뜻이다. 운항 중인 비행기가 많다는 것은 그만큼 온상이 많다는 것이다. 이 온상에서 승객들은 동료 승객의 기침을 타고 나오는 세균에 노출되면서도 아무것도 할 수가 없는데, 가장 하기 어려운 것은 신선한 공기를 마시는 일이다. 대류권 안의 이 '바이러스 초고속도로'는 한때 증기기관 운행 노선이 그랬던 것만큼이나 가차 없이 확장되었다. 지난 두 세기 동안 전 세계 인구는 7배 증가했다. 반면 서구의 이동량은 1000배나 증가했는데, 이 중 절반은 1960년 이후에 나타난 현상이다. 19세기 후반기의 변화와 비슷했지만, 규모는 완전히 다른 수준이었다.[110]

사스가 처음으로 이 초고속도로의 성능을 입증했다. 단 몇 시

---

* 옥탄가 또는 옥탄 수치octane number가 높은 가솔린(휘발유)으로, 항공기에 사용된다. 일반 차량용 휘발유의 옥탄 수치는 85~96, 고급 휘발유의 옥탄 수치는 97~102, 항공기용 휘발유의 옥탄 수치는 103~130 정도라고 한다.

간, 며칠 만에 박쥐와 사향고양이 몸 그리고 시장에 있던 바이러스가 토론토, 홍콩, 싱가포르로 날아들었다. 우리가 아는 바이지만, 기대할 수 있는 유일한 행운은 감염이 최고조에 이르기 전에 증상이 나타난다는 점뿐이었다. SARS-CoV-2는 이 마지막 규제마저도 떨쳐버렸다. 1100만 명이 사는 교통 중심지인 우한에서 확산한 뒤, 비행기에 은밀히 탑승해 중국 이외 지역으로는 최초의 확진자가 나온 방콕으로, 더 멀리는 도쿄, 시애틀, 서울, 스톡홀름으로 이동했다. 이 도시들에 도착한 승객들은 각자 감염병 확산의 씨를 뿌렸다. 2020년 1월 말경, 이 19년형 바이러스는 세계 항공 네트워크를 오가는, 어느 누구도 막을 길 없는 식객이 된다.[11]

그러나 당연하게도 이 항공 네트워크는 전 세계에 고르게 분포되어 있지는 않다. 발루치스탄*이나 소말릴란드**에서 이 네트워크는 다소 빈약하다. 항공 여행은 부유한 사람들이 더 많이 하는데, 이 사실은 이번 팬데믹의 독특한 희생자 시간표를 설명해준다.[12] 반대로, 만일 중화인민공화국이 아닌 콩고민주공화국에서 발생했다면, 이번 감염병은 그토록 멀리까지 도달하지는 못했을 것이다. 중화인민공화국이 전 지구적 자본주의에서 차지하는

---

* 파키스탄, 이란, 아프카니스탄에 걸쳐 있는 지역.
** 동아프리카에 있는 소말리아에서 독립한 국가. 소말리아는 이를 인정하지 않고 있다.

위치와 그것을 바탕으로 항공 분야에서 행사하는 영향력은 그만큼 특별하다. 놀란 박쥐도, 천산갑 와인 품평가도 이 네트워크 바깥에서는 아무것도 퍼뜨리지 못했을 것이다. 스페인 독감의 확산 동력원이 석탄과 증기였다면, COVID-19 확산 동력원은 석유와 항공기였다. 눈에 훤히 보이는 공통분모이다.

기생 자본 이론을 향해

인수공통감염병과 그 대유행 위험의 동인들은 여전히 소진될 가능성이 거의 없다. 최고의 선의에 따라 희귀한 체험을 제공한다고 말하는 생태관광은 어떨까?[113] 멸종 위기 영장류 동물에게 가능한 한 가까이 접근하고 싶은 관광객이라면, 그 동물에게 손을 대도 되는 걸까? 댐은 모기들의 거주지가 될 수 있다.[114] 과다 사용된 살충제, 항생제는 먹이사슬을 타고 내려가 병원체들을 자유롭게 풀어주기도 하고(인도와 파키스탄에서는 병든 독수리들에게 디클로페낙diclofenac*을 과다 처방했는데, 이로써 역사상 가장 빠른 속도로 조류 개체수가 감소했고, 새들의 사체는 기생생물의 번식처가 되었다) 미생물들이 내성을 갖추게 만든다.

---

* 통풍 등 통증과 염증 치료에 사용되는 비스테로이드 항염증제.

더구나 우리는 아직 축산업 이야기는 아예 꺼내지도 않았다. 수많은 동물을 하나의 지붕 아래로 강제로 몰아넣는 행동은 인류 역사에서 완전히 새로운 것으로 절대 치유의 기술이 아니다. 월리스 등이 소상히 짚어냈듯, 서로 가까이 붙어 살도록 강요당한 동물들은 스트레스에 쉽게 노출되고, 체내에 거느리는 미생물 손님들도 쉽게 흘린다.[115] 유전적으로 단일한 사육 방식 아래 표준화되기 때문에, 이들의 우리에는 감염을 막아주는 완충 장치나 '방화대firebreak'[*]가 없다. 바이러스는 동물들로 꽉 찬 농장 밖으로 나가서, 주변에 널브러져 있거나 흘러넘치는 폐기물들을 발판으로 사용하기도 한다. 확대된 상품 공급망들은 수천 킬로미터에 걸쳐 바이러스가 확산하는 사태를 계속해서 조장한다.

길들여진 채 과다 착취되는 농장 동물들은 병원체들이 우글대는 인공 늪을 만들어낸다. 그러나 이 동물들은 야생동물에게서 바이러스를 물려받기도 한다. 예컨대, 돼지 위를 맴도는 박쥐(니파)나 낙타(메르스), 아니면 습지가 사라지자 가금 농장에 잠시 머물도록 내몰리며, 오래된 기착지를 빼앗긴 철새로부터 말이다. 후자는 마이크 데이비스Mike Davis가 독자들을 오싹하게 할 만큼 상세하게 묘사한, 무시무시한 조류독감 시나리오다. 지금까지 축

---

[*] 야생 지대의 불길을 막거나 지연시키는 역할을 하는, 자연스럽게 조성된 자연물로 된 장벽을 뜻한다.

산업은 수십 건의 감염병 발발 기록을 보유하고 있지만, 이 중 어떤 사례도 코로나19의 맹독성 근처에 도달하지는 못했다. 코로나19의 경우 농장 동물은 연루되지 않았지만, 다음 차례는 농장 동물일 가능성은 충분하다. 미국식 '가축 혁명'을 모방하고 있는 중국(수십억 마리의 돼지, 소, 닭 들이 거대한 시설에 갇혀 인간의 육류 소비욕을 충족시키고 있다)이 다시금, 가장 유력한 후보 국가다.[116]

그러므로 2020년 3월, 앞서 인용한 독일의 자유주의 성향 전문가가 내놓은 "바이러스 팬데믹의 원인은 하나이지만, 기후변화는 고도로 복잡한 사안이다"[117]라는 발언은 어느 정도는 무지의 소산이다. 도리어 그 반대가 더 진실에 가까운 듯하다. 그렇다면, 우리 시대의 팬데믹을 유발한 이 모든 잡다한 동인들을 하나의 원천으로부터 연역하는 것 역시 바보짓으로 보일지도 모르겠다. 그럼에도 거듭 등장하는 단 하나의 메타-동인의 발자국을 무시할 수 있는 이는 없다. 자본은 야생의 텅 빈 곳을 싫어한다. 기억할지 모르겠지만, 자본가 계급은 빈 곳에 대한 증오를 주입받은 이들이다. 플랜테이션을 잘 알았던 철학자 존 로크John Locke는 그런 느낌을 유창한 언어로 표현했다. 로크의 세계관에 의하면, 세계의 원래 상태란 아직 재화로 교환되지 않은 "자연이라는, 야생의 커먼wild Common of Nature" 상태였다. 인간, 더 정확히 말해 재산을 소유한 인간의 임무는 바로 그런 상태를 철폐하는 것이었다. 야생의 커먼은 인클로저enclosure되어야 하고,* 생산성이 있고 개선된 상태로 바뀌어야 한다. 한마디로, 이익이 솟아나는 원천으로 변형되어야 한다. "**자연**에 온전히 맡겨진 땅, 목축, 경작, 식수라는 방식으로 개선되지 않은 땅은, 실제로 그러한 까닭에 **황무지**라고 불리며, 우리는 무無와 다를 것 없는 그 땅에서 이익과 혜택을 찾아내야 한다." 야생의 자연은 무가치한 황무지다. 자본가들의 눈에는 혐오의 대상인 셈이다. 야생의 자연이란 아직 가치법칙에 예속되지 않은 자원의 매장지이기 때문이다. 로크가 종이에 썼던 내용은 이후 부르주아지의 머릿속에서 그것 자체가 자본축적의 작동 방식modus operandi인 자랑스러운 철학이 된다.[118]

야생의 자연을 만났을 때, 자본은 한 발짝 뒤로 물러나서 경탄하거나 경의를 표하지는 않는다. 자본은 산책한 후 즐거운 기억이나 배를 채울 먹을거리를 가지고 집으로 돌아오지도 않는다. 자본의 레퍼토리에는 그런 행동들은 들어 있지 않다. 자본이 야생에 자신을 연관 짓는 방법은 단 하나뿐이다. **자기 자신을 야생에 부착하기**, 그리하여 야생이 교환가치를 지닌 상품들을 제공하게 만들기. 그것이 성공하는 순간, 자연은 더 이상 야생이 아니다. 자연은 잘리고, 포획되고, 감금틀에 갇히고, 시장으로 운반된다. 자연은 내부에서부터 잡아먹히지만, 자연이 입는 피해는 의도된 것은 아니다. 자본은 자연의 복잡미묘한 세포 구조를 **일부러** 파괴

---

* 소유권을 표시하는 울타리로 둘러싸야 한다는 말이다.

하려고 하지 않는다. 즉 자본은 마음속에서 생겨난 의도를 확인하여 실현하려고 노력하는 것이 아니다. 그저 자신을 복제할 다른 방법이 없을 뿐이다. 단단히 고정하기와 빨기는 자본의 DNA(아니면 RNA인가?) 안에 있다. 다시 말해, 이런 행동들을 멈추는 순간, 자본의 재생산은 종료된다. 다른 기생생물들과는 달리 이 기생생물은, 수백만 년에 이르는 공진화의 균형 속에서 다른 생물종의 털이나 정맥 안에 들어가 쥐 죽은 듯이 만족하며 살지 못한다. 자본은 오직 확장함으로써 존속할 수 있고, 그런 의미에서 일종의 영원한 전염성을 드러낸다. 자본은 에볼라나 니파처럼, 원래 자리로 돌아가 다음번 침투 때까지 그늘 속에서 숨어 지내지는 않는다. 영국 제도에 있던 보유 숙주에서 뛰쳐나온 후, 자본은 야생의 자연을 포섭하는 기나긴 역사적 과업을 시작했다. 팜유 플랜테이션, 보크사이트 광산, 웻마켓이나 쥐 농장 같은 형태로든 아니면 다른 형태로든 말이다. 이 모든 것은 가치 사슬에 끌려 들어간 자연을 나타내고, **병원성 미생물이 자연의 구성 요소라는 생물학적 사실을 감안할 때, 자본이 그들마저 호출하리라는 것은 자명하다.** 병원체들의 웅덩이 주위에서 튀는 물방울을 자본은 피할 수 없다. 강의 개흙 속에서 금을 캐는 이가 개흙을 피할 수 없듯이. 그러나 자본이 메타-바이러스나 기생생물들의 후원자와도 같다는 이러한 가설은, 당연한 말이지만, 훨씬 더 진일보하고 심도 있는 연구에 의해 뒷받침되어야만 한다.

조금 낮은 추상 수준에서, 다음과 같은 정리定理를 제안해봄 직도 하다. 시공간 수탈time-space appropriation이 시공간 압축time-space compression과 더해지면, 인수공통감염병 팬데믹 발생의 고위험성이 도출된다. 자본은 자기의 물질 생산량을 확대함으로써만 성장한다. 상품으로 가공되어 판매 가능한 생물물리적 자원이 많을수록, 자본의 이윤은 증대한다. 이윤이 증대할수록, 자본은 더 많은 자원을 획득할 수 있게 된다. 그리고 이 패턴이 반복된다. 자본은 자원들이 싹을 틔우며 자라나는 땅을 언제나 차지한다. 이것은 반경향성이 거의 없는 경향적 법칙으로서, 모든 자료에서 확인된다.[119] 1700년경, 지구상의 얼음 없는 땅의 95퍼센트는 야생 상태이거나 '준자연semi-natural' 상태인 땅으로 분류될 정도로 미미하게 변형되고 사용되었다. 2000년경, 이 비율은 뒤집혔다. 우수한 땅들은 저마다 강도는 달랐지만 지배의 대상이 되었다. 남은 야생지대 가운데 대규모 지역은 거주 불가능한 사막과 툰드라 지대뿐이었고, 열대우림들은 빠른 속도로 뚫려 나갔다. 역사적인 이유로 이 수탈의 화살은 유럽에서(대부분의 유럽 땅은 1700년 이전에 이미 지배 대상으로 전락했다) 유럽 외 지역으로 이동했는데, 이런 지역 대부분은 북회귀선과 남회귀선 사이에 포진해 있었다. 지구의 대지는 질질 끌려가면서 어마어마한 규모의 상품들을 양산했다. 인상적인 현상은 이뿐만이 아니었다. 노동력 역시 북쪽으로 흘러가는 무역 속에 빨려 들어갔다. 생물학, 감염병학 차원 수입import

의 직접 대상이라는 점에서는 대지가 더 중요하지만, 노동력이 포함되어야 비로소 이 과정의 본질이 확실히 시야에 들어온다.

일종의 시대적 증후인데, 불평등 교환에 관한 이즈음의 연구는 생태적 변수들에 주목하고 있다. 하지만 생물종의 급속한 붕괴를 보고하는 논문들은 무역을 통해 노동력이 이전되는 과정을 보여주는 글들과 아귀가 딱 들어맞는다. 가장 주목할 만한 한 편의 글은 각국이 얼마나 많은 노동력을 수입해서 자국 내 수요를 충족했는지 계산했다.[120] 이 글에 의하면, 상품으로 실물화된 정규직 고용 인년人年, person-years을 측정해볼 때, 수억 명의 노동가치가 지구 곳곳의 시장들로 이동하고 있다. 홍콩 주민 한 명은 (자신이 소비하는 상품들의 생산자로서) 자국 내 노동자 외에 다른 나라 출신 노동자(또는 하인) 7명에게 의존한 채 살아간다. 절대 노동 시간으로 보면, 물론 미국이 최고 수입국이다. 반대편에 있는 국가는 마다가스카르다. 마다가스카르는 자국 내에서 소비되는 제품을 생산하는 데 자국 노동력의 3분의 1도 필요하지 않지만, 노동력의 3분의 2 이상은 외국에서 향유될 제품을 생산하느라 고생을 마다하지 않는다. 2010년 기준, 상품으로 실물화된 노동력을 가장 많이 수출한 상위 7개국은 마다가스카르, 파푸아뉴기니, 탄자니아, 타지키스탄, 캄보디아, 잠비아, 필리핀인데, 일부는 생물다양성 유출 순위와도 겹친다. 이윤을 창출하는 데 생물물리적 자원이 필요할 때, 자본은 착취율을 높여 이 일을 처리하기 위해 노동력에 의존한다(한 생물종 내부 기생의 원조). 바로 이것이 자본이 계속해서 남반구, 즉 생물물리적 자원과 노동력이 상호 간의 경계를 지우고 하나의 현상이 되어버리고 마는 남반구를 찾아가는 또 다른 이유이다. 알프 호른보리Alf Hornborg는 이것을 '시공간 수탈'이라고 불렀다. [121]

시간과 공간의 수탈은 시간과 공간의 압축을 통해서 이루어진다. 왜냐하면 자본은 수익 회수 시간을 단축하려 하기 때문이다. 즉 투자 회수가 빠를수록 더 빨리 상품이 팔려 수익을 돌려받고, 더 큰 이윤이 창출된다. 자본은 더 많은 생산량만이 아니라 더 빠른 속도에 의해서도 성장한다. 이것이 바로 데이비드 하비David Harvey가 이론화한 '시공간 압축'이다. [122] 점점 더 빨라지는 기술에 의해 공간 장벽이 붕괴하는 법칙과도 같은 경향성을 띠며 자본의 충동이 순식간에 지구 전역에 전파될 때 "세계는 우리 위로 무너져 내리는 것만 같다". 《포스트모더니티의 조건The Condition of Post-modernity》에서 하비는 세 단계로 차근차근 쪼그라드는 세계의 지도를 보여주며 이 개념을 설명했다. 첫째, 1500~1840년에는 크고 넓은 지구가 있었다. 당시 가장 빠른 마차와 범선의 속도는 시속 약 16킬로미터였다. 둘째, 증기로 움직이는 기관차와 선박들이 등장했고, 이들의 속도는 각기 시속 약 105킬로미터와 57킬로미터, 이것이 바로 압축의 1라운드였다. 그리고 나서 프로펠러 항공기가 등장했고, 지구를 하나의 마이크로칩으로 축소한 제트 항공기가 서둘러 뒤를 이었다.

　자, 이제 시간과 공간에 관한 자본주의적 생산의 두 가지 형태를 하나로 묶어보자. 그러면 우리 앞에 감염 레시피가 나타난다. 자본은 계속해서 더 많은 대지에 달라붙어서는 내용물을 빨아내며, 더욱더 미친 속도로 돌아가는 자본 회전에 투입한다. 이것은 일종의 일반 법칙에 따라 인수공통감염병 팬데믹 발생의 고위험성이라는 필연적 결과로 귀착된다. 이러한 고위험성은 생태적 대참사로 인해 나타난 하나의 결과물이지만, 많은 결과물 가운데 그저 하나일 뿐이다.

코로나와 기후의 차이: 둘째 장면

기후위기와 코로나19의 비교가 일종의 범주 오류에 근거하고 있다는 점은 이제 충분히 밝혀졌을 것이다. 이 둘을 비교하는 일은 마치 전쟁과 총알을 비교하는 것과도 같다. 코로나19는 기후위기와 병행 중인 하나의 장기 추세, 즉 지구온난화와 잘 어울리는 전 지구적 병리 현상의 한 발현일 뿐이다. 2020년 3월, 기후운동가들은 이 질병이 소멸된다 해도 지구는 여전히 뜨거워질 것이며, 더 많은 천둥을 우리에게 보낼 것이라고 열정적으로 지적했다.[123] 물론 맞는 말이지만, 이 질병이 운명을 다한다 해도, **지구는 더 많**

은 역병 또한 우리에게 보낼 것이다. 즉 코로나19가 그와 같은 종류의 마지막 재앙이라고 말할 만한 근거는 존재하지 않는다. 인간 경제와 "거의 모든 잠재적 병원체 보유 생물종"[124] 간의 상호작용 속도가 가파르게 상승하고 있기 때문이다. 또, 막을 길 없는 6차 대멸종을 강제하는 힘들의 일부가 이 상승을 강제하고 있기 때문이기도 하다.[125] 인간이 초래한 기후변화와 인수공통감염병 확산을 체계적으로 비교한 몇 안 되는 과학 논문 중 하나는(우리는 이 논문을 주 저자의 이름을 따서 '파이크 페이퍼Pike paper'라고 부른다) 앞으로 수십 년간, 지금과 같은 방식으로 세계가 돌아간다는 가정 하에서, 세계의 "감염병 발발 건수"가 **매년 5회 이상으로** 증가할 것이라고 추론하고 있다.[126] 물론 모든 사건이 코로나19 수준으로 참혹하게 진행되지는 않을 것이다. 그러나 코로나19가 실제로 맹위를 떨치기 시작했을 때 콤멘에서 월리스까지 감염병 전문가들이 지적했듯이, 거의 확실한 통계적 확률을 갖춘 시나리오에 따라, 이 질병의 후계자들이 등장할 것이다.[127] 후계자들의 일부는 더 악성일 수도 있다. 어느 바이러스 학자는 "우리는 지금 장기 비상사태chronic emergency의 시대에 진입했다"[128]고 발표했다.

기후과학에 그랬던 만큼이나 감염병 확산의 과학에도 사람들의 귀는 꽉 막혀 있었다. 더하면 더했지, 덜하지 않았다. 과학자들이 경고하는 소리에 아무도 귀를 기울이지 않았다. 이미 1994년에 저명한 변증법적 생물학자 리처드 레빈스Richard Levins와 동료들은 "(예컨대 불도저로 숲을 없애고) 새로운 서식지들을 만들어 내면, 희귀 미생물이나 원거리에 사는 미생물이 불어나, 이들이 사람들 가까이 오게 된다"고 경고한 바 있다.[129] 2006년, 한 연구 진은 낙담한 목소리로 물었다. "생물다양성이 감소하면 열대 지역의 상황은 얼마나 더 악화할까?"[130] "인간 거주지와 야생동물 서식지를 구분하는 선이 얇아지고 있기에 우리는 다음번 거대 팬데믹을 발효시키고 있는지도 모른다"[131]고 2017년 발간된《네이처》지 어느 호의 서문에는 쓰여 있었다. 더 구체적으로 들어가 보면, 산림 파괴의 결과를 연구한 박쥐학자 연구진은 코로나바이러스 팬데믹 발생 위험이 "매우 높다"고 판단했다. 이들은 정책 입안자들의 냉담한 반응에 공공연히 탄식했다.[132] "지속가능성을 향한 중대한 글로벌 패러다임 전환이 일어나지 않는 한"[133] 재앙이 닥치고 말 것이다. "또 다른 팬데믹에 부딪히기 전에 우리가 이 흐름을 뒤바꾸거나 완화할 수 있을까?"[134] 콤멘은《인수공통 모든 전염병의 열쇠》에서 이렇게 물었다. 코로나19에 관한 초기의 분석에서, 월리스는 2000년대에 나타났던 바이러스 변종들을 되짚어보며, 도출된 결론을 다음과 같은 현실적 용어로 강조했다. "이 변종들과 관련하여 **실제로** 시행된 조치는 거의 없었다. 각국 정부는 유행 중단에 안도의 한숨을 내쉬었고, 즉각 다음번 감염병이라는 도박판을 열었다. 최대치의 바이러스 창궐과 전파력이라는 위험을 무릅쓴 행동이었다."[135] 공공의료 수호의 최고 책임자라 할 이들을 잠에서 깨우려는 이런 시도들에는 기후과학계의 IPCC나 유엔기후변화협약UNFCCC 같은 제도의 함정이 없었다. 그러나 상황을 더욱 악화시키는 양상은 양쪽이 너무나도 비슷했다.

그렇다면 우리는 2020년 봄 각국이 취했던 조치들의 성격을 다시 생각해봐야 한다. 이와 가장 유사했던 기후 대응 조치는 아마도 오스트레일리아 정부의 산불 대응일 것이다. 최대 피해 지역에 비상사태를 선포하고 2차 세계대전 이후 최대 규모로 군대를 동원하는 대응 말이다. 1월 초, 해군 함정들은 진홍색 하늘 아래 해변에 모여 있던 수많은 시민들을 대피시켰고, 보병들은 불길을 잡으려는 소방관들을 도왔으며, 한 장관은 돌연 전쟁 비유를 들고 나왔다. "이것은 산불이 아니라 원자폭탄이다."[136]

그러나 두 사례 모두, 취해진 조치는 임시 처방 수준이었다. 중상이 사람들의 신체를 폭발시킨 연후에야 치료가 시작됐는데, **자본주의 국가들은 이보다 더 효과적인 행동에 나설 능력이 없어 보인다.** (적어도 자신들이 주도하는 행동에 관한 한 그렇다.) 제방을 쌓거나 병원을 짓는 것 같은 약간의 준비를 제외하면 말이다. 하지만 이마저도 지금까지는 결점이 성취를 크게 압도했다. 병리 현상의 확산을 막는 사전 예방 행동에서도 그러했지만, 기후위기 완화라는 사안에서도 긍정적인 전망은 없다. 이러한 사태는 코로나19에 대해 일부 정부가 실행한 조치의 웅대한 성격이나 (아마도) 영감을 불러일으키는 가치를 무효화하진 않되, 이를 전체적인 시각에서 다시 보게 한다.

그렇다면 코로나와 기후의 차이점 가운데 아직 언급되지 않은 것은 무엇일까? 논란의 여지가 없는, 시간과 공간의 차이들이 있다. 지구온난화는 대기를 통해 시작되고, 극단적 기후나 일련의 우려스러운 사건들로 지구를 뜨겁게 달군다. 다소 역설적인 점은, 이것이 아직은 오스트레일리아의 불, 이란의 홍수, 칠레 중부의 가뭄처럼(2020년은 비통한 10년에 접어드는 첫해이다) 지역 규모에 머물렀다는 것이다. 개별 사건은 고유한 불행의 이야기를 들려준다. 코로나19라는 전 지구적 병리 현상의 경우(만약 이것이 적절한 용어라면) 지역 규모에서 세계 규모로 사실상 순식간에 도약하는 능력 면에서 지구온난화를 능가했다. 물론, 하나의 바이러스가 어떻게 그토록 신속히 보편화될 수 있는지를 말해주는 간명한 생물학적 이유는 있다. 생기를 잃어가는 농지 앞에 선 칠레의 농부가 생물종들 사이에서 무섭게 번져가는 어떤 유기체를 유출하는 일은 없다. 바이러스가 유출되면, 팬데믹은 인간과 인간의 문제가 되어 개인 간의 물리적 접촉을 통해 전파되지만, 반면 기후 붕괴의 충격은 언제나 인간 존립의 물질적 기반들을 매개로 전달될 것이다. 바이러스 확산과 유사한 기후 붕괴 사태를 생각해본다면, 세계 푸드 시스템을 붕괴시킬 정도의 동시다발적 흉작과 극심한 식량 부족, 또는 해양에서의 열염 순환thermohaline circulation*의 변형, 아니면 하부 기후 시스템의 붕괴 사태가 각 가정으로 물밀듯 들이닥치는 것이다.[137] 만일 대륙 차원에서 생태계가 붕괴하기 시작한다면, 도미노 효과는 국경을 초월할 것이다. 하지만 지금까지는 지구를 통째로 아우르는 포괄성의 면에서 코로나가 기후를 앞서고 있다.

다른 한편으로, 지구온난화는 언제나, 어디에나 존재한다. 숲이고 해안 지대고 지구온난화의 손아귀에서 빠져나갈 수는 없다. 반면, 감염병은 폭발하듯 확산하지만, 차츰 희미해진다. 팬데믹을 유발하는 배경 조건은 점차 강력해질 수도 있겠지만, 늘 한결같은 양상으로 나타나는 것은 아니다. 도리어 감염병은 한껏 증대된 위험 또는 이미 던져진 주사위 같은 성격을 띠며, 거의 아무 일도 일어나지 않는 시간들 사이에서 간격을 두고 개별 사건으로 출현한다. 심지어 허리케인이 등장하는 계절이 아닌데도, 카리브해 해변들은 천천히 깎여나가고 있다. 또 지구온난화는 자기 동력에 따라 끊임없이 악화되는 성격을 잠재적으로 내장하고 있는 반면(만일 4도에 도달하면 우리는 6도로 미끄러질 것이고, 이 사태는 지구를 충분히 달구어서 우리는 8도에 이를 것이고, 그리고……) 인수공통감염병 확산은 뒤집힌 U자 곡선 형태로 진행되리라 예상할 수도 있다. 인간 외 동물의 다양성이 완전히 사라져 절멸의 수준에 가까워지면, 병원체의 양 자체가 줄어들 것이다. 그러나 이런 일

* 수온과 염분 차이로 발생하는 해양의 심층 순환을 뜻한다.

이 일어나기까지 우리는 점차 곡선의 상부로 이동할 것이다. 생물다양성의 감소는 확실히 자기 강화적인 면모가 있으며, 자신만의 임계점과 한계점을 지니고 있다. 예컨대, 파이크 페이퍼는 기존 관성대로 대처할 경우 "팬데믹들에 대처할 기회의 창문"이 닫히는 시점을 2041년으로 추정하고 있다.[138] 지금 같은 정치적 상황에서라면, 기회의 창문이 닫히는 시점은 이 예측치와 비슷할 것이다.

그리고 이 둘의 동인은 같다. 이산화탄소 배출원 2위는 다름 아닌 산림 파괴다. 이번 밀레니엄의 첫 10년간, 산림 감소로 인한 이산화탄소 배출량은 화석연료 연소에 눌려 전체의 10분의 1이었다.[139] 하지만 산림 파괴는 한 가지 면에서는 화석연료 연소를 앞질렀다. 화석연료 연소의 경우 전체 배출량의 약 25퍼센트가 무역에서 발생했지만(상품 제조 과정에서 석탄을 연소한 중국에서 상품을 수입하는 스웨덴을 생각해보라) 산림 파괴의 경우 무역에서 나오는 배출량이 전체의 40퍼센트였다. 달리 말해, 숲을 불도저로 밀어버리는 과정에서, 즉 소고기, 콩, 팜유 등의 생산 과정에서 배출된 훨씬 많은 양의 이산화탄소야말로 북반구 소비의 부수 현상이었다. 항공기 운항은 낮은 수준의 이산화탄소 배출원이지만, 성장 속도에서는 다른 모든 것을 능가한다.[140] 코로나19 사태 이전까지는 그랬다. 2013~2018년 화석연료에서 나온 연간 총배출량 증가세는 1퍼센트 미만이었지만, 항공 운항에서 나온 연간 총

배출량 증가세는 거의 6퍼센트였다. 매년 석탄발전소 50기를 새로 건설하는 수준의 증가율이다. 이러한 항공 배출을 주도한 국가는 미국과 중국이었다. 이처럼 병원체들은 기후 붕괴를 야기하는 특정 동인들과 단순한 접촉 이상의 연관성을 지닌다. 반대로 기후 붕괴는 병원체들에게 새로운 기회를 제공한다.

야생동물들에게 지구온난화란 곧 북쪽으로, 더 높은 고위도 지역으로 오랫동안 이동해야 함을 의미한다.[141] 이것은 꽤 오래전부터 잘 알려진 사실이다. 적응하고 살아가야 하는 기후라는 지붕이 움직이기 시작할 때, 많은 야생동물들은 그 움직임을 따라가는 것 말고는 선택의 여지가 거의 없다. 우리는 이 과정이 점진적이지 않을 것이라는 점 역시 알고 있다.[142] 즉 어느 지역에서 허용 한도에 구멍이 생기면, 한 생물종이 견딜 수 없는 열기를 느끼는 정도가 아니라, 오랜 세월에 걸쳐 해당 지역을 집으로 삼았던 생물종 전체 집합이 돌연 몰사할 것이다. 이미 카리브해와 산호초 삼각지대Coral Triangle*에서 그러한 한도 초과 사태가 벌어지고 있고, 기존 관성대로 흘러갈 경우 2050년경 라틴아메리카, 중앙아프리카, 동남아시아의 열대우림에서도 그렇게 될 것으로 예측되고 있다. 수많은 항아리들이 태양 아래 금이 가고, 내용물을 밖

---

* 인도네시아, 말레이시아, 파푸아뉴기니, 필리핀, 솔로몬제도 및 동티모르 일대의 열대 해양 해역. 세계 산호초의 약 30퍼센트가 서식하고 있다.

으로 유출할 날을 기다리고 있다. 물론 이 내용물들은 적응하지 못하고 소멸하고 말겠지만, 살 만한 기후를 찾아 극지대로, 고위도 지역으로 이동하려 애를 쓴 다음에야 소멸할 것이다. 최종 임계선에는 아직 도달하지 않았지만, 이러한 과정은 이미 진행되고 있다. 하지만 이것은 기나긴 하락의 과정일 것이고, 파열도 계속, 간헐적으로 일어날 것이다.

이동하는 동안, 이 동물들은 이방의 존재들을 만날 것이다.[143] 피난처를 찾아 앞다투어 돌진하는 동안, 한 번도 만난 적 없는 생물종들이 길을 건너 나타나 '첫 만남'이 이루어질 것이고, 아마도 얼마간 활동 영역을 공유한 뒤 다른 곳으로 이동해서는, 같은 경험을 반복할 것이다. 일부일처제 생활 방식에 비교적 오래 길들여진 병원체들에게 이러한 시간이란 문란한 방종의 시간일 것이다. 아침마다 재고가 꽉꽉 채워지는 육류 시장처럼, 새로운 동물 무리들이 등장할 테고, 그만큼 옮겨 갈 기회는 넘쳐날 것이다. 이러한 경로에서 예상되는 수만 가지 새 병원체들의 상호 교환은 대부분 어느 한 야생동물종과 다른 야생동물종 사이에서 이루어질 것이다. 이 교환 과정은 유전자 재조합이 진행되는 움직이는 실험실이 될 것이며, 예의 실험실에서 기생생물들은 더 먼 곳에 있는 동물에 올라타는 법을 학습할 것이다. 그리고 이들의 숙주 동물은 인간과 부딪치거나 인간을 스쳐 지나갈 것이다. 바이러스를 공유하는 사건은 에티오피아의 고원지대, 인도네시아, 그리고 중국 동부 지역(또다시 이 교차로이다)처럼 인구 밀도가 상당히 높은 지역들에서 가장 흔히 발생할 것이다. 이런 사건들이 발생하기 이전에, 최대치의 극심한 기온 교란이 나타날지도 모른다. 지구온난화가 인수공통감염병 확산을 어떻게 증폭시키는지를 다룬 거의 최초의 연구는 섭씨 첫 몇 도가 상승하는 기간에 이로 인한 영향이 더 심대할 것이라고 지적하고 있다. 5도나 6도 상승은 너무나 많은 숙주 동물을 요리해서 멸종시킬 것이라는 이야기다.

이동에 나선 동물들 가운데에는 절지동물도 있을 것이다. 일부는 말라리아, 뎅기열, 황열, 지카 같은 감염병의 매개체 역할을 하겠지만, 이들은 반드시 어떤 압박 속에서 이동하지는 않을 것이다.[144] 일반 법칙상 더 뜨거운 날씨란 이들에게 유리한 여건이기 때문이다. 더 뜨거운 날씨 덕에 이들은 활동 영역을 넓힐 수 있다. 덴마크에는 뎅기열이 없는데, 매개체인 모기들에게 이곳은 너무나도 추운 지역이기 때문이다. 기후과학계의 오래된 관심사의 하나는 이런 종류의 질병의 확산이었는데, 최근의 수준급 연구는 수백만의 생사를 좌우할 질문에 확실한 답을 내놓지 못하고 있다. 온난화가 진행될 향후 수십 년간, 말라리아 감염자의 총수가 증가할 것인가, 감소할 것인가라는 질문 말이다.

메뚜기들의 경우에도 유사한 불확실성이 적용된다.[145] 이들 역시 뜨거운 기후 환경을 좋아하는데, 이들이 전통적으로 서식하던 사막 기지의 외곽 지대가 건조해지면서 새로운 풍경이 열릴

지도 모른다. 메뚜기 떼들은 추운 밤에는 비행을 피한다. 기온이 높을수록 더 이른 아침에 이륙해서 더 늦은 저녁 때까지 비행하고, 따라서 더 먼 곳까지 이동할 수 있다. 따뜻한 공기가 상승하면, 이들은 바람에 몸을 싣고 미끄러지듯 비행을 지속하며 아틀라스, 엘부르즈, 자그로스 같은 산맥을 더는 장애물로 느끼지 않으며 넘어갈 수 있다. 그러나 만사는 강수량에 의해 결정된다. 메뚜기들이 열기에서 혜택을 받으려면, 2018년과 2019년처럼 충분히 비가 내려주어야 한다. 이들의 번식지에 관한 예측을 통해 드러나는 사실이 있다. 불가역적으로 강화되고 있는 오늘의 경향성, 즉 총강수량은 계속해서 감소하고, 긴 가뭄과 갑작스러운 폭풍 같은 가변적 위험성은 더 증대하는 경향성이 그것이다. 이 모든 점을 감안하면 "국지적으로 나타나는 곤충 떼의 잠재적 위험도가 더 높아지는 사태를 배제할 수 없"는데 특히 아프리카 남부 지역의 경우 그러하다.[146] (이렇게 쓰고 있는데, 아프리카 동부에서 두 번째 메뚜기 떼가, 국제연합이 추산하기에 2020년 처음 출현한 무리보다 20배 더 큰 규모로 나타났다는 소식이 들려온다. "이 메뚜기 떼는 매우 적극적이면서 파괴적이고, 봉쇄령을 내린 시점에 출현했다는 점이 우려된다. 약간 당황스럽다."[147] 우간다의 한 장관이 한숨을 내쉬며 말했다.)

그렇긴 하지만, 지금 이 순간에 가장 많은 관심을 기울여야 할 동물은 박쥐일 것이다. 포유동물 가운데 박쥐는 이주에 유용한 특별한 재능을 지니고 있다.[148] 비행 능력 말이다. 그런데 기후변화는 박쥐들의 삶 전반을 망칠 수 있다. 언제 배란하고 출산할지, 언제 동면할지, 어느 장소에서 얼마나 오랫동안 머무를지, 또 언제 어디서 곤충들과 과일들을 만날지, 어디서 물을 찾을지⋯⋯ 모든 것이 빠르게 온난화되는 대기 상태에 달려 있다. 때가 되면, 박쥐들은 더 안전한 땅을 찾아서 날아갈 것이다. 박쥐목 동물들의 이동 경로는 대부분 아직 밝혀지지 않았지만, 수많은 연구에 따르면 여러 박쥐 종과 개체들이 실제로 이동하고 있다.[149] 코스타리카의 박쥐들은 저지대에서 나와 더 시원한 지역에 있는 산림 속으로 자리를 옮기고 있다. 브라질의 긴꼬리박쥐는 미국 딥사우스Deep South 지역*을 지나 2018년 버지니아주에 도착했다. 브라질 세하두 지역의 박쥐들은 산림 파괴와 지구온난화라는 연합 세력에 의해 본래의 서식지에서 쫓겨나고 있다. 지중해 연안에 흔히 보이는 한 종은 30년간 프랑스 북부와 폴란드로 허둥지둥 이동하며 자신들의 활동 영역을 두 배 이상으로 넓혔다.

중국에서도 같은 일이 일어나고 있다.[150] 한 연구는 중국 내 박쥐 130종 가운데 17종을 표본으로 삼았는데, 코로나의 숙주로 가장 유능하다고 악명 높은 편자박쥐 6종도 포함되어 있다. 이 연구는 거의 보편적인 경향성을 찾아냈다. 지난 50년간 기온 상승에

---

* 앨라배마, 조지아, 루이지애나, 미시시피, 사우스캐롤라이나 네 개 주를 포함한 남부 일대를 말한다.

발맞추어 이들의 활동 한계선이 북쪽으로 이동했다는 사실이다. 이러한 한계선 이동은 대지 이용상의 변화로는 설명될 수 없는데 (남쪽에서 북쪽으로 산림이 체계적으로 벌채되지는 않는다) 이는 지구 온난화가 **중국 내 박쥐들을 곳곳으로 분산시키는 더 강력한 요소**일 수 있음을 뜻한다. 이에 더해, 모델링 연구들도 있다.[151] 현 상태에 별다른 변화가 없는 한(언제나 제시되는 최악의 시나리오) 지구온난화와 산림 파괴라는 악마의 두 눈은 2050년까지 동남아시아 박쥐 종 99퍼센트의 이주를 강제할 것이다. 1퍼센트는 제자리에 머무를지도 모른다. 물론 많은 이주자들이 말하자면 최종 경계면인 인프라라는 장벽에 부딪히면서 망명지에 안착하지는 못할 것이다.

감염병 확산의 미래와 관련해 이것이 의미하는 바를 추측하는 데는 대단한 수학적 지능이 필요치 않다. 차라리 이것은 인간 경제가 코로나바이러스와 다른 병원체들이 담긴 용기를 열어 자기에게 쏟아붓기로 작심한 것과도 같다.[152] 숙주 동물들에게는 기후변화야말로 궁극의 스트레스 요인이다.[153] 즉 긴요할 때 먹을 곤충들이 없고, 허리케인이 찾아와 보금자리를 허물어버리고, 수유 중인 암컷들이 가뭄 때문에 물을 구하러 더 멀리 날아가야 하는 일상은 체내 물질 대량 유출을 유도하는 요인임이 밝혀지고 있다. 말레이시아의 돼지 농장들로 표류해 니파바이러스를 떨어뜨린 일부 박쥐들은 1997~1998년의 산불을 피해 이동했고, 이 산불은 20세기 최악의 엘니뇨로 인한 가뭄이 초래한 것이었다.[154]

2014년 에볼라바이러스가 창궐하기 전에는 이례적으로 긴 건기가 지속되었고, 이로 인해 박쥐와 사람이 더 자주 접촉하게 되었을 가능성도 있다.[155] 이 박쥐들의 일부가 우한시에 나타났던 걸까? 이들은 열기를 피해 도망치다가 우연히 그곳으로 이끌린 것일까? 지금으로서는 알 길이 없다. 하지만 그동안 파악된 사실이 있다. 이번 밀레니엄 들어 발생한 세 차례의 코로나 감염병 모두 건조한 기후와 관련이 있다는 것이다.[156] 사스는 광둥 지역의 세기적인 가뭄 이후에 발생했고, 메르스는 비가 내리지 않는 제다*에서 최초로 발견되었다. SARS-CoV-2는 40년 만의 최악의 가뭄을 앓던 우한 지방에서 터져 나왔다. 여기서 가설은, **코로나바이러스들 자체**가 저습도 환경에서 번성한다는 것이다. 다른 많은 가설처럼, 이 역시 아직 가설일 뿐이지만, 코로나와 기후가 서로 분리된 채 평행선을 달리지는 않는다는 점만은 확실하다. 코로나 사태는 기후위기의 결과물일 것이며, 그 반대는 아니다. 더 중요한 점이 있다. 코로나와 기후는 작금의 오래된 비상사태를 구성하는, 각자 시공간 스케일을 지닌 채 뒤얽혀 있는 두 개의 면이라는 것이다.

---

* 사우디아라비아의 서해안에 있는 도시로 홍해를 마주 보고 있다.

전장의 부상자

2020년 3월 마지막 주, 어떤 소식이 들려왔다. 미국 이민자 가정에서 자란 로스앤젤레스 카운티의 17세 소년이 의료보험이 없다는 이유로 병원 응급 치료를 거부당했다는 소식이었다. 몇 시간이 지나, 소년은 코로나19로 사망하게 된다. 더 자세한 내용들이 연이어 밝혀졌다. 소년의 가족은 사실 의료보험 가입자였지만, 오해와 관료주의라는 재난이 겹쳐 결국 치료를 받지 못했다는 것이다. 이 이야기는 지금은 명백해진 어떤 구분선을 더 확연히 인식하게 해주었다. 빈자에게 다가온 코로나19와 부자에게 다가온 코로나19 사이의 구분선 말이다. 비록 후자에게 이례적인 시간표가 신속히 적용되긴 했으나, 이 질병은 마치 무너진 댐에서 나오는 물처럼 전 인류에게 퍼져 나갔다. 매우 깊거나, 매우 좁고 얕은, 미로 같은 수로 속으로 흘러 들어갔다. 모든 면에서, 사태의 전개 양상을 결정한 요인은 불평등이었다.[157]

가장 눈에 띄는 것은, 일부는 훌륭한 의료 돌봄 시설을 이용할 수 있었던 반면, 다른 일부는 새 인공호흡기를 갖춘 병원이나 보험은 언감생심이고, 고작 비누와 손 소독제에 의존해야만 했다는 사실이다. 타격이 심했던 이탈리아에서는 10만 명당 겨우 12.5개의 중환자실 병상이 있었다. 방글라데시의 경우 이 수치는 0.7, 우간다는 0.1이었다.[158] 방어벽을 약화시켰던 기저질환(당뇨병, 심장질환, 폐질환) 문제는 계급에 따라 심각성이 달랐다.[159] 희생자들의 폐는, 석탄 공장과 정유 공장 또는 산불에서 흡입한 나쁜 것들로 인해서 이미 닳을 대로 닳아 있었다. 대세를 꺾기 위해 시행된 조치들조차 같은 패턴을 강화할 뿐이었다.

부자들은 사적인 고치 속에 틀어박혀 모종의 자가격리를 즐길 수 있었는데, 그들로서는 이런 생활은 차라리 일상의 자연스러운 연장이었다.[160] 특정 유형의 항공 여행이 붐을 이루었다. 3월 중순경, 미국 내 개인 제트기 예약 건수는 10배로 증가했다. 예약자들은 가족과 주치의를 데리고 외떨어진 휴양지로 갔다. 영국의 부동산 중개업소들은 '코로나 맨션'에 관한 문의가 쇄도하고 있다고 알렸는데, 문의자의 대다수는 1주일에 1만 파운드 이상을 흔쾌히 지불한 런던의 부유층이었다. "이들은 우리에게 이렇게 말할 사람들이었다. 앞으로 나는 재택근무를 할 것이고, 내 아내도 마찬가지인데, 따라서 널찍한 공간, 넓은 정원과 우리가 쉴 수 있는 테니스 코트 같은 시설을 갖추고 있어야 한다."[161] 노동자들이 그런 선택지를 갖는 경우는 드물었다. 감염자들을 만나고 검사하고 치료하는 의료 분야 종사자를 포함하여, 많은 이들은 출근해서 업무를 계속할 수밖에 없었다. 슬럼 내의 자가격리란 용어상 모순이다. 코로나에 아무런 대비가 안 돼 있는 장소 하나가 곧 나타났는데, 지구상에서 가장 처참한 환경인 난민수용소였다. 방글라데시의 로힝야족 난민들, 레바논의 팔레스타인 난민들, 그리스의 시리아 난민들을 수용한 곳들 말이다. 본래의 숙주에서 (아마도) 세상에서 가장 낮고 어두운 곳에 이르기까지, 이 바이러스는 다수가 갇혀 있는 공간에서 번성했다.

요컨대, 코로나는 가장 지구적인 풍경부터 가장 지역적인 풍경까지, 취약성vulnerability의 풍경 전체를 한눈에 보여주었다. 이런 점에서도, 코로나는 기후와 유사했다. 매키번의 법칙은 이 경우에도 거의 적용되는 듯싶다. 아마도 첫 희생자는 아닐 테지만, 희생자의 대다수는 "위기 발생에 가장 책임이 적은 사람들"인 것이다. 실제로, 부자들이 타격을 입은 첫째 부류였다면(슈퍼 리치들이 바이러스를 옮겨와서는 노동 대중에게 흩렸던 브라질에서처럼 말이다) 빈자들은 몸을 숨길 방패가 없는 상황이다.[162] 왜 이 이야기가 오래된 비상사태에 처한 모든 최전선에서 적용되는지를 이해하려면, 취약성 이론에 눈을 돌려볼 필요가 있다.

가장 형식적이고 무미건조한 수준에서 정의하자면, '취약성'은 하나의 계系, system가 특정한 외부 스트레스 요인의 영향을 받게 될 경우 위해에 취약한 정도를 뜻한다.[163] 이 용어의 어원은 라틴어 불네라빌리스vulnerabilis이다. 전장에서 부상을 입고 누워 있어서 다음번 타격에 노출될 경우 사망할 가능성이 큰 군인의 상태를 가리키는 말이다. 이 견해에 따르면, 취약성은 타격에 선행하는 것으로, 비극이 일어나기 전에 인간이 다른 인간에게 가한 상해 또는 그로 인한 신체의 쇠약함이다.

그러나 이 단어가 언제나 이런 식으로 생각되었던 것은 아니다. 전후 수십 년간 자연의 위험원危險原에 관한 연구들은(질병은 잠시 괄호에 넣어두자) 재난이 홍수, 폭풍, 지진 같은 극단적인 지구물리적 사건의 결과라고 가정했다.[164] 취약성은 이러한 지구물리적 사건들의 한 가지 함수였다. 산비탈의 경사도, 해안선의 평탄도, 주요 위험 요소에 근접한 정도 같은 것들 말이다. 취약성은 위해를 가하는 사건들의 본질에 내재한 것이었다. 인과관계는 단선적이었고 자연환경에서 출발한 이 직선의 끝에는 수신자인 인간이 있었다. 이런 논리를 폈던 지구물리학파geophysicalism는 서구 학계에서 권위를 얻어 승승장구하다 1970년대에 이르러 마르크스주의의 영향을 받은 학자들의 비판에 봉착하게 된다.

첫째 습격은 1977년 《재난Disasters》이라는 간명한 제호의 저널 창간호에서 시작되었다. 벤 위스너Ben Wisner와 동료들은 특히 제3세계에서 자연재해로 인해 희생자가 증가하는 현상을 지적하며, 이처럼 불안한 경향성의 배후에 무엇이 있는지 캐물었다. 이들이 살펴보니, 위험원 자체의 개수나 규모는 변함이 없어서 가뭄, 허리케인, 화산 폭발은 과거와 같은 수준으로 인류 사회를 강타했다. 이런 결과를 보며, 이들은 이렇게 주장했다.

그렇다면 '자연적' 재해의 빈도와 심각성이 증가한 현상을 설명할 방법이 있을까? 한마디로, 이러한 재난들이 완전히 '자연적'

이라는 주장 자체를 부정하는 것이다. 점점 더 많은 이들이, 수천 년은 아니더라도 수백 년간 발생해온, 수학적으로 예측 가능한 특정한 물리적 사건들에 취약한 상태에 내몰리고 있다. 우리가 설명해야 하는 것은 바로 이 취약성이라는 현상, 즉 인간-자연 관계에서 인간의 측면이다.[165]

대다수에게 사형을 선고하는 것은 사회이지 자연이 아니다. 위스너와 동료들의 주장에 따르면, 취약성은 자원 소유의 불평등으로 인해 나타난 결과이다. 이들은 재난을 평범한 삶을 침범하는 우연한 사건이나 '신의 행동'으로 봐서는 안 되며, 그러한 삶에 관한 가장 적나라한 **진실**truth로 인식해야 한다고 말한다. 그렇기에 이들은 평범한 삶의 내부 구조를 해부한다. 이것이 비판적 취약성 이론의 핵심 개념으로서, 무수한 사례 연구에서 상세히 설명되고 있다.[166] 대표적 사례를 하나 살펴보자. 나이지리아 북부에서 가뭄이 발생했을 때, 부자들은 보유한 대규모 소 떼와 다른 재산 덕분에 시험을 견뎌낼 수 있었던 반면 가난한 이들은 속절없이 죽어갔다.[167] 이것은 가뭄이 기껏해야 재산 소유관계에 내재된 선택적 압력의 '기폭제'에 불과했음을 뜻한다. 즉 어떤 이들은 생존 수단을 소유하고 있었고, 다른 이들은 그렇지 못했다.

이 학파에서 내놓은 가장 권위 있는 저술은, 역시 위스너와 동료들이 쓴 《위험 상태: 자연 위험원, 사람들의 취약성, 재난At Risk:

Natural Hazards, People's Vulnerability and Disasters》(2005)이다. 지은이들은 자연에서 일어나는 일들이 재난의 결과에서 지엽적인 요소일 뿐이라고 주장했다. 역경은 삶에서 일어났다가 사라지는, 삶의 한 요소이다. 개인이 이에 대처할 수 있는지는 넉넉한 경작지를 소유하고 있는지, 물을 자유롭게 사용할 수 있는지, 또는 필요할 때 사용 가능한 보석이나 장비 창고를 소유하고 있는지에 달려 있고, 이는 전적으로 "사회적 요인들에 의해 결정된다". 가장 결정적인 것은 "생산관계와 잉여물의 흐름"인데, 행위자가 배치할 수 있는 완충장치의 종류는 바로 이것들이 결정한다.[168] 사람들은 계급, 젠더, 인종, 세대, 시민/이주민으로 나뉘어 있어서, 일부는 전장에서 부상을 입는가 하면, 다른 일부는 번쩍거리는 갑옷으로 치장하고는 만반의 준비를 한다. 감염병의 경우에도 양상은 다르지 않다.

《위험 상태》의 한 장은 이 유형의 위험원을 다루고 있다.[169] 인수공통감염병 확산(이 용어가 사용되는 것은 아니지만 사스를 비롯한 관련 현상은 논의된다)은 질 낮은 음식과 물, 거주지, 위생 상태와 더불어 살아가거나 의료 서비스 민영화 등의 이유로 적정 수준의 의료 서비스를 받기 어려운 이들에게 더욱더 나쁜 영향을 미칠 것이다. 물론 이 책이 이 점을 처음 지적한 것은 아니다. 마르크스주의의 영향을 받은 비판적 감염병학의 전통에서 이와 같은 주장은 늘 제시되었다. 앞서 말한 글이 저널 《재난》에 실렸던 해, 메러데스 터셴Meredeth Turshen은 당시 임상의학의 패러다임을 공격했다. 계급과 그 밖의 집합적 정체성을 보여주는 큰 그림을 놓치고, 오로지 개인의 몸이 어떻게 질병에 반응하는지의 문제에만 골몰하고 있다고 지적한 것이다.[170] 터셴은 오염된 공기, 환기 상태가 엉망인 주택, 인구 과밀의 빈민촌, 여기저기에 널린 오염수가 어떻게 맨체스터의 노동자들을 병들게 했는지를 논한 프리드리히 엥겔스의 서술을 인용했다. 로자 룩셈부르크의 발언도 인용했다. "의사들은 현미경으로 볼 수 있는 한, 환자들의 내장에서 치명적 감염의 경로를 추적할 수는 있을 것이다. 하지만 이 보호소 안에서 사람들의 죽음을 초래한 진짜 균의 이름은 다른 것이다. 그것은 자신의 문화를 가장 순수하게 구현해낸 자본주의 사회이다."[171] 1970년대 이래 비판적 감염병학은 자연적 요소를 넘어서는 사회적 요소를 강조한다는 점에서 비판적 취약성 이론에 동의해왔다.[172] 이 이론에 의하면, 질병과 재난은 **사회 내적인** 과정을 통해 만들어진다.

마르크스주의에서 발원해 주류 학계로 스며든, 취약성에 관한 이러한 기본 통찰은 이제는 널리 통용되고 있다. 위스너와 동료들은 이른바 "압력과 방출 모델pressure and release model"을 제시했는데, 이 통찰은 엄청난 영향력을 행사하게 된다.[173] 이 모델에 의하면, 재난은 두 가지 특정한 물질 요소들의 충돌로 발생하는데, 다름 아닌 사회적으로 결정되는 취약성과 자연의 위험원이다. 이

압력과 방출 모델

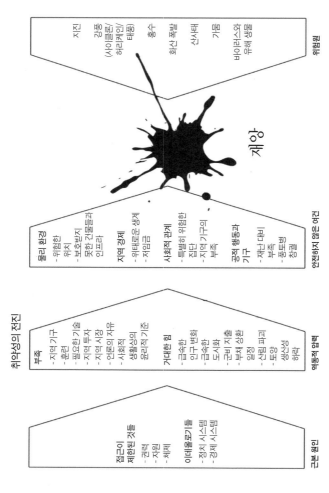

벤 와이스너 외, 《위험 상태: 자연 위험원, 사람들의 취약성, 재난》, 51쪽에서 가져옴. 각 용어는 원문 그대로이다.

둘 사이에서 사람들은 압착되거나 아니면 호두 까는 도구 속에 들어간 호두처럼 아작아작 씹힌다. 하지만 그러한 결과를 올바로 설명해주는 것은, 132쪽 그림에 묘사된 것처럼 "취약성의 전진" 이다. 이것은 "근본 원인"에서 "역동적 압력"을 거쳐 "안전하지 않은 여건"으로 시간에 따라 나아가는 인과관계를 지칭한다. 뿌리 깊은 불평등에 병든 자본주의(근본 원인)는 기업의 토지 수탈, 가속화하는 도시화를 야기하고(역동적 압력), 이러한 사태는 사람들을 빈곤으로 몰고 가, 종국에는 가파른 산비탈에 집을 짓도록 몰아붙인다(안전하지 않은 여건). 그다음에 대홍수가 찾아온다. 이와 같은 자연의 위험원은 오랜 시간 축적된 사회적 압력을 '방출'하는 방아쇠에 불과하다. 이때가 돼서야 비로소 지구물리학은 주요 요인으로 부상하는 것이다. 정치적 요지는 간명하며, 해결책은 오직 하나, 혁명뿐이다. 이 모델의 맨 왼쪽에는 근본 원인은 "혁명 또는 계급 간 힘의 재편"으로 해결되어야 한다는 주장이 자리 잡고 있다.[174] 재난 계획은 "폭넓은 의미에서 사회주의적 계획이어야 하며"[175] 그리하여 사람들이 자연력에 부딪히기 이전에 부상을 치료해야 한다.

그렇다면 이 모델은 기후변화 같은 것은 어떻게 포괄할까? 초창기에 비판적 취약성 이론은 기후변화 과학과 불편한 관계였다. 1983년 위스너와 동료들은 "특히 아프리카와 아시아 대륙에서 진행된 장기 가뭄 이후 따라온 기후변화에 관한 주장"을, "사람을 미혹시키는 것"이라며 비웃었다.[176] 용서받지 못할 실수는 아니었다. 1983년 당시의 기후변화 과학이 지금처럼 명명백백하지는 않았으니 말이다. 하지만 이들이 기후변화론을 비웃은 것은 논리적인 결과였다. 사실 기후변화 개념은 그들의 이론을 위협했다. 자연의 위험원들이 "수천 년은 아니더라도 수백 년간, 수학적으로 예측 가능한 방식으로 발생하고 있다"는 자기들의 이론적 전제를 제거했기 때문이다. 기후변화라는 개념은 이 모델의 오른쪽, 즉 마르크스주의자들이 논의를 회피하려던 쪽에서 소동을 일으켰다. 만일 자연 위험원들 자체가 두 배로 강화되고, 다시 두 배로 강화되는 식이라면, 맨 왼편에 있는 재난의 '근본 원인' 이론을 계속 유지하기란 불가능할 것이다. 왜냐하면 이 모델이 의미 있으려면, 아이러니하게도 폭풍과 홍수, 산사태와 가뭄 **그리고** 바이러스, 유해 생물 같은 것이 우연한 사건들로 취급되어야 하기 때문이다. 그래야만 비로소 이 모델의 사회적 측면에 관심이 쏠릴 수 있다.

달리 말해, 이 이론은 온난화되던 세계를 염두에 두고 만들어진 것이 아니었다. 2006년, 위스너와 동료들은 발전한 기후변화 과학을 임시변통으로 통합하려고 한다. 하지만 그것을 얕보는 오류를 다시 한번 저질렀을 뿐이다. "대부분의 재난, 아니 더 정확히 말하면, 재난으로 귀결되는 대부분의 자연 위험원을 막을 수는 없다. 하지만 그것이 **초래하는 효과는 완화할 수 있다.**"[177] 다시 말해, 적응할 수 있다는 것이다. 그러나 《위험 상태》에서는 기후 영향을 **사후에야** 비로소 대응할 수 있는 신의 행동으로 보는 입장이, 전례 없는 가뭄, 홍수, 질병을 촉발하는 새로운 현실을 완전히 수긍하는 입장으로 대체되고 있다. 이러한 입장 변화는 다음 문장에서 정점을 찍는다. "기후변화와 관련하여, 인간의 행동은 사람들의 취약성 **그리고** 증가한 위험도, 이 두 가지 모두를 유발하는 데 책임이 있다."[178] 이들의 모델은 바로 이 문장에서 파열되어 갈라진다. 사회적 요소는 더 이상 홀로 이 모델의 왼쪽에 자리 잡고 있지 않다. **사회적 요소는 위험원들 전체에 스며 있다.** 결국, 이 모델은 실제 위험원을 블랙박스에 숨겨두고는 순수하게 사회적인 요소, 즉 사람들이 서로 관계하는 방식에 집중함으로써, 본질적으로는 자연 요소에 대한 과대평가에 기대고 있었음이 밝혀진 셈이다. 이러한 오류는 인수공통감염병 확산을 설명하는 경우에는 더욱더 치명적이다. 비판적 취약성 이론이 지구물리학을 부정했듯, 이 부정에 대한 부정이 지금 요청되고 있고, 이는 팬데믹 같은 위험원을 이겨내는 방법을 직접 가리키고 있다.

재난의 변증법

이 같은 이론 모델은 자기 주도적 학습 수단으로 고안된 것이므로, 어느 정도 양식화된 단순화 작업을 감행해도 별 문제는 없을 것이다. 우선, 우리가 원하는 것은 변증법적 기후재난 모델이다. 위스너와 동료들이 제시한 모델을 확대하여, 우리는 138쪽에 나오는 그림을 그려볼 수도 있을 것이다.[179]

또한 우리는 팬데믹 재난에 관해서도 유사한 그림을 원한다. 완벽하게 상응하지는 않지만, 이 그림은 139쪽과 같을 것이다.

이 모델들은 스케치에 불과해서 어떤 새로운 요소라도 추가될 수 있다. 복잡한 현실에 좀 더 근접하려면, 되풀이되는 회로로 두 모델을 서로 엮어야 할 것이다. 특히 인수공통감염병 확산은 기후재난 모델에서 하나의 충격으로 다루어야 한다. 하지만 지구물리학, 압력과 방출 모델, 이 둘과 변별되는 변증법적 재난 모델들의 기본 요소는 **유사한 사회적 동인들이 이 모델의 양쪽에서 주요한 역할을 하고 있다는** 점이다. 이 사회적 동인들은 아무것도 보탤 것 없는 전능한 힘이 아니라 무시할 수 없는 궁극의 원동력이다. 만일 이 두 모델이 겹쳐져 있다고 상상해본다면, 우리는 이 두 가지 면모로(물론 더 많이 있지만) 대표되는 오래된 비상사태를 그려볼 수 있을 것이다. **비상사태는 오래된 것이고, 이 모델의 오른쪽에 표시된 활동들로 인해 악화일로에 있다.** 자본세Capitalocene 시대의 특징은 위험천만한 자연이 만들어지는 속도가 통제되지 않고 가속된다는 것이다.

그렇다면 지금껏 정치적 좌파는 어디에 관심을 쏟아왔고, 앞으로 어디에 관심을 두어야 할까? 코로나19 사태에 관한 대부분의 좌파 담론은, 적어도 사건 발생 후 한두 달 동안에는, 의심의 여지 없이 이 모델의 취약성 측면에 집중되었다고 말해도 무방할 것이다. 전형적인 입장은 이런 것이리라. "이탈리아인들은 코로나19가 지독히 치명적이라서 죽어가는 것이 아니다. 그들은 의료 서비스의 신자유주의화 때문에 죽어가고 있고, 유럽연합의 긴축재정 정책은 말 그대로 이들을 살해하고 있다."[180] 이 같은 주장은 절반만 진실이다. 그리고 일련의 요구들이 이 같은 주장에 발맞추어 등장했다. 긴축재정 즉각 철폐, 사람들이 집에 편히 머물도록 삶을 보장하는 보편적 기본소득 도입, 의료보험제도가 없는 국가의 보편적 의료보험제도 도입, 공공의료 부문 확대를 재정적으로 뒷받침하기 위한 조세 피난처tax havens 폐지, 병원·요양원 의료 노동자의 임금 인상, 국경 개방, 제약 회사들에서 빼앗은 지적 재산권을 통한 백신 개발……. 이 모든 것이, 더 많은 것이 필수 요소일 것이다. 그러나 슬프게도, 이런 요구 사항들이 완전히 실현된다 해도, 모델 오른쪽 항목에 대한 행동이 없다면 불충분할 것이다. 또 이들 좌파 담론은 상당 부분 바이러스 자체가 사실상 신의 행위라고 인식하고 있다. 바이러스는 인류에게 느닷없이 닥친 불행이었고, 나머지는 계급투쟁의 결과였다. 물론 예외도 있었다. 특히 오랫동안 동굴 안에서 외롭게 목소리를 내온 월리스는 색다른 대안을 내놓았다. "우리가 감당할 수 없는 사건이 애

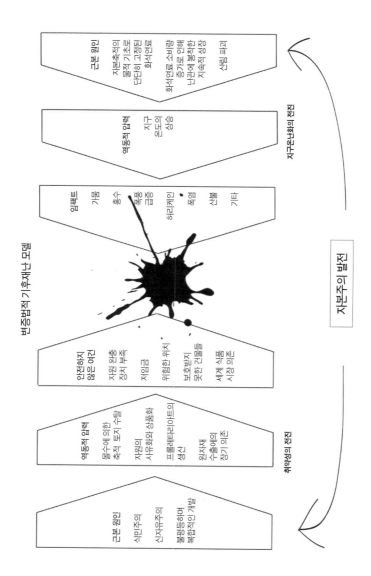

변증법적 기후재난 모델

임팩트
가뭄
홍수
폭풍
급증
허리케인
폭염
산불
기타

역동적 압력
지구
온도의
상승

근본 원인
자본축적의
물적 기초로
단단히 고정된
화석연료

화석연료 소비량
증가로 인해
난관에 봉착한
지속적 성장

산림 파괴

지구온난화의 전진

**안전하지
않은 여건**
자원 인종
정치 부족

지임금

위험한 위치

보호받지
못한 건물들

세계 식품
시장 의존

역동적 압력
물수에 의한
축적 토지 수탈

자원의
사유화와 상품화

프롤레타리아트의
생산

원자재
수출에의
장기 의존

근본 원인
식민주의

신자유주의

불평등하며
복합적인 개발

취약성의 전진

자본주의 발전

변증법적 팬데믹 재난 모델

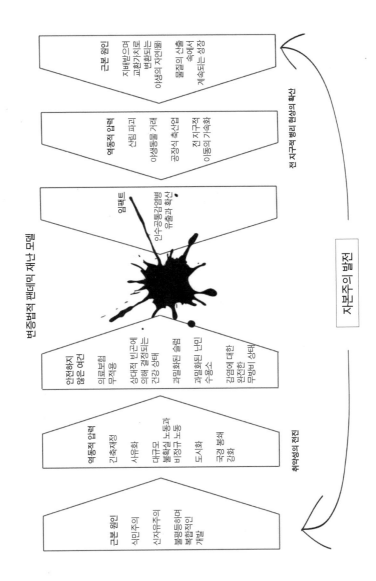

초에 일어나지 못하게 하자."[181]

혹자는 코로나19를 6차 대멸종 사태에 의해 촉발되어 인류 사회에 돌아온 첫 번째 부메랑으로 여길지도 모르겠다. 그러나 코로나19가 인류 사회를 강타한 이후에도, 생태학 이슈는 여전히 최우선 의제로 부상하지 못했다. 인류 사회의 의제들은 대부분 이번 충격이 초래한 고통에 관련된 것이었다. 그러나 예외도 있었다. 예컨대, CNN은 바이러스 유출 원인이 명백히 밝혀졌고, 이 사태는 "우리가 지구를 대하는 방법을 완전히 재고해야 할 필요성이 있음을 의미한다"고 보도했다.[182] 봉쇄령이 내려진 프랑스 보르도 지역 일부 주민은 "우리 모두가 천산갑이다On est tous des pangolins"라는 문구가 적힌 현수막을 내걸었다.[183] 그러나 전반적으로 볼 때, 대중의 반응은 산불이 났을 때와 비슷했다. 제기랄, 소방관들은 대체 어디에서 뭐 하고 있는 거야? 정부는 왜 마땅히 할 일을 안 하는 거지? 생태적 재난은 사람들의 삶 전체를 뒤덮어버리는 식으로 다가오기 마련이며, 따라서 가장 중요해지는 것은 생존 자체이다. 사회의 물질적 구조를 본격적으로 점검하거나 깊이 있게 사색하기에 그다지 좋은 시간은 아닌 것이다. 더구나 재난이 닥치기 전에도, 재난이 일단 지나간 후에도, 지금과 같은 방식의 삶이란 극히 당연하고 정상적인 것으로 여겨질 뿐이다. 이런 삶은 대체 언제쯤이나 점검 대상이 될까? 거의 전 지구적 사건이었던 2018년 여름의 폭염부터 오스트레일리아의 산불까지, 최근 잇따른 기후재난 사건들은, 향후 충격을 경험할 때마다 행동과 의식의 수준이 높아질 가능성이 충분함을 시사한다. 만일 이 방향으로 실험적 조치들이 취해진다면, 이는 지난 수십 년간 각고의 노력을 기울인 기후과학과 기후운동의 결실일 것이다. 코로나겟돈Coronageddon에는 충격을 흡수할 이와 유사한 피뢰침이 없지만, 충격의 위력을 생각해볼 때, 행동과 의식이 신속하게 향상될지도 모른다.

이 과제는 위에서 살펴본 모델의 오른쪽에 자리 잡은 항목에 관해 **무엇을 할 것인가**라는 질문을 제기한다. 이른바 사회의 가장자리에 머무르는 좌파는 '모두를 위한 제방' 같은 요구를 제시하는 능력이 있을 뿐이다. 고통을 완화하는 데 효과가 있겠지만 그래봤자 진통제일 뿐이다. 새로운 사태가 이를 압도하고 말 것이다. 전장의 성격이 완전히 달라지면, 우리에게는 상처를 씻어낼 시간밖에 없을 테고, 곧이어 또다시 새로운 상처가 생길 것이다. 이 오래된 비상사태에서 **벗어날** 어떤 가능성도, 힘을 집중해야 하는 지점에서 변화가 일어날 때 비로소 생겨날 것이다. '급진적'이라 함은 결국 문제의 뿌리를 겨냥한다는 뜻이다. 이 오래된 비상사태에서 급진적이라는 수사는 끝없이 이어지는 재난들의 생태적 뿌리를 찾아내 겨냥한다는 것이다. 되풀이해 강조할 필요가 있는데, 코로나와 기후가 이 시련의 유일한 구성 요소는 아니다. 폭발하기 직전 상태인 시한폭탄들의 목록은 길다. 곤충 종들의 붕괴,

플라스틱으로 인한 오염, 토양의 파괴, 해양 산성화, (다시 시작된) 오존층 파괴, 원자로 용해 같은 경악할 사건이 발생할 가능성도 배제하기는 어렵다. 하지만 우리 시대는 기후와 코로나를 최종 후보 목록에 올렸고, 이 둘은 한동안 우리를 충분히 바쁘게 할 것이다. 이 둘이 특별히 강력하게 교차하는 순간도 있을 것이다.

열대우림 지대에서 벌어지는 화석연료 추출 행위는 기후변화와 인수공통감염병 확산의 동인들을 하나의 불도저 안에서 통합하고 있다. 아마존 깊숙한 데서 브라질 석유회사 페트로브라스Petrobras는 석유와 가스를 펌프질한 뒤, 스웨덴 회사 스칸스카Skanska가 만들었고 지금은 프랑스 다국적기업 엔지Engie가 관리하는 파이프라인에 공급하고 있다.[184] (더 많은 파이프라인을 건설하려는 계획이 잡혀 있다.) 국경 반대쪽에선, 페루 정부가 아마존 지역 내 석유 붐을 학수고대하고 있다. 에콰도르 정부도 마찬가지인데, 이 정부는 대지 면적당 곤충, 조류, 포유류, 양서류 종의 수가 세계 최다이며, 가뭄과 화재를 피해 도망친 동물들의 피난처가 될 것으로 기대되었고, 무성하다 싶을 정도로 생물다양성 수준이 높은, 축축하고 안개 낀 야수니Yasuni 숲 지대를 개발자들에게 열어주고 말았다. 에콰도르에서 추출되어 수출되는 석유 총량의 절반 이상은 단 하나의 시장으로 이동하는데, 바로 미국의 캘리포니아주다. 이곳의 석유 추출에 자금줄을 대고 있는 이들은 JP모건과 골드만삭스 같은 선수들이다. 화석 자본은 기생생물 같은 자본인 셈이다. 이 열대 지역의 정반대편, 인도네시아 수마트라섬에는 호랑이와 코끼리, 그리고 카리스마에서 이들보다 밀리는 작은 동물들의 서식지인 하라판Harapan 숲이 있다.[185] 팜유 대농장들이 이 숲의 가장자리를 야금야금 갉아먹고 있지만, 지금이 글을 쓰는 시점에서 가장 큰 위협 요소는 현지 생산물을 트럭으로 운반하기 위해 숲 한가운데에 도로를 뚫으려는 한 석탄회사다. 그러나 이것들도 콩고 유역의 이탄泥炭 습지*를 침공하여 수억 배럴의 석유를 추출하려는 시도와는 비교가 되지 않는다. 질펀질펀한 이 열대우림 지역은 오랫동안 독보적인 무성함을 자랑하는 '바이로스피어virosphere'**로 알려져왔다. 2017년, 과학자들은 이 지역이 지구상에서 탄소 함량이 가장 높은 생태계 중 하나이며, 천문학적인 양의 탄소가 땅속에 보관되어 있다는 사실을 증명할 수 있었다. 아프리카 최고 부유층에 속하며 인맥 좋기로 소문난 클로드 윌프리드 '윌리' 에토카Claude Wilfrid 'Willy' Etoka는 이 땅을 드릴로 뚫으려 하고 있다.[186]

이 모든 계획과 시도는 COVID-19가 세계를 휩쓸고 있는 지금 보류되어 있다. 투자자들의 뜻대로 전염병이 진정된다면, 맹렬한

---

*　이탄이 퇴적되어 조성된 습지. 이탄은 수목질의 유기물이 늪지대 같은 분지 지형에 퇴적되는 과정에서 생화학적으로 변질되어 생성된 물질로, 전체 성분의 90퍼센트가 수분이어서 진흙과 같은 느낌을 준다.
**　바이러스가 존재하고, 바이러스에 의해 영향을 받는 지구 전 지역을 뜻한다.

소리와 함께 모든 사업이 재개될 것이다. 다행히, 이 사업들은 원주민들과 다른 지역 활동가들의 저항에 직면해 있고, 이러한 저항 조직은 현재 에콰도르에서 가장 잘 운영되고 있다. 그런데 이런 종류의 사업 일체는, 적어도 거의 실현 단계에 근접한 경우는, 북반구의 큰손들이 벌인 것이고, 따라서 북반구 지역 활동가들에게 즉각 임무가 부여된 상황이다. 이런 파괴 행위를 저지하기 위해, 기후운동과 환경운동은 자신들의 무기를 어떻게 활용할지 숙고하여, 가장 전투적인 전략을 내놓아야 할 것이다.

3장

전시

코뮤니즘

마르크스주의자들은 지난 세 번의 자본주의 위기 가운데 열두 번을 정확하게 예언했다는, 일리 있는 농담이 있다. 그러나 후기자본주의 시대의 최악의 위기가 박쥐에서 나온 바이러스에 의해 돌연 촉발될 것이라고 어느 마르크스주의자가 말했다면, 파국론에 경도된 동지들조차 머리를 절레절레 흔들며 어떤 약물이 이런 환각을 유발했는지 의아하게 생각했을 것이다. (내가 이 글을 쓰고 있는 2020년 4월 말, 영국은행Bank of England은 "지난 세기에 또는 **아마도 수세기 동안** 우리가 봤던 어떤 사례보다도 빠르고 깊은 경제침체"[1]의 도래를 선언했는데, 아마도 자본주의 역사 전 기간에 걸쳐 가장 심각한 침체라는 뜻일 것이다.) 물론, 현재 세계 경제를 해체하고 있는 거대 위기mega-crisis가 과잉 생산, 과잉 축적, 과잉 금융화의 모순의 결과라거나 저 오래된 이론인 이윤율 저하(이것은 어쩐지 압력과 방출 모델에 나오는 위험원을 닮았다) 법칙을 작동시킬 뿐이라는 대안적 주장도 있다. 그러나 이런 입장은 부정할 길 없는 주요 원인을 시스템

바깥에서 찾는 것이고, 위기를 외부의 충격으로 보는 부르주아의 생각을 모방하는 것이다. 하지만 지금의 국면에 관하여 말할 거리가 있는 마르크스주의 위기 이론가가 적어도 한 명은 있다. 바로 제임스 오코너James O'Connor인데, 그는 자본주의가 하나가 아닌 두 개의 아킬레스건을 가지고 있다고 생각했다.

축적의 나선운동 속에서, 눈앞에서 아롱거리는 이윤, 더 많은 이윤을 추구하면서 자본은 시장이 흡수할 수 있는 것보다 더 많은 양을 투자하는 경향이 있다.[2] 자본은 수요가 따라잡기에 벅찰 정도로 너무 많이, 너무 빨리 건설하고 생산해낸다. 만일 착취율이 높다면, 즉 노동력이 생산하는 가치의 매우 큰 부분이 노동력을 쥐어짜서 나온다면, 실질임금은 하락하고 일반 소비자들은 돈에 쪼들리게 되어 문제가 심각해질 것이다. 이 상황은 차용한 자금으로 소비를 지속케 하는, 팽창한 신용 체계에 의해 호도될 수도 있지만 실은 재정 불안전성을 가중하고 최종 사태를 지연시킬 뿐이다. 거칠게 말해서, 오코너가 보기에 이것이 바로 자본주의의 '첫째 모순'이다. 즉 자기 자신과 모든 이들을 제치고 앞서서 나아가려다 정기적으로 경련을 일으키며 고꾸라지는 자본의 경향성 말이다. 이는 전적으로 자본에 내재하는 모순, 즉 신경과민성 외톨이처럼 그렇게 하지 않고는 못 배기는 자본의 속성으로, 자본을 둘러싼 환경을 배제한 추상화를 통해 파악된 속성이다. 이것이 고전 마르크스주의 위기 이론에 나오는 기본 상황이다.

그러나 오코너는 여기에서 멈추지 않고 더 나아간다. 자본이 스스로 활용해야만 하는 일련의 '**생산 조건들**'이 있다. 노동력이 그중 하나인데, 자본에게는 노동을 수행할 노동자가 있어야만 하며, 그들은 주어진 직무를 수행할 정도로 충분히 건강한 상태여야만 한다. 인간 외에 자연이 또 하나의 조건이다. 자신의 운동을 안정되게 펼치려면 자본은 인간과 자연의 능력을 쇠약하게 만들 수밖에 없다. 만일 자본이 노동과 자연이 붕괴할 만큼, 공격적으로 비용을 삭감하고 더 높은 이윤을 추구한다면, 노동과 자연이 입는 피해는 더욱 참혹할 것이다.[3] 이와 비슷한 생각을 훨씬 더 폭넓은 이론으로 발전시킨 낸시 프레이저Nancy Fraser는 이러한 '배경 조건들'을 바탕에 깔고 '무임승차'한 채로 계속 달리면서 동시에 그것들을 파괴하는 자본에 관해 이야기한다(악성 기생주의에 관한 보편 논리).[4] 이대로 계속 가다가는, 자본은 결국 이윤 감소에 직면할 것이라고 오코너는 주장한다. 자본주의의 위기가, 엄밀한 의미에서, '발생한다'는 것이다. 소유관계와 생산력은 "자신만의 조건들을 재생산하지 않고 도리어 훼손 또는 파괴함으로써 자멸하는"[5] 경향을 보인다. 이것이 바로 오코너의 유명한 '둘째 모순'이다. 이 역시 첫째 모순과 마찬가지로 자본이 어떤 사태의 발전을 스스로 막지 못하는 상황을 설명하지만, 사실은 자신에게 생명을 주는 이들을 강박적으로 파괴함으로써 자멸해가는 학대하는 남성에 관한 논리에 더 가깝다.

현재의 위기에서 우리는 이 서사를 읽어낼 수 있다. 오코너의 이론에 우호적이던 한 비평가는, 평온했던 1990년대 이후 "자본주의 발전의 현 단계가 노동력의 가용성과 관련된, 자본주의 자체의 건강을 위협하는 모순을 초래했다고 볼 수는 없다"는 입장을 피력했다.[6] 글쎄, 지금은 그런 모순을 초래했다고 볼 수 있다. 인수공통감염병 확산용 버튼을 모두 눌러서 치명적 결과를 초래하며(더 일반적으로, 프레이저식으로 말하면 자연의 "내부 문법"을 변경하며[7]) 자본은 자신의 몸에서 (이제는 자신들의 노동현장이 격리 병원처럼 보이기 시작했던) 무수한 노동자들을 떨쳐내 버렸고, 이것 못지않게 치명적인 것으로, 전염병이라도 되는 양 시장을 피하는 소비자들마저 떨쳐내 버렸다. 그 결과, 이윤 축적의 수레바퀴가 정지해버렸다. 이것이야말로 오코너가 말한 위기의 진정한 첫 사례일 것이다.

이 이론의 한 가지 문제는 생태적 비참을 자본주의적 비참으로 번역하는 메커니즘의 모호함이다. 오코너는 이런 일이 일어날 거라고 단지 가정했을 뿐이고, 그래서 지구온난화가 이윤을 억제하고 경제 침체를 유발할 거라고 예언했다[8](최근 세 번의 위기를 겪으며 내놓은 열세 번째 예언이라 할까). 분명 이것은 **아직은** 일어나지 않은 사건으로, 부분적으로는 앞에서 언급한 이유 때문이다. 코로나19를 자본주의 위기로 몰아간 메커니즘(기후위기와 관련해서는 없었던 것)은 **상대적 자율성이 확보된 순간에 시행된 자본주의 국가의**

개입이었다. 국가는 봉쇄령을 내렸고, '비필수 부문'의 생산과 소비의 포기를 강요했다. 따라서 자본주의의 둘째 모순을 활성화한 것은 위태로운 배경 조건(이 경우 생산자, 소비자 집단의 육체적 건강)을 보호하려는 국가인 것처럼 보인다. 오코너 자신도 이 같은 시나리오를 암시한 바 있지만, 지금 우리는 숫제 계량적 정보를 가지고 있다.[9] 그가 미처 생각하지 못했던 점은 둘째 모순이 어느 정도로 **첫째 모순을 활성화**할 것인가였다. 그는 이 둘을 별개로 보았고, 게다가 이 둘이 상반되는 양상으로 나타날 것이라고 예측했다.[10] 첫째 모순은 수요의 붕괴를 통해 나타날 터였다. 대신 둘째 모순은 자연 산물의 가격을 올리고, 비용 측면에서 이윤을 압박할 것이었다. (또는 첫째 모순은 잉여가치의 실현을, 둘째 모순은 잉여가치의 생산을 막을 터였다.) 그러나 이번 사건의 경우에, 자본주의가 두 번째로 쏜 총알이 그대로 직진해 첫 발을 관통하고 말았다. 이 시스템이 이토록 바싹 엎드린 적은 없었다. 자본주의는 이런 식으로 망하는 걸까?

모든 길은 종자은행으로 통한다

마르크스주의자들은 자본주의의 종말이 임박했다고 선포했다. 일부는 이번 사건을 계기로 교훈을 얻기도 했다. "우리 세대의 경

험: 자본주의는 자연사하지는 않을 것이다."[11] 발터 벤야민은 《아케이드 프로젝트》에 이렇게 적었다. 자본주의의 위기로 인해 정말로 고통받을 이들은 자본가나 그들의 시스템이 아니라 삶이 통째로 난파된, 수백만 명의(이번에는 아마도 수십억 명에 이를) 노동자들이다. 사실, 일시적으로 쇠약해진 자본주의를 끝장낼 또 한번의 기회가 날아갈 때마다, 자본주의 생산양식은 바로 그 위기를 계기 삼아 한층 더 강해지곤 했다(1973년보다 1992년에 더 강해지고, 1929년보다 1948년에 더 강해지고, 1873년보다 1896년에 더 강해지고……).* 모든 숙주보다 오래 살아남는 자본은 절대 죽지 않는 기생생물이다. 하지만, 정말 그럴까? 생각건대, 자본의 수명에도 일정한 한계선이 있을 것이다. 이곳이 금성이라면, 가치가 스스로 자기의 값어치를 매길 수는 없을 것이다. 조만간, 지구에서도 국가가 살 만한 기후라는 배경 조건을 지키려고 이런저런 메커니즘을 통해 개입하지 않는다 해도, 뜨거워진 지구는 이윤을 증발시키기 시작할 것이 자명하다. 지구 대기권 바깥에서는 돈이 불어나지 않듯, 폐허 상태의 지구에서는 금전이라는 수확물을 거둬들일 수 없다. 연속되는 재난들 속에서 실체를 드러내는 장기 비상사태를 상상해도 좋을 것이다. 즉 하나의 팬데믹 다음의 팬데

---

* 1973년은 오일쇼크가 발생한 해이고, 1929년과 1873년은 대공황이 발생한 해로, 자본주의 시스템이 위기에 빠졌던 대표적인 시점이다.

믹, 하나의 기후 충격 다음의 기후 충격, 강펀치 다음의 강펀치가 연속되는 바람에, 기반들이 과다 손상되고 급기야는 시스템 전체가 비틀거리기 시작하는 상태 말이다. 이와 유사한 사건이 적어도 한 번은 역사 속에서 일어났을지도 모른다.

2017년 출간된《로마의 운명: 기후, 질병, 그리고 제국의 종말 The Fate of Rome: Climate, Disease, and the End of an Empire》에서 카일 하퍼 Kyle Harper는 로마의 쇠퇴와 몰락에 관한 새로운 이야기를 들려준다. 이 이야기는 제국 수도의 통치자들이 기획한 야생동물의 행렬로 시작된다. 멧돼지, 곰, 코끼리, 엘크, 표범과 사자…… 이 모든 "숲의 영광", "남쪽의 경이들"은 가두행진을 한 뒤, 원형경기장에서 (그저 학살되기 위해서) 학살된다. "지구와 모든 피조물에 대한 로마의 지배를 만천하에 과시하는 날카로운 표현 양식"이었다. 그러나 야생의 자연은 복수를 도모하고 있었다. 로마제국은 지나치게 넓은 지역까지 그물을 던졌고, 이로 인해 병원체를 끌어들일 수밖에 없었다. 로마제국은 열대지방의 경계선까지 확장했고, 상인들을 보내 동쪽의 향신료를 사들였으며, 숲을 베어버렸고, 늪을 뚫고 도로를 건설했고, 이 과정에서 전에 없던 "질병의 생태 환경"을 만들어냈다. 이런 여건에서 쥐, 파리와 함께 고대 세계의 미생물들이 제국의 중심부로 끌려갔고, 대소변과 구강을 통한 감염은 무제한의 자유를 누렸다. 역사상 최초의 팬데믹을 위한 세포배양 판petri dish이었다. 하퍼는 이것을 우리 시대의 관심사에 연결한다. 하퍼는 텔레비전을 켜놓은 채 글을 쓰는데, 니파, 에볼라, 사스, 메르스를 로마인들이 맞서 싸워야 했던 상대와 연관성 있는 것들로 언급한다.[12]

게다가 로마인들이 살던 시대에는 기후도 유동적이었다. 로마인들은 안정된 습도, 온도, 기후 속에서 문명을 건설했지만, 여정의 중간쯤에 이르자 이러한 조건들이 더는 유효하지 않게 된다. 제국을 먹여 살리던 농경지가 말라붙었는데, 어쩐지 오싹한 이야기다. 어느 곳이든, 계절을 미리 알리는 달력은 사라진 듯했다. 증기기관이 발명되기 1500년 전에 있었던 이 기후변화는 인류가 초래한 게 아니었다. 지구의 궤도 변화, 태양에서 오는 에너지 양의 미미한 변화 그리고 일련의 화산 폭발 때문이었다. 그럼에도 하퍼는 산림 파괴가 지역적 원인이었을 가능성을 열어둔다. 산림이 사라지자 구름도 사라졌다는 이야기다. 이 대재앙의 효력은 시간이 지나도 줄어들지 않았다.

하퍼에 따르면, 로마는 비틀거리며 멸망의 길로 나아갔다. 2세기 후반, 아프리카에서 발원한 세균이 제국의 심장부로 침투해 수백만 명을 감염시켰고, 감염자들은 발열, 구토, 병변病變, 발진, 출혈에 시달렸다. 서구 역사상 최초의 팬데믹인 이 안토니누스 역병Antoninus Plague은 사람들을 풀 베듯 베어버렸고, 제국을 쇠퇴의 길로 몰아갔다. 하지만 얼마 지나지 않아 로마는 다시 고지로 올라섰다. 그러다 3세기 중반, 극심한 가뭄이 2차 감염병과 결탁해 두 배의 힘으로 제국을 엉망으로 만들어버렸다. 이번 감염병은 독감 바이러스가 일으켰을 가능성이 있었다. 하퍼가 보기에, 이 바이러스는 교란된 기후의 자극을 받은 철새들이 돼지, 가금류 농장 위로 날아가면서 확산했을 것이다. 그 결과 제국의 에너지 저장고의 비축량이 줄어들기 시작했다. 4세기 후반, 중앙아시아의 부족이자 "말 탄 무장 기후 난민"[13]인 훈족이 고트족을 압박하자 고트족은 서쪽으로 밀려들었는데, 서쪽의 문은 그들의 압력을 견디지 못했다. 결국, 고트족 무리들은 이탈리아로 들어가게 된다. 6세기 초반, 유스티니아누스 역병Plague of Justinianus 그리고 고대 후기 소빙하기Late Antique Little Ice Age가 당시까지 전 세계에 알려진 가장 위대했던 문명에 최후의 일격coup de grâce을 가했다. 요컨대, "전염병과 기후변화의 융합물에 제국의 힘은 단기간에 소진돼버렸다".[14] 좀 더 명료한 이해를 돕기 위해, 하퍼는 최후의 대학살에서 살아남은 생존자의 증언을 덧붙인다. "세상의 종말은 이제 더는 예측 대상이 아니다. 세상의 종말은 이제 자신을 직접 드러내고 있다." 이 말은 우리 시대를 위한 지혜의 말이었다. "(인간이 자연을) 통제하고 있다는 환상이 지속됨에도 불구하고 자연의 복수가 자기 힘을 분명히 드러내기 시작하는, 너무 이른 시기에 지구화된 세상…… 이 세상의 풍경은 그리 낯설지 않게 여겨질지도 모르겠다."[15] 하퍼의 책 마지막 페이지에서 우리는 이러한 문장을 읽게 된다.

위와 같은 해석은 진실이라기에는 지나치게 끼워 맞춘 해석인지도 모르겠다. 일반적인 독서 대중과 다소 동떨어진 자리에서 일어나곤 하는 논쟁에서(재레드 다이아몬드가 쓴, 과학적으로 평판 나쁜 베스트셀러《문명의 붕괴Callapse》출간 후 일어난 사건과 비슷하게) 고대 후기와 기후변화에 정통한 대표적 마르크스주의 역사학자인 존 핼던John Haldon은 다섯 명의 전문가와 팀을 꾸려《로마의 운명》을 논박하는 책을 출간했다. 논박은 세 가지 방향으로 진행되었다.[16] 주제마다 이들은 하퍼가 제시한 논거를 건드리며 발목을 잡았다. 이들에 따르면 하퍼는 각 사건을 편의대로 골라냈다. 한 파피루스를 읽고는 결론으로 바로 비약하는가 하면, 엉뚱한 시기의 자료를 활용했고, 기상 관측 결과를 오독했으며, 대규모 사망 사건의 증거로서 빈약한 논거를 제시했고, 시기를 발명하기도 했다. 다시 말해, 흥미진진한 이야기를 꾸며내기 위해서라면, 어떤 것도 마다하지 않았다. 또는 이것이 핼던과 동료들의 주장이었다. 나는 지금 여기서 로마 유적지들을 거닐며 정밀히 조사한다거나 논거가 얼마나 적합한지를 평가할 마음은 없다. 그러나 하퍼는 지나친 단순화의 오류를 범한 것처럼 보인다. 무엇보다, **환경적 압박 요인이 어떻게 지배계급의 고난으로 이어졌는가**라는 핵심 질문을 생략했다. 하퍼는, 이러한 일이 당연히 일어났을 거라고 가정할 따름이다. 이 지점에서 하퍼의 주장은 오코너의 한 가지 경향성에 상응한다. 생태적 시련이 언제라도 권력을 쓰러뜨릴 것이라는 일종의 환경결정론 말이다. 그러나 생태적 재난이 계급, 국가, 그리고 다른 사회적 주체들의 관계를 통해 사람들에게 어떤 식으로 전달되는지는 반드시 조사해야 하는 사항이다. "단순히 인과관계를 가정하는 것으로는 충분하지 않다"고 핼던과 동료들은 훈계한다.[17] 더 나쁜 것은, 곧 붕괴할 것처럼 보이는 우리 문명과 비슷한 방식으로 고대 문명들이 붕괴했다고 단순히 가정하는 것인데, 이는 확실히 사태를 호도하는 주장이다.

최근 이 분야의 학자들은 이런 식의 가정에 유혹되었다.[18] 현재의 발전 경향을 오래전에 일어났던 일로 읽어내는 것 말이다. 만일 사회 붕괴와 기후변동과 (덜 흔하지만) 감염병의 상관관계를 찾아낼 수 있다면, 유혹에 넘어간 이들은 인과관계를 알아냈다고 발표할 것이다. 경종을 울리는 이야기를 사냥하는 여정에서, 이들은 시간의 안개 속에서 또 다른 타이타닉을 만들어내 오늘을 살아가는 승객들에게 보여줄 것이다. 이들은 이런 식으로 일종의 목적론을 건축해낸다. 이 목적론에 따르면, 인간 문명은 언제나 환경을 통해 자멸해가는 경향을 보였고, 이 경향은 역사 속에서 악화되기만 할 뿐이었다. 이 그림은 어떤 매개도 없이 과거와 현재를 곧바로 대칭시킨다. 재난이 발생하고, 문명은 붕괴한다는 그림.

그러나 이번에는 질적으로 다를 것이다. 여러 이유가 있지만, 크게 두 가지 근본 이유 때문에 그러하다. 첫째, 인류사에서 일어났던, 인간이 유발하지 않은 기후변화의 사건들은, 술집 싸움판을 인종 대학살에 비교할 수 없는 것처럼, 우리 시대의 지구온난화에 비교할 수 없다. 인류라는 종족이 무서울 정도로 신속하고 위험천만한 지구 기후 시스템의 불안정화를 목도한 적은 단 한 번도 없었다. 지역 수준의 기후변동이 과거의 문명 붕괴들에 일조했다는 점에서, 과거의 붕괴들은 지금 우리의 문제와는 완전히 다른 문제들이었다. 나일강 수위의 저하는 그런 사건들 가운데 첫 사건, 즉 고대 이집트 왕국이 무너진 사건의 한 가지 원인으로 제시되었다. 그러나 강의 수위가 내려갔다고 해서 고대 이집트 왕국의 신민들이 아예 살 수 없게 된 것은 아니었다. 오히려 파라오가 사라지자 착취의 멍에가 걷혔고, 강둑 주변의 땅이 자유의 손길에 의해 경작될 수 있었다. 그에 따라 이집트 노동자들의 삶은 모든 면에서 **개선**되었다.[19] 로마제국의 몰락 역시 평민들에게는 그와 유사한 신의 선물이었을지도 모른다. 비잔티움의 손아귀에서 벗어난 후 이슬람의 품에 몸을 던진 것을 보면 그렇다. 고대 문명의 붕괴 과정에서 민중이 느꼈던 안도는 예외라기보다는 법칙이었던 것으로 보인다.[20] 다시 말해, **그러한 제국들이 자멸하도록 내버려두는 편**이 피지배계급의 물질적 이익에 부합했을 테고, 그들은 고혈을 **빼는 자들**bloodsuckers이 사라진 가운데 삶을 재개할 수 있었을 것이다. 그러한 밝은 희망이란 우리 시대에는 존재하지 않는다. 지금까지 알려진 바에 따르면, 만일 《로마의 운명》 시나리오가 하퍼가 예상하는 바대로 전 지구적 규모로 펼쳐진다면,

만일 자본주의의 둘째 모순이 이 지구에서 자본주의를 기진맥진하게 만든다면, 생명이라고 부를 수 있을 만한 귀중한 생명은 거의 남아 있지 못하게 될 것이다. 금성의 상태로 변해가는* 뜨거워진 지구는 새로운 출발에 적절한 장소일 수 없을 것이다. 우리의 역사적 과업은 고대인들이 마주한 적이 없는 것이다. 그것은 스스로 삶을 조직해내는 모든 생명체에 긴요한 삶의 기반을 파괴하면서 동시에 자기 자신도 파괴하고 있는 문명의 자기 파괴 행위를 멈추기 위해 의식적으로 개입하는 것이다. 우리가 마주하고 있는 위험은 분명, 너무나 많은 피해가 발생한 뒤에야 비로소 기후라는 둘째 모순이 집에 들이닥칠 위험이다.

둘째, 로마제국은 1917년을 경험하지 않았다. 이집트도 메소포타미아도 마찬가지였다. 로마만을 두고 말하자면, 로마는 **의식적으로 제국 문명을 넘어서려 시도하면서** 거대한 제국 영토를 파열시키는 혁명을 단 한 번도 경험하지 못했다. 그후로도 오랫동안, 같은 반反로마 진영에서 나온 운동과 정당들이 귀족과 민중의 의제를 좌우하지도 못했다. 로마의 공공 광장Forum Romanum에서는 실수 없이, 더 나은 방식으로 '10월혁명'의 목표를 어떻게 성취할지를 둘러싼 논쟁 비슷한 것도 벌어지지 않았다. 내부에서 자체 모순을 극복하려는 움직임은 오직 자본주의 문명에서 나왔다. 오늘

---

* 금성의 평균 기온은 절대온도 740K(섭씨 약 467도) 정도로 알려져 있다.

날 자본주의 문명은 또 하나의 고대 아틀란티스처럼 보일지도 모르겠다. 만일 우리가 오래된 비상사태의 시기를 이번 새천년으로 본다면, 조직화된 반자본주의 세력은 처음부터 대부분 힘이 빠져버린 역사적 세력이었다. 그러나 아직 깡그리 무시해버릴 수 없는 한 가지 가능성이 남아 있다. 앞서 언급한 유산의 일부가 쇠락의 도정에서 뒤늦게 돌아올 가능성 말이다(로마제국에서는 그럴 가능성이 결코 없었다). 사회주의는 오래된 비상사태를 위해 마련된 종자은행이다. 이 반자본주의 공통계통군clade*은 효력 있는 의식적 개입 전략을 모색하는 과정에서 탄생했다. 지금 부활해야만 하는 것은 정확히 의식적인 개입의 정치일 터다. 이것 말고 조금이라도 쓸모 있는 것이 있을까?

사회민주주의를 위한 짧은 부고

여기서 우리는 무자비할 정도로 개략적이고 삼단논법에 입각한 논의를 해야 한다. 우리가 지금 알고 있는 사회민주주의가 현재의 모습으로 분화하기 시작한 시점은 에두아르트 베른슈타인Eduard Bernstein이 혁명의 정통성에 의문을 제기하기 시작했을 때

---

* 공통 조상에서 갈라져 나온 생물종들을 뜻한다.

였다. 그가 제시한 핵심 원칙은 위기의 부재였다. 사회주의 진영의 스티븐 핑커인 베른슈타인은 과거 20~30년간 어떤 심각한 위기도 자본주의 경제를 뒤흔든 적이 없다는 사실을 지적했다. 이러한 그의 입장은 붕괴로 치닫는 경향을 보이는 자본주의 체제에 관한 마르크스적 예측을 무력화하는 것이었다. 그가 보기에, 자본주의 체제는 쉽사리 작동 불능 상태로 나아가지는 않았다. 따라서 권력을 장악하고 노후한 자본주의를 박살내고 완전히 다른 질서를 세우자는 생각은 더는 불필요했다. 대신, 사회민주주의가 계속해서 힘을 길러서 점진적 개혁을 성취하고, 속도가 느리긴 하지만 노동자계급을 수렁에서 구해낼 수 있을 것이었다.

유명한 이야기이지만, 로자 룩셈부르크Rosa Luxemburg는 위기로 치닫는 경향이 잠시 지연된 것일 뿐이라며, 베른슈타인의 입장에 반대했다.[21] 머지않은 시점에, 이 경향은 한층 더 가공할 힘과 함께 터지고 말 것이다. 이제 막 자기 조직화를 하던 사회민주주의자들은 룩셈부르크의 예지를 무시한 채 자신들의 입장을 밀어붙여, 임박한 파국을 어떻게 다룰 것인가를 두고 첫 대안을 제시했다. 바로 동의를 통해 파국을 오히려 촉진하는 것이었다. 사회민주주의라는 분파가 생긴 이후로, 사회민주주의자들에게 파국만큼 불명예스러운 계기는 없었다. 자신들의 고국에서, 그들은 20세기의 2차 주요 재난인 나치즘의 대두에 비슷한 방식으로 대처했다. **나치의 권력 장악**Machtergreifung이라는 상황에 이르도록 모든 우파 정부를 용인했는가 하면, 이른바 제3제국을 멸망시키는 데 아무런 역할도 하지 않은 것이다. 사회민주주의가 전성기를 맞이한 것은 근현대 역사상 가장 평온한 사회가 도래했을 때였다. 최고 중의 최고는 아마도 1950년대부터 1970년대 중반까지의 스웨덴 사회일 텐데, 최근 미국 내 젊은 사회민주주의자들 사이에서는 이 시기 스웨덴이 찬미의 대상이기도 하다. 한 가지만은 확실하다. 그러한 평온한 날들이 장기 비상사태 시국에서는 돌아오지 않을 것이다.

사회민주주의는 "시간은 우리 편"이라는 가정 위에서 생명력을 유지한다. 시간이 엄청나게 많아야만 한다. 그런 경우라면 우리는 좋은 사회를 향해서 천천히, 상승 계단을 밟아가며 이행할 수 있을 것이다. 적대 계급과 정면으로 충돌하고 그들의 권력을 깨부술 필요도 없다. 그러느니 차라리 물방울처럼 스며들어 바꾸는 방식을 택할 것이다. 그러나 만일 파국이 들이닥친다면, 늘 파국이 양산된다면, 개혁 일정이 적힌 달력은 전부 찢겨나가고 말 것이다. 이제 사회민주주의는 둘 중 하나를 할 수 있을 것이다. 시간을 따라 계속 흘러가 파국 속으로 깊숙이 들어갈 수도 있고, 아니면 또 다른 색채의 사회주의를 건설할 수도 있을 것이다. 그런 사회주의란, 시간이 다 됐기에 현 상태로는 10년도, 아니 단 1년도 더 견딜 수 없다는 점을 인정하는 사회주의다.

현존 사회민주주의 정치 세력이 할 역할은 아무것도 없다고 주장하려는 것이 아니다. 정반대로, 지난 몇 년간 그랬듯이 이들은 지금 최고의 희망일지도 모른다. 2019년 제러미 코빈이 영국 총리가 되고 2020년 버니 샌더스가 미국 대통령에 당선되는 것만큼 지구에 좋은 일도 없었을 것이다. 만약 이들이 고전적 자본주의의 두 요새를 장악했다면, 현재의 위기 그리고 석유산업의 다른 위기를 기성 체제와의 단절로 전환할 가능성이 실제로 생겼을 것이다. 이것은 장기 비상사태 국면에서 사회민주주의적 정치가 최소한의 목표(모두를 위한, 견딜 만한 삶 같은)를 포기하지 않도록 **자신을 넘어서야만 한다는 것**을 의미할 뿐이다. 마치 신자유주의 정부들이 자신들을 압박하는 사건들 속에서 자신들만의 도그마를 넘어서야만 했듯이 말이다. 점진주의를 위한 시대는 이제 끝났다.

아나키즘을 위한 짧은 부고

아나키즘의 알파와 오메가 : 국가가 문제이며, 국가 없음이 해결책이다. 스탈린주의의 세기가 1989년의 흐느낌과 함께 종말을 고한 후, 아나키즘은 많은 이들에게 호소력 있는 사체 해부 이론이자 만병통치약처럼 보였다. 베를린 장벽 붕괴 이후의 사회운동은 고목에 달린 자유지상주의적 나뭇가지 쪽으로 기울어졌다. 이러한 유물을 내면화하며 성년에 이른 활동가들은 수평적 네트워크를 이상화하고, 리더십을 경멸하며, 일체의 사회적 기획들을 일축하는 법을 배우게 된다. 또 이들은 국가 장악을 굴락Gulag(강제노동수용소)으로 가는 고속도로라며 비난하고, '집권 없이 세상을 바꾼다' 같은 의사 아나키즘 슬로건을, 아니면 아나키즘 전체를 수용하는 법을 배운다.

아나키스트 장학금도 쏟아져 나왔는데, 이 장학금 운동에 앞장선 대표 인물이 제임스 C. 스콧James C. Scott이다. 그는 특이하게도 감염병학(신석기 혁명이 건강에 초래한 나쁜 결과)에 관심을 둔, 존경받는 아나키스트 사상가이다. 만악의 근원인 국가, 해결책인 국가 소멸이라는 이 대구는 스콧의 저작 전반에 걸쳐 흐른다. 그런데 실제로 이것은 무슨 뜻일까? 진정한 아나키스트로서 스콧은 정치적 요구 사항을 공식화해서 말하는 것을 싫어한다. 하지만 《우리는 모두 아나키스트다Two Cheers for Anarchism》에서 스콧은 세상을 더 나은 곳으로 만들기 위한 구체적 제안 하나를 역설한다. 도로에서 교통신호등을 없애자는 제안이었다. 사람들을 무력화하는 국가의 손만 도로에서 사라진다면, "책임지는 자세로 임하는 운전과 시민 간의 예절"이 활발해질 것이라는 이야기다.[22] 테헤란이나 카이로 같은 도시의 부촌이 아닌 구역에서 자동차를 몰아본 적이 있는 이라면 누구라도 이 묘책에 의구심을 표하겠지만, 이 주장은 아나키즘의 논리를 충실히 재현하고 있다. 우리의 등 뒤에서 국가를 치워버려라. 도로에서도, 일터에서도, 나아가 모든 곳에서.

이 주장은 코로나, 아니면 기후에 어떻게 적용될 수 있을까? 팬데믹이 발생한 후 초기 몇 주간, 우리는 '상호부조'의 개화를 목격했다.[23] 지역사회는 모임을 꾸려 극도의 곤경에 빠진 이들을 도왔다. 처방전을 대신 받고, 자가격리 중인 노인들을 대신해 장을 보고, 마스크를 나누어주고, 푸드뱅크를 만들었다. 화장지, 생수, 속옷 등으로 구성된 구호 키트를 제공했으며, DIY 정신으로 손 소독제를 생산했다. 이들은 페이스북이나 왓츠앱을 통해 이 모든 일을 조율했고, 리더를 정하는 경우는 극히 드물었다. 어떤 이들은 아나키스트들이 오랫동안 예찬하며 도래를 예고했던 상호부조 유토피아의 모습을 발견하기도 했다.[24]

리우데자네이루의 빈민가에서는 또 다른 부류의 공동체가 자발적으로 코로나 사태에 개입하고 나섰다.[25] 바이러스가 빈민가를 초토화하는 것을 막고자 통행금지령을 내리고 순찰을 돈 마약 밀매상들 이야기다. "정부가 없기 때문에 밀매상들이 이런 행동을 하는 거죠. 당국은 우리한테 아무 관심도 없어요." 시다지지데우스Cidade de Deus*의 한 주민이 《가디언》지에 한 발언이다. 물론 이것은 이상적인 상황이 전혀 아니다. 오히려 지배계급 중에서

---

* 리우데자네이루 서부의 빈민촌. 영화 〈시티 오브 갓City of God〉(2002)의 배경이 이곳이다.

가장 사악한 분파에 의존하고 있고, 심각한 기능장애 상태에 빠진 어느 국가가 보이는 병증에 더 가깝다. 사실, 가장 취약한 이들을 위해 가장 큰 일을 한 상호부조 사업은 아마도 그토록 형편없지만 않았더라면 **국가가 책임지고 수행해야 했을** 과제이다. 제대로 작동하는 복지 기구를 갖추고 국가가 보호해주는 지역사회가, 국가 부재 상황에서 간신히 생존해야만 하는 처지의 지역사회보다 훨씬 더 건강한 법이다. 교통신호등 폐지 논리에 부합하는 사회정치적 요구가 팬데믹에 갇힌 사람들을 도울 수 있을지, 나는 모르겠다. 다시 말해, 우리는 여전히 앞서 본 모델*의 왼편에서 빠져나올 수 없는 신세다.

아나키즘의 알파와 오메가의 오류를 입증한 두 사건이 2010년대를 열고 닫았다고 말할 수도 있다. 바로 아랍의 봄과 코로나19이다. 아랍의 봄에 관한 가장 신랄한 분석인《혁명가 없는 혁명: 아랍의 봄 이해하기Revolution without Revolutionaries: Making Sense of the Arab Spring》에서 아세프 바야트Asef Bayat는 행정 권력의 완벽한 부재로 인해 이집트혁명의 핵심 기획들이 어떻게 물거품이 되었는지를 보여준다. 이집트혁명의 주체는 결코 국가를 장악하지 못했다. 때문에 이집트의 국가권력은 계속 반혁명 세력의 손아귀에 놓여 있었고, 시간을 번 이들은 무바라크 독재정권의 몰락에서

* 변증법적 팬데믹 재난 모델을 말한다.

얻은 모든 성과를 무효로 돌릴 수 있었다. 혁명에 실패한 이유가, 겨울 궁전*으로 밀고 들어갈 기회가 열렸음에도 운동 세력이 그렇게 하지 않은 데 있다고 설명하기도 한다. 혁명운동 진영은 아나키스트 시대정신으로 일어섰다가 이와 함께 주저앉았다.

> 혁명가들은 국가를 인수할 계획이 없었으므로 권력구조 밖에 남아 있었다. 후기 국면에서야 그들은 구체제를 통제하는 데 필요한 자원(통일된 조직, 강력한 리더십, 전략적 비전 그리고 **어느 정도의 강제력**)이 부족하다는 사실을, 국가를 장악할 계획이 필요함을 깨달았다.[26]

그들은 이슬람교도 같은 다른 반동 세력을 통제하는 데 필요한 자원도 가지고 있지 않다는 사실을 깨달았다. 국가의 부재는 아랍의 봄에서 해결책이 아니었다. 코로나19에서도 국가 자체는 문제가 아니었다. 그리고 장기 비상사태의 경우, 모델의 오른쪽에서 요구되는 것이 있다면 어느 정도의 공권력일 것이다.

---

* 차르의 옛 궁전으로, 러시아 10월혁명 때 무장 혁명 군중이 여기 세워진 임시정부를 기습했다.

임박한 파국에 어떻게 대처할 것인가

1917년 9월 둘째 주, 블라디미르 일리치 레닌은 장문의 글을 작성했다. 〈임박한 파국에 어떻게 대처할 것인가〉.[27] 글은 이렇게 시작한다. "피할 수 없는 파국이 러시아를 위협하고 있다." 죽음의 숨결이 대지를 뒤덮고, "모두가 그것을 말하고 있다. 모두가 그렇다고 수긍하고 있다. 모두가 사태가 그러하다고 판단했다. 그러나 어떤 조치도 취해지지 않고 있다". 20세기 파국의 원형인 1차 세계대전은 러시아와 교전국들을 피로 물들였고, 문명 자체를 죽음으로 몰아넣은 것처럼 보였다. "이 전쟁은 너무나도 거대한 위기를 만들며, 사람들의 물질적·도덕적 힘을 너무나도 고갈시켰고, 근대사회 조직 전체에 너무나도 강력한 타격을 입힌 나머지, 이제 인류는 소멸의 길"과 "더 우월한 생산방식"으로의 이행 "가운데 하나를 선택해야" 했다. 러시아 앞에는 기아飢餓의 유령이 출현해 있었다. 이 전쟁은 러시아를 너무나도 갈기갈기 찢어놓아서 보통 때라면 기본적인 공급을 보장했을 모든 생산 기구와 물류 체계가 작동 불능 상태가 되어버렸고, 전쟁이 계속되는 한 이를 수리할 수도 없었다. 이것만으로는 충분하지 않다는 듯, 1917년 봄 대규모 홍수가 도로와 철도를 물바다로 만들었다.[28] 1917년 8월에는 돌연 새로운 양상의 위기가 찾아왔다. 곡물 가격이 두 배로 급상승했는가 하면, 상트페테르부르크 시민들은 빵

없이 생존해야 하는 난국에 직면했다. 당시 한 정부 관료는 이렇게 고발했다 "기아, 진짜 기아가 여러 도시와 지방을 점령했다. 영양원의 절대 결핍, 그 적나라한 기아로 인해 이미 수많은 이들이 죽어나가고 있다."[29]

레닌이 앞서 언급한 글을 쓴 것은 바로 이런 상황에서였다. 10월을 향해 나아가던 그와 볼셰비키의 발걸음은 지독한 비상사태와 마주해 잠시 멈추게 된다. 앞에도 전쟁, 뒤에도 전쟁, 옆에도 전쟁이었고, 기아의 전진은 멈출 줄을 몰랐다. 레닌은 체제 붕괴에 집착했다. "우리는 점점 더 빠른 속도로 파멸에 가까워지고 있다"[30]고 그는 썼다. "진보의 걸음은 찾아볼 길 없고, 도저히 막아낼 수 없는 혼돈은 확산하기만 한다. 전례 없는 파국과 함께 나타난 기아는 시간이 갈수록 국가 전체에 더욱 거대한 위협으로 진화해가고 있다." 무엇을 해야 할까?

이 질문에 대한 일부 해답은 참전국들이 이미 제공하고 있었다. 이 국가들은 자국의 푸드 시스템이 완전히 붕괴하는 것을 막기 위해 전쟁 전의 자유주의적 교리라면 결코 허가하지 않았을 방법으로 시장에 개입했다. 파리에서 상트페테르부르크까지 각국 정부는 "통제 조치 **일체**를 계획하고 결정하고 적용하고 시험했는데, 한결같이 사람들을 단합시키고 노동조합을 설립하거나 장려하는 조치들이었고"[31] 배급을 하거나 소비를 규제하는 것들이었다. 당시 상황은 "가장 극단적인 실용적 조치들"을 요청함으로써 그런 조치야말로 "탈출구라고 말하고 있었다. 왜냐하면 극단적 조치가 취해지지 않으면 죽음이, 기아로 인한 즉각적이고 확실한 죽음이 수많은 이들을 기다리고 있었기 때문"이다. 하지만 그런 조치들은 분명한 한계가 있었는데, 파국의 동인이 아닌 병증에 관한 조치였기 때문이다. 이 제국주의 전쟁과 "원동천原動天, primum mobile"*—단순하고 일상적인 자본축적—은 활동을 멈추지 않았고, 이로써 각국의 조달 체계는 붕괴 직전으로 내몰렸다. 러시아는 숫제 붕괴되고 말았다. 바로 이때 레닌은 다음과 같은 제안을 내놓았다. 다른 참전국들이 이미 제도화한 통제 조치들을 취하고 나아가 수준을 한 단계 더 높여 **파국의 동인에 맞서도록** 활용하는 것.

구체적으로, 레닌의 제안은 이러했다. 첫째, 전쟁의 종식이었다. 둘째는 곡물 공급의 통제, 대지주의 농산물 비축분 몰수, 은행과 기업 연합들의 국유화, 주요 생산수단 사유제의 종식. 요컨대 혁명이었다. 몇 달간 레닌이 계속해서 선동했듯, 최악의 파국을 저지하기 위한 혁명이었고, 그렇기에 미뤄져서는 안 되는 혁명이었다. 무능한 케렌스키 정부가 추진한 질서 회복 시도에 맞

---

* 중세에 프톨레마이오스가 지동설을 통해 제안한, 모든 천체 운동의 중심. 첫 번째로 움직이는 것이라는 뜻이다. 지구를 중심으로 봤을 때, 가장 바깥에서 움직이는 구이기도 하다.

서, 레닌은 이렇게 일갈했다. "체제 붕괴를 피하기란 **불가능**하다. 부르주아의 질서를 부정하고 혁명적 조치들을 통과시키지 않는 한, 세계 자본주의가 키워낸 기아 그리고 제국주의 전쟁이라는 끔찍한 괴물의 발톱에서 **빠져나가기란 불가능**하기 때문이다."[32] 레닌의 수사적 승부수는 혁명적 조치에 필요한 수단이 아주 가까이에 있을 뿐만 아니라, 그것은 뒤흔들 수 없다고 공언하는 것이었다. "국가의 책무란 이미 널리 알려져 있고 일찍이 사용된 적도 있는 여러 통제 조치들이 저장된 창고를 자유롭게 활용하는 것뿐이다." 사실 레닌은 임박한 파국과 맞서려는 어떤 국가도, 다른 국가들과 어떤 관계를 맺고 있든, 그러한 급진적 조치들을 취해야만 할 거라고 단언했다. 객관적 상황을 따져보면 다른 선택의 여지가 있을 수 없었다.

자, 여기서 잠시 우리 모두 알고 있는 (결코 간단치 않은) 역사적 복잡함을 일단 제쳐둔다면 작금의 상황 논리가, 필요한 만큼 수정된다고 전제할 경우, 당시의 상황 논리와 그다지 다르지 않음을 알아챌 수 있을 것이다. 그렇다면 오늘날, 어떤 통제 조치들을 생각할 수 있을까? 여기서도 우리는 개략적 스케치 수준에만 머물러야 할 것이다.

그렇다, 이번 적은 치명적일지도 모르지만, 그렇다고 천하무적은 아니다

만약 선진 자본주의 국가들이 다음과 같이 공표했더라면, 팬데믹의 위험에 제대로 대처했다고 주장할 수도 있었을 것이다.

오늘 우리는 우리나라를 통과하는 공급망과 수입품의 유통 일체에 대해서 포괄적인 감시를 개시한다. 우리의 경이로운 감시·정보 수집 능력을 활용하여 관심의 초점을 국민에서 기업들로 옮겨, 그들의 장부를 열어볼 것이고, (이에 관해서는 과학자들이 탁월한 능력을 보여주고 있는) 투입과 산출을 철저히 분석할 것이며, 그들이 열대 지역의 대지를 얼마나 수탈했는지 확인할 것이다. 그런 연후, 열대우림에 침투한 공급망을 차단해 수탈을 종식하고, '필수' 공급망으로 분류될 경우 일부 공급망을 다른 지역으로 옮길 것이다. 모든 노란다, 모든 스칸스카와 엔지*가 추방될 것이다. 현재 모두를 위협하고 있는 불평등 교환이라는 괴물의 발톱을 뽑을 때이다.

우리는 과거 북반구의 소비에 희생되었던 열대 지역이 다시금 예전의 숲과 야생을 회복하도록 합당한 금액을 지불할 것이다.

---

* 노란다는 캐나다의 채광·엔지니어링 기업, 스칸스카는 스웨덴에 본사가 있는 다국적 건설 기업, 엔지는 프랑스에서 시작된 다국적 전력 기업이다.

이것은 해당 지역 국가의 수출 수익 중 손실분에 대한 보상이 될 것이다. 하지만 이 보상은 자선도, 국가 예산 유출도 아니며, 지구의 거주 가능성, 즉 우리의 건강과 안보를 좌우하는 안식처를 마련하고 유지하기 위한 지속적 투자일 뿐이다. 여기서 우리는 그저 다음과 같은 과학자들의 권고를 아무 조건 없이 따를 뿐이다. (앞으로 우리는 국영방송에서 과학자들의 정례 브리핑을 듣게 될 것이다.)

속히 산림 파괴를 중단하고 전 지구적 규모로 조림과 산림 복구에 투자할 필요가 있다. 바이러스 감염병 발생에 대응하는 과정에서, 질병의 확산을 근절하고, 인간에게 여러 서비스를 제공하며, 진단·치료·백신 접종 전략을 세우는 일에 천문학적 규모의 자금이 투입되고 있다. 그러나 산림녹화, 야생동물 서식지 존중과 같은 가장 중요한 예방법에 기울이는 관심은 없다시피 하다. 우리는 치명적 바이러스들을 품고 있는 산림과 생물다양성의 중요성을 깨달아야만 한다.[33]

이 인용문은 코로나19 사태 속에서 절망감을 토로했던, 중국에서 일하고 있는 네 명의 과학자들의 발언이다.

몇 년간, 비슷한 충고가 잇달았다. "바이러스로 인한 인수공통 감염병을 예방하는 가장 효과적인 방법은 자연의 보유 숙주들과 인류 사회 사이의 장벽을 존속시키는 것이다."[34] 장벽이라고? 현재 인류 사회에는 본성상 이것을 인정하지 못하는 힘이 작용하고 있다. 그러나 다시 말하지만, 과학자들은 이렇게 말한다. "가장 효과적으로 인수공통감염병의 위협에 대처할 수 있는 장소는 야생동물과 인간 사이의 접촉 지대이다. 여기서 핵심 과제는 야생동물과 그들의 서식지를 함께 보호하는 것이다."[35] 이것은 가장 효력이 높은 처방이면서, 동시에 비용 면에서도 가장 효과적이다. "위험도가 가장 높은 신종 감염병EID 핫스폿 국가의 팬데믹 완화 프로그램에 고소득 국가들의 자원을 투입하는 것이 세계 보건 안보에 시급한 과제로 자리 잡아야 한다"[36]고 파이크 페이퍼는 지적하고 있다. 이 보고서는 그러한 투자가 10배의 수익으로 돌아올 것으로 추산한다. 코로나19 사태가 일어나기 6년 전에 작성된 이 보고서는 인수공통감염병 팬데믹이 세계 경제에 안겨줄 피해를 추정하면서, 원인 자체를 줄이는 것(무역이 주도하는 농장, 축산업, 임업, 광업을 제어하는 것)이 돈을 아끼는 환상적인, 최적의 방법일 것이라고 밝히고 있다.

물론 이러한 제안이 실현된다는 보장은 전혀 없다. 그러나 북반구 국가들이 이성이라는 대의에 따라 다음과 같이 선포한다고 상상해보자. **이 길은 우리와 이 지구에서 살아가는 모든 이들을 위해 옳은 길이며 또 필요한 길이다.** 이러한 결정의 직접 수혜자는 바이러스 확산의 첫 희생자이게 마련인, 열대우림이나 인근의 거주민들일 것이다.[37] 하지만 이러한 조치는 이 다모클레스의 칼* 아래에서 죽을 때까지 살아갈 우리들의 목숨 역시 구해줄 것이다.

이런 식으로, 자연과 인간의 전쟁은 종식되기 시작할 것이다. 그 시발점은 열대와 인근 지역 국가산 육류의 수입을 금지하는 행동일 것이다. 이런 육류보다도 더 '비필수적'인 것이 있을 수 있을까? 우리가 보았듯, 소고기는 열대라고 불리는 생물다양성의 원더랜드를 가장 심각하게 파괴하는 상품이다. 종류를 막론하고 육류 소비는 대지를 망치는 가장 확실한 방법이며, 넓은 범위의 산림 복구 사업은 육류 소비가 줄어들 때에만(게다가 100억 명 또는 그 이상의 인구에게 단백질이 필요하다는 점도 감안하면) 유의미하다. 아마도 모두에게 가장 유익할 결론은, 인류가 모두 채식주의자가 되는 것이다. 이렇게 되면, 우리는 야생의 자연으로 돌아가고, 경제가 병원체의 풀pool에서 분리될 가능성이 열릴 것이다.[38] 정반대로, 육류 소비의 증가는 더 깊은 수렁으로 들어가는 가장 빠른 방법이다. 하지만 경제가 지금처럼 돌아가는 한, 북반구의 비건도 베지테리언도 범죄에서 완전히 자유로울 수 없다. 콩, 팜유, 커피, 초콜릿은 육류만큼이나, 또는 그보다 더 많이, 우리의

* 다모클레스Damocles는 기원전 4세기 시칠리아 시라쿠스의 참주 디오니시우스 1세의 신하였다. 디오니시우스가 자신을 부러워하는 다모클레스를 연회에 초대하여 한 가닥 말총에 매단 칼 아래 앉히고, 권력자의 불안과 위험을 보여주었다고 한다. 권력의 운명 외에, 절박한 위기 상황에 대한 비유로 쓰인다.

배 속으로 계속 흘러 들어가고 있기 때문이다. 바이러스 확산을 막는 통제 조치는 식단 가이드라인이 아니라 세계지리학적, 생태학적 지식을 따라야 한다. 박쥐에 관한 우리의 지식을 생각해볼 때, 그들의 서식지에서 스테이크가 나오든, 팬케이크가 나오든, 서식지 보호를 우선순위에 놓아야 하는 것이다.[39]

분명, 이런 사업의 시행 주체는 국가여야 한다. 브리스틀의 어떤 원조 단체도 이런 사업을 가상으로조차 시작할 수 없다. "우리에게는 (일정한 이행기 동안에는) **국가**가 필요하다. 바로 이것이 우리를 아나키스트들과 구별 짓는다."[40] 레닌의 말이다. 아니면 월리스의 말을 들어볼까. "이러한 잠재적 재앙 앞에서, 현재의 팬데믹을 유발하는 원동력인 플랜테이션들과 단일 동물 농장들에 엄혹한draconian 제한을 두는 것이 가장 분별 있는 처사로 보인다." '엄혹한'이라는 단어를 주목해보시길. 진보주의자라면, 정치 성향이 어떠하든 이 단어에 치를 떨지도 모르겠지만, 그런 분들은 《자본》 1권의 노동시간에 관한 장을 다시 펼쳐봐야 한다. 1일 10시간 노동이라는 프롤레타리아트 최초의 승리는, 입법 당시의 갖은 애매모호함과 얼버무림을 거쳐 마침내 약간의 가혹함을 드러내며 공장법이 시행되었을 때 비로소 실현되었다. 자본주의의 착취를, 당근으로는 억제할 수 없다.

최근 열대우림에는 저 '1일 10시간 노동'에 대응하는 것이 있었다. 브라질에서 룰라Lula가 대통령으로 재임했던 기간이다.

2004~2012년, 브라질 아마존 지역 산림 파괴는 근현대 역사를 통틀어 가장 급격히 감소 추세를 보였다.[41] 이것은 라틴아메리카의 다른 지역과 동남아시아의 추세에 역행하는 것이기에 더욱더 경이롭다. 룰라 정부는 대체 어떻게 이런 결과를 이루었던 걸까? 당시 룰라 정부는 대지에 굶주린 자본에 일정한 강제력을 행사했다. 보호구역 확대, 토지 재산 등재, 인공위성을 통한 열대우림 감시, 산림법 시행, 불법 벌목에 책임 있는 자들에 대한 처벌이라는 조치를 취한 것이다. 2012년의 산림 파괴율은 과거 8년간의 최고치에 비해 84퍼센트 낮았다. 지구 전체 생물종의 10분의 1, 즉 200만 종을 보유하고 있는 이 국가는 산림 파괴의 시간을 계속 유예하며 이산화탄소 배출량을 약 40퍼센트 감소시켰는데, 아마도 역사상 가장 인상적인 인수공통감염병·기후재난의 경감 사례가 아닌가 싶다. 물론 이러한 처방은 오래가지 않았다. "혁명에 관한 로자 룩셈부르크의 생각은 훌륭했다. 혁명이란 마치 언덕을 오르는 기관차와도 같다. 즉 계속 움직이지 않으면 뒤로 미끄러지고 결국 반동 세력이 이기게 된다. 개혁에 대해서도 같은 말을 할 수 있다. 룰라가 두 차례 집권했던 기간은 무언가 다른 것을 지향하는 전환에서 훌륭한 첫째 행동이었을 수 있다. 하지만둘째 행동을 위한 계획은 없었다."[42] 브라질의 한 학자는 이렇게 지적했다. 둘째 행동을 위한 계획 대신 극우가, 아마존에 설치된 모든 신호등의 폐기 조치가 찾아왔다. 정말로 우리를 몸서리치게

하는 것은 현 보우소나루 정부가 인수공통감염병·기후와 관련해 남기게 될 해로운 유산이다.

중국은 어떨까? 사스 사태 이후, 중국은 야생동물 상거래를 막기 위한 몇몇 형식적 조치를 취했고 관련 법들을 공표했지만, 코뿔소가 지나갈 수 있을 만큼 커다란 구멍이 있는 법들이었다. 야생동물들을 농장에서 사육하는 일도 허가되었다(화능 형제). 보호생물종 목록이 마지막으로 갱신된 것은 1990년이었다. 또 박쥐를 포함해 최소 1000종의 토종 생물종이 이 목록에서 누락되었다. 따라서 공공보건상 어떤 결과가 나오든 이러한 생물종의 섭취는 일절 규제를 받지 않았다. 벌금은 쥐꼬리만 했고, 법 집행은 느슨했으며, "높은 이윤과 가벼운 처벌은 거래상들로 하여금" 계속해서 자본을 축적하게 했다.[43] SARS-CoV-2에 자극받은 정부가 포획된 것이든 자유로운 상태에 있는 것이든 야생동물 소비를 금지하기 전까지는 말이다. 과학자들과 시민들은 이번에도 법이 시들해질 것이라고 우려했다. 중국의 한 연구진은《사이언스》에 실은 글에서 엄격한 벌금형으로 뒷받침되는, 야생동물 소비·소유의 영구 금지를 촉구했다. 위안징징과 동료들은 한 걸음 더 나아가 야생동물을 먹는 이라면 누구에게라도 "종신형을 선고"하라고 요청했다. 야생동물의 가공, 수송, 판매 역시 이와 유사한 제재를 받아야 하고, 국가는 상거래가 허가된 생물종의 목록(주기적으로 축소되어야 하는 목록)을 관리하는 한편, 필요한 경우 위생 검사원

을 시장에 급파해야 한다(과거의 공장 감독관들을 연상시킨다)는 주장이다.[44]

이러한 강경책에 반대하는 사람이라면, 어떤 대안을 제시할 수 있을까? 도덕적 규범에 호소해 소비자의 절제를 이끌어내야 한다는 주장이 있다.[45] 이 주장은 세 가지 점을 간과하고 있다.

첫째, 만약 사스가 소비자들을 충분히 겁주어 웻마켓에서 멀어지도록 하지 않았다면(위험에 대한 자각이 사스를 멀리하는 데 별반 도움이 되지 않았다고 연구는 지적한다[46]), 그리고 몇몇 징후가 말해주었듯(온라인 판매상들은 코로나 치료약으로 코뿔소 뿔과 다른 희귀 동물 신체 부위를 함유한 약품을 선전했다[47]) SARS-CoV-2가 소비자의 행동을 바꾸리라고 확신할 수 없다면, 우리는 이 문제를 개개인의 자각에 맡길 수 없다.

둘째, 언제나 법의 시행이 규범을 바꾸는 법이다. 공장 내 아동노동 금지, 대농장 내 노예노동 금지가 그러한 노동을 용납할 수 없는 관행으로 굳혔다. 법이 없었다면, 인정머리 없는 일부 착취자들은 지금까지도 그런 노동을 강제하고 있을지도 모른다. 법을 통한 교화 효과는 법 자체보다 오래 지속될 수 있다. 펠바브라운이 《멸종 시장》에서 전하는 성공담은 예멘 단검 '잠비야jambiya' 제작에 쓰인 코뿔소의 뿔에 관한 이야기이다. 1970년대에 수요가 급증하자, 이 시장은 코뿔소를 멸종으로 몰아간 원흉이 된다. 그러나 마침내 누군가 사태에 개입한다.

흥미롭게도 남예멘의 공산주의 정부는 잠비야에 대한 수요 일체를 없앰으로써 코뿔소 뿔로 만든 잠비야에 대한 수요를 없애는 데 역대 어느 정부보다도 뛰어난 능력을 보여주었다. 정부는 일체의 무기 소지를 금지했고, 공격적으로 무기를 수거했다. 이처럼 1972년 잠비야 금지는 대대적인 무기 제거 운동과 함께 시행되었고, 부유하고 유력한 이들도 정부의 표적이 되어 단검을 팔아야 했다.[48]

자본주의 성향의 북예멘으로 국가가 통일되었을 때도 이러한 공산주의의 원칙은 살아남았다. 잠비야 금지는 "(남쪽) 정부에 의해 효과적으로 시행되었을 뿐만 아니라 궁극적으로는 이 나라 사람들의 마음에 깊이 자리 잡았고" 코뿔소로 만든 잠비야는 결국 역사에서 자취를 감추었다. 6차 대멸종이라는 심대한 위기 속에서, 이와 유사한 용기, 즉 생태적 계급 전쟁을 수행하는 용기가 부적절한 것이라고는 생각되지 않는다.

셋째, 코로나 위기가 가르쳐준 것이 있다면, 소비자들을 은근히 자극하여 자발적으로 자기 삶을 바꾸도록 하는 전략이 구식이라는 사실이다. 독일 정부는 제발 다른 식으로 살아가기를 고려해달라고 자국민들에게 애원하지 않았다. 대신 슈테글리츠의 쇼핑몰을 폐쇄하라고 지시했고, 크로이츠베르크의 유원지를 봉쇄했다. 시민들의 건강이나 신체적 존립 자체가 위협받는 상황에서, 가장 양심적이지 않은 종자들이 마음껏 불장난을 벌이도록 내버려둘 사람은 없을 것이다. 그런 경우, 우리는 그들의 손에서 성냥을 뺏는다. 어떤 이들은 중국 내 야생동물 거래의 전면 금지가 재정 손실과 실업(100만 명에서 시작해 아마도 타당성 없을 수치인 1400만 명 사이에서 수치가 오르락내리락했다)을 야기할 것이라고 주장하는데,[49] 물론 오늘날의 관성적 삶을 변호하려는 변명일 뿐이다. 이러한 주장은 우리를 곧장 금성으로 안내하고 말 것이다.

하지만 야생동물 거래의 종식은 중국을 넘어 훨씬 더 많은 국가들이 책임져야 할 사항이다. 심지어 독일까지도 전 지구적 천산갑 교역의 주요 이동 경로에 있음이 확인되었다.[50] 각국은 자본 축적의 이 부문을 어떻게 하면 **완전히** 근절할지, 해법을 찾아내야만 한다. 더욱이 각국은 자본축적의 각 부문을 조정할 억지력을 이미 보유하고 있다. 버락 오바마는 야생동물 밀매에 대한 엄격한 단속을 우선 과제에 넣겠다고 장담했었다.[51] 그러나 오바마의 두 번째 임기가 끝나던 무렵, 미국 연방 야생동물 조사관은 130명이 채 안 되었고, 328개 항구 중 겨우 38개 현장에만 조사관이 파견되어 있었으며, 탐지견은 총 3마리에 불과했다. 이런 실상을 (이민에 너그러웠던 시절부터 지속된) 이민을 저지하기 위한 국가기구들과 비교해보라. 미루고 미뤄온 또 다른 전환 과제는 사람들에게 국경을 개방하고, 야생에서 나온 상품에는 국경을 폐쇄하는 것이다. 즉 ICE와 프론텍스Frontex*와 국경경비대를 멸종의 소용돌이를 종식시키는 기구로 전환하는 것이다. 그러나 국경에서의 강제 압수는 압수 대상자인 공급업자들의 보상욕을 자극해 종국엔 살상의 잔치로 귀결될 수 있다.[52] 따라서 법 집행을 위해서는 더 강력한 조치를 취해야 한다. 중간상인 모두를 **일망타진**해야만 하는 것이다.

이러한 조치에 대한 정반대 조치는 야생동물 거래를 합법화하고 체계적인 야생동물 농장 구축을 장려하는 것이겠지만(화눙 형제), 지금은 이러한 발상을 거두어야 할 때이다. 야생동물은 우리 안에 갇혀 있어서는 안 된다. 감금된 야생동물을 사육하고 판매하는 행위는 야생동물 고기에 대한 식탐을 키울 뿐이며, 야생동물을 농장동물과 구별하기란 거의 불가능함을 우리는 경험을 통해 알고 있다. 즉 탐욕스러운 입이 있는 한, 야생동물은 농장으로 유입되기 마련인 것이다. 수요 자체의 동력을 없애야 한다. 동료와 아랫사람들 앞에서의 지위 과시 같은 허식이 야생동물 소비의 목적이므로, 이를 범죄시하고 실제 법 집행으로 이들의 아픈 곳을 찔러야 한다. 지하 세계일수록 허세는 더 심한 법이다. 물론, 펠바 브브라운이 열을 내며 강조하는 것처럼, 국가 공권력이 곧 만능 해결책이라는 이야기는 아니다. 하지만 국가 공권력은 필요하고, 효과가 빠르다고 그는 지적한다. "약물의 경우와는 달리", 그리고

---

* ICE는 미국의 이민세관단속국, 프론텍스는 유럽연합의 국경해안경비청이다.

대부분의 다른 불법 행위와는 달리 "시간이 엄청나게 중요하다. 특히 멸종 수준으로 동물들이 밀렵되고 있을 때라면" 말이다. 강압적 국가기구들을 어느 정도 앞세우는 정책을 세계 각국이 실행해야 한다.[53]

그리고 야생동물 고기에 관한 문제가 있다. 유독 깨기 힘든 견과류만큼이나 어려운 문제라 그 자체로 별도의 연구가 필요한 주제이다. 어떤 이는 가난한 지역과 국가를 빈곤에서 구제하면, 자연스럽게 야생동물 고기도 쓸모없게 되리라고 낙관할 수도 있을 것이다. 하지만 아뿔싸, 빈곤 구제는 정반대의 결과를 빚어낼 수도 있다.[54] 풍요가 멸종의 소용돌이에 박차를 가할 수도 있는 것이다. 한편 가난한 사람들에게서 야생동물 고기를 뺏으려 해서는 절대 안 된다는 낯선 목소리도 있다.[55] 불행히도 이 주장은 자충수이다. 야생동물 고기 소비로 동물 개체수가 급감하는 시점에, 야생동물 고기는 식량 안보의 버팀목 역할을 그치고 의존하기 어려운 단백질 공급원으로 변질되기 때문이다.[56] 멸종 사태가 일어나면 야생동물 고기가 영원히 사라질 것이다. 이 문제에 관한 가장 현실성 있는 방책은 관련 법 제정과 집행, 산림 파괴의 무력화 그리고 "콩soy, 두류pulses, 곡물류, 덩이줄기" 같은 "전통적으로 재배해온 단백질 함유량 높은 작물을 섭취하는 쪽으로 식단을 전환하도록(행복한 삶과 육류의 연결 고리를 끊도록) 유도하는 방안"일 것이다.[57] 이러한 단절은 가장 부유한 국가들에서 시작되어야 한다.

전 지구적으로 식물 기반 단백질로 식단을 전환하는 과업을 선도하고 지원할 의무가 누군가에게 있다면, 바로 부유한 국가의 사람들이다.

말할 필요도 없지만, 이런 조치들은 시작에 불과하다. (예를 들어, 산림 파괴를 낳는 각 지역의 원인을 찾아내 이에 맞서는 일은 여전히 남는 과제다.) 설사 위에서 말한 조치들이 전부 다음 주에 전격 시행된다 한들, 감염병이 눈 깜짝할 새에 사라질 리는 만무하다. 증상에 대한 처치는 여전히 중요할 것이다.

그렇다면, 우리는 쿠바를 살펴봐야 한다.[58] 항상 만일의 사태에 대응할 능력을 보유하고 있는 것처럼 보이며, 이번 팬데믹 사태 때도 주변부의 응급 의료단으로서 전 세계에 봉사하고 있는 국가 말이다. 2020년 3월, 쿠바 의료단 소속 전문 의료진 53명이 이탈리아 롬바르디아에 도착했다. 유럽에서 가장 부유한 지방 중 한 곳에 자리 잡은, 수렁에 빠진 병원을 지원하는 것이 이들의 과제였다. 2020년 3월에 해외로 파견된 10여 개 의료단 중 다른 의료단들은 자메이카, 그레나다, 수리남, 니카라과, 안도라로 향했다. 한편, 쿠바는 다른 카리브해 섬들로부터 입항을 거절당한, 코로나에 시달리는 유람선을 수용하기로 했다. 적과 의료진 양쪽을 당황하게 만드는 '의료 국제주의'의 전통에 따른 것이었다. 이 가난하고 왜소한 국가가 2010년대에 해외에 배치한 의료진 수는 G8 국가들보다도, 적십자사와 국경없는의사회와 유니세프를 모두 합친 것보다도 더 많았다. 2014년 에볼라가 서부 아프리카인들의 살을 찢었을 때, 수많은 쿠바 의사와 간호사들이 독기 가득한 최전선으로 달려갔다. 허리케인 미치Mitch가 1998년 중미와 아이티공화국을 갈기갈기 찢었을 때에도, 쿠바 의료진들이 현장에 몰려들었다. 그뿐 아니라 당시 쿠바 정부는 재해 지역 출신 의대생을 위한 장학금 제도를 새로 만들었다. 2005년 지진이 파키스탄을 으깼을 때, 쿠바가 1년간 파견한 의료 노동자는 1285명, 캐나다가 파견한 인원은 6명이었다. 장기 비상사태의 시대에, 적어도 지구상의 국가 하나는 아직도 살아 있는 코뮤니즘의 이상과 가느다란 줄로라도 이어져 있다는 사실에 세계는 감사해야 한다.

석유왕들과의 전쟁

"진정한 무언가가 시행되려면, 관료주의는 민주주의를 위해 폐기해야만 하고, 그것도 진정으로 혁명적인 방법으로 폐기해야만 한다. 즉 석유왕들과 석유 주주들에 맞서 전쟁을 선포해야 한다."[59] 레닌이 한 말이다. 레닌이 내세운 개전 사유casus belli는 그들이 충분한 양의 석유, 석탄 생산을 거부했다는 것이었다. 레닌이 이 왕들과 주주들에 맞선 전쟁을 원한 이유는 어떠한 부작용 없이 강제로 원유 채굴 속도를 높이기 위해서였다(러시아는 "세계 최고 수준의 액체연료 보유국"이다). 연료 부족은 레닌이 무너진 한 가지 이유였다.

　그러나 우리의 현실은 정반대의 양상을 보이고 있고, 따라서 진정한 무언가를 시행하려면 우리는 다른 목적의 전쟁을 벌여야 한다. 경제에서 화석연료 산업을 영구 삭제한다는 목적 말이다. 이 과업은 화석연료를 채굴하고 가공하고 유통하는 모든 민간기업의 국유화로 시작될 것이다.[60] 엑손모빌, BP, 쉘Shell, RWE, 룬딘 에너지Lundin Energy 같은 무리처럼 제멋대로 활보하는 기업들에 고삐를 채워야 하며, 이를 위한 가장 확실한 방법은 인수나 보상 없는 몰수를 통해서 이들을 공공 소유 체제 아래에 두는 것이다. 그런 연후, 끝없이 타오르는 이들의 용광로 가동을 마침내 멈출 수 있을 것이다. 그러나 이들을 단지 청산하기만 해서는 안 된다. 해양 시추 장비 일체를 철거하고, 구멍들을 막고, 사무실을 폐쇄하고, 직원들을 해고하고, 숱한 테크놀로지를 쓰레기 더미에 버리는 식으로 처리해서는 안 된다. 오히려 이 군대는 향후 건설적인 과업에 투입되어야 한다.

　이미 지구는 너무나도 뜨겁다. 해가 갈수록 점점 더 뜨거워지고 있고, 탄소 배출량이 제로가 되지 않는 한, 이 온난화는 끝없이 계속될 것이다. 하지만 탄소 배출량이 제로가 된다 한들, 여전히 너무나도 뜨거울 것이다. 이뿐만이 아니다. 잔존해 있는, 자기 증폭적일 가능성이 높은 공중 파이프라인의 열기가 있다. 이 열기가 뜨거울수록, 완화되는 시간은 더 길어질 것이다. 따라서 전 세계적 규모의 화석연료 연소 중단으로는 충분치 않다. 다시 말해, 이산화탄소 배출 중지를 넘어 이산화탄소를 대기에서 뽑아내야만 할 것이다.

지난 10년간 모든 이들이 이러한 당위를 확고히 말하고, 인정하고, 옳다고 말해왔지만, 현재 전혀 실행되지 않고 있다. 하지만 전혀라고 말할 수 있을까? 수많은 스타트업들이 이산화탄소 순배출을 마이너스로 만드는 기계를 개발하고 있다. 그중 하나인 스위스 소재 기업 클라임웍스Climeworks는 현재 지구에서 가장 가치 있는(종국에는 생명을 살릴 일을 인류를 위해 수행한다는 뜻에서) 자본주의 기업일지도 모른다.

상자에 든 커다란 선풍기처럼 보이는 클라임웍스의 기계들은 공기를 빨아들인다.[61] 어디에 있든, 무엇이든 공기라면 무조건 빨아들이는데, 흡입된 공기는 이산화탄소를 포집하는 필터로 이동한다. 필터가 포화 상태에 이르면 섭씨 100도까지 가열되며 순수한 농축 상태의 이산화탄소가 나온다. 이 기술은 마법이 아니다. 잠수함이나 우주정거장처럼 이산화탄소를 제거하고 방출해서 숨을 쉴 수 있게 하는 밀폐 공간에서는 오랫동안 적용되어온 기술이다. 그러나 클라임웍스가 보여주고 있는 것은 이것이야말로 지구 대기권에서 이산화탄소를 제거하는 가장 유망한 기술이라는 사실이다. 파리협약 당시 인기를 끌었던 기술이자 투기적 해결책인 '바이오 에너지 탄소 포집·저장 기술BECCS'보다 훨씬 더 유망한 기술이다. BECCS는 거대 플랜테이션을 짓자는 발상이다. 단기간에 쑥쑥 자라나는 나무들을 키우고, 수확해서, 연료로 태우고는, 방출된 이산화탄소를 여과한 뒤 지하에 저장할 수 있는 플랜테이션 말이다. 그러나 우리는 더 많은 플랜테이션이 필요한게 아니다. BECCS는 지구 기온 상승을 2도 이하로 제한한다는 목표를 달성하기 위해 **현존하는 모든 농경지**에 맞먹는 엄청난 대지를 집어삼킬 것이고, 그러면 열대우림들은 완전히 사라질지도 모른다.[62] **직접적인** 공기 포집에는 무언가를 길러낼 땅이 필요하지 않다. 클라임웍스의 장치들은 지붕에도 설치 가능하다. 전기와 열이 필요하고, 크기가 작은 데다 쉽게 켜거나 끌 수 있다.[63] 따라서 여분의 바람과 태양광이 있을 때는(기후에 의한 에너지 과다 생산 시기를 말한다. 기후에 좌우된다는 점은 종종 재생가능 에너지의 단점으로 여겨진다) 송전망에 연결해 사용할 수 있고, 다른 공정에서 나오는 잉여 열(도시 환경에서는 이 열이 언제나 넘쳐난다)을 활용할 수도 있다. 이산화탄소는 광물로 전환될 수 있고, 고체 형태로 지하에 매장될 수도 있다. 실제로 2017년부터 클라임웍스는 아이슬란드에서 이산화탄소를 지하에 매장하고 있다. 다른 새로운 기술들(태양광 전지판이 떠오른다)과 마찬가지로, 이 장치의 가격은 대량 생산과 함께 폭락할 것이다.

자본주의가 만들어낸 문제에 대한 자본주의적 해결책? 가능하기만 하다면, 그것도 좋을 것이다. 자본주의 기업이라면 판매할 수 있는 상품을 구비하고 있어야 한다. 아이슬란드의 시범 공장을 제외하면, 클라임웍스와 다른 스타트업들은 이산화탄소를 교환가치가 있는 상품으로 변환하고 있다. 상품은 기체 상태로 온실이나 탄산음료 제조업자들(취리히 소재 클라임웍스의 경우는 코카콜라)에게 판매될 때도 있다. 이산화탄소는 미세조류나 심지어 비행기에도 사용 가능한 액체연료 속에 들어갈 수도 있다.[64] 이런 상품들은 이산화탄소를 땅에 묻는 대신 포집한 뒤 다른 곳에 보내 대기권에 배출시키는데, 이런 식으로 이윤을 창출한다. 또는 《네이처》가 저명한 과학자이자 기업가인 데이비드 키스David Keith가 운영하는 스타트업 카본 엔지니어링Carbon Engineering에 관해 썼듯이, "이산화탄소는 가압 처리된 후, 파이프라인으로 이동해 지하에 폐기될 수도 있다. 하지만 이 회사는 이것을 활용해 합성 저탄소 연료를 생산할 계획이다".[65] 어떻게 다른 계획을 세우겠는가? 단순히 이산화탄소를 폐기하고, 다시는 외부와 접촉하지 못할 지하실에 감금하는 것은 자본축적의 방법이 전혀 아니다. 이런 행동은 상품 논리에 위배된다. 이런 행동의 핵심은 '소비하지 않음'이기 때문이다. 홀리 진 벅Holly Jean Buck이 《지구공학 후에: 기후 참사, 복구, 회복After Geoengineering: Climate Tragedy, Repair, Restoration》(지구의 미래에 조금이라도 관심이 있는 이라면 반드시 읽어야 할, 명쾌하며 기본에 충실한 책)에서 보여주듯, 이것은 직접 기체 포집 행위가 봉착하게 되는 모순이다.[66] 만일 이산화탄소를 상품 형태에 머무르게 한다면, 이산화탄소 순 배출을 마이너스로 만든 다는 본래의 약속을 지킬 수가 없게 된다는 것이다. 그런 방법은 이산화탄소를 안전하게 가둬두지 않고 재순환시킬 것이다.

위에서 말한 기계들이 기대만큼의 변화를 끌어낼 정도가 되려면, 즉 추가 감소를 통해 배출량 제로를 보완할 정도가 되려면, 기체 순환의 회로에서 탄소를 빼내는 진공청소기들, 즉 일종의 비非 상품이나 반反상품이 되어야 할 것이다. 생물권의 오염물을 제거하는 그와 같은 활동이 어떻게 이윤을 목표로 할 수 있단 말인가? 오염물 제거 작업을 지속하기에 충분히 많은 교환가치 증가분이 어디에서 나올 수 있겠는가? 이에 관해선 아무도 그럴듯한 답변을 내놓지 못하고 있다. 홀리 진 벅은 논리로 헤쳐나가며 단 하나의 출구를 찾아내는데, 다름 아닌 국가다. 직접 기체 포집을 연구하는 다른 이들도 동일한 결론에 이르고 있다.[67] 이 문제의 성격상, 다른 방법은 불가능한 듯하다. 만일 클라임웍스 모델이 단점이 있는 것으로 판명된다면, 또 다른 우월한 기술이 세상에 나타난다면, 만약 육지 아닌 다른 곳에서 탄소 순 배출량 마이너스가 달성된다면, 같은 난제가 다시 출현할 것이다. 폐기물을 다시 팔아 본래 목적에서 벗어날 것인가, 아니면 마이너스 사용가치를 존중할 것인가라는 난제 말이다. 결국 이것은 생산력이냐 생산관계냐의 문제인 셈이다.

게다가 저 기계들의 기능을 업그레이드하려면 막대한 자금이 필요하다. 이 돈은 애초에 이산화탄소를 배출한 역사적 책임이 있는 사람들의 주머니에서 나와야 한다. 그뿐 아니라 전문 기술 지식, 시추·내진 기술, 농축된 이산화탄소를 수송하는 데 필요한 인프라, 지하 매장 시설, 초국가적 규모의 기관 등도 필요할 것이다. 누가 이 모든 것을 충분히 소유하고 있을까? 물론 석유왕들과 주주들이다. 바로 이 석유산업을 국유화하자는 것이 벅의 제안이다. 이렇게 제안하는 이유는 단지 "우리가 원하는 대로 해당 기업들을 없애버리기 위해서가 아니라 탄소 제거 서비스를 제공하는 기업들로 전환하기 위해서"이다.[68] 석유 기업들을 기후를 다시 안정시키기 위한 공공 기구로 만들자는 것이다. 벅은 다소 절제된 어조로 이렇게 덧붙인다. "이 지점에 개입하려면, 엄청난 투쟁이 따를 것이다."

그렇긴 하지만, 각국이 파국의 동력을 저지할 뿐만 아니라, 그런 힘을 이용해 정반대 방향으로 나아가기로 결정하면 어떻게 될까? 그리하여 화석연료 기업들을 모두 몰수해서 폐기물 처리 기구로 전환하고, 이미 국영화된 기업들에도 동일한 조치를 취한다면 어떨까? 이렇게 된다면, 우리는 정말로 배출량 제로를 넘어 400ppm, 380ppm, 350ppm······으로 가는 궤도에 오르게 될 것이다. 이 길은 열대 지역의 재야생화에 상응하는 회복의 길일 것이다. 화석연료 기업들을 국유화한 후 직접 기체 포집 기구로 전환하라. 이것이 앞으로 몇 년간의 **주요 이행기 요구**여야 한다. 그러나, 더 말할 필요도 없지만, 만일 이산화탄소 배출이 계속 진행된다면 이러한 전환은 아무런 의미도 없을 것이다. 다시 말해, **배출하고 나서 포집하기**란 아무 소용 없는 기괴한 자원 낭비에 불과하다. 따라서 모든 행동의 출발점은 엄혹한 제약과 감축이다. 이것만이 실질적인 탄소 배출 감소로 이어지는 길을 다질 수 있다. 이 일을 빨리 시작할수록, 청소에 필요한 이차적 거대 인프라는 덜 필요하게 될 것이다.

이 문제를 다른 각도에서도, 즉 공급이 아니라 수요 쪽에서도 공략할 수 있을 것이다. 코로나19 팬데믹의 초기 국면에서 곤두박질 직전의 배출량을 절벽 위로 끌어올린 것은 수요, 특히 교통 부문의 수요였다. 2020년 4월 말, 《사이언티픽 아메리칸》지는 2020년 전 세계 온실가스 배출 감축량이 5퍼센트 이하일 것이라는 전망을 발표했다.[69] 봄에 중국에서 25퍼센트, 미국에서 약 20퍼센트 감축되긴 했으나, 여름과 가을에 경제가 반등할 것으로 예상되기 때문이라고 했다. 이 저널은 5퍼센트 감축은 기록적이지만 "지구 기온의 섭씨 1.5도 이상 상승을 막기 위해서 앞으로 10년간 매년 필요하다고 과학자들이 지적한 감축량인 7.6퍼센트"에는 여전히 못 미친다고 말하고 있다. **매년 거의 8퍼센트를 감축하라고?** 휴지기였던 2020년의 감축량 예측치에 비해서도 너무나 큰 수치다(초반 몇 달간의 경제 붕괴가 없었다면 어땠겠는가).

8퍼센트 감축을 달성하려면 포괄적이면서도 치밀한 계획이 필요하다. 모두가 이것을 알고 있지만, 정작 말하는 이는 거의 없다. 당연히 우리는 자발적 수요 중단이나 여행 중단에 의존할 수는 없을 것이다. 즉 이행기 내내, 한 종류의 에너지는 다른 에너지로 계속해서 대체되어야 할 것이다. 또는 트로츠키의 말을 인용하자면 "국가 전체와 생산 전 부문을 포괄하는 단일 경제계획"이 있어야 하고, "이 계획은 우리 앞으로 다가올 수년을 위해서, 모든 시대를 염두에 두고 작성되어야" 할 것이다.[70] 물론 어떤 이에게는 이런 생각이 너무나 혐오스러워서 차라리 지구의 기후를 포기하는 쪽을 선택할지도 모르겠다. 지배계급과 그들의 정부는 매일 아침 일어나서 이런 선택을 하고 있다.

이 문제를 공급 쪽에서 공략하든, 수요 쪽에서 공략하든 배출량 제로로 가는 이행의 과정은 화석연료 시대 이후의 공백을 메우도록 통제 조치(물자 배급, 자원 재할당, 징발, 제재, 지시 등)를 통해 조정해야 할 것이다. 화석연료의 대체물을 생산하는 일 자체를 상세히 계획할 필요는 없을 것이다. 그린 뉴딜, 재생가능 에너지 생산, 기후 대응 전시 동원에 관한 자료는 시대의 전환을 여러 번 안내해도 될 정도로 차고 넘친다. 우리는 지금 정말이지, 레닌이 9월에 쓴 텍스트 속 상황에 들어와 있다. 어떤 조치를 취해야 하는지, 모두가 이미 알고 있는 상황 말이다. 즉 모두가, 각자 의식의 어떤 층위에서 이것을 알고 있다. 대륙 내 비행이 중단되어야 하고, 개인용 제트기 운행이 금지되어야 하며, 유람선은 안전한 방식으로 해체되어야 하고, 풍력 터빈과 태양광 패널이 대량 생산되어야 한다(자동차 산업 전체가 이 명령을 기다리고 있다)는 것을. 지하철과 버스 노선이 확장되어야 하고, 고속철도 선로가 건설되어야 하며, 낡은 주택은 새로 단장되어야 하고, 모든 멋진 방안들이 실현되어야 한다는 것을. 공통의 지식에 접근한다면 "파국과 기근에 맞서 싸울 방법을 찾을" 수 있을 것이다. "국가가 정말로 실무자의 정신으로 진지하게 통제권을 행사하기를 **원한다면**, 그리고 국가기구들이 자본가에 대한 노예근성에 찌들어 '완벽한 무기력'에 매몰되지만 않는다면, 국가가 해야 할 일이란" 오직 소매를 걷어붙이는 것뿐이다. 레닌의 또 다른 논리도 현재 우리의 상황에 적용될 수 있다. "전쟁과 기근에서 러시아를 구하려는" **어떤** 정부든 이와 같은 종류의 과업에 착수해야 한다는 논리 말이다.[7]

하지만 코로나 위기와 기후위기를 처음 비교한 결과 도출된 결론은 **어떤 자본주의 국가도 결코 스스로 이 같은 일을 할 수는 없으리라는 것**이다. 자본주의 국가가 이 과업에 나서게 하려면, 시민이 국가에 강제력을 행사해야 한다. 선거운동부터 사보타주까지 일체의 대중적 영향력을 통해서.

강제하지 않고 자율에 맡길 경우, 자본주의 국가는 계속 증상에만 관심을 기울이겠지만, 이 증상은 결국엔 끓는점에 도달하고야 말 것이다. 우리는 상상할 수 있다. 앞으로 몇 년, 몇십 년 안에 폭풍이 재산을 집어삼키고, 가뭄이 공급망을 갈가리 찢고, 작물 수확량이 절반으로 폭락하고, 폭염이 노동 생산성을 무력화해서, 심지어 지배계급조차도 희생자에 속하게 되는 미래의 풍경을. 이렇게 되면 자본주의의 둘째 모순이 그들에게 닥칠 것이다. 각국은 충격을 피하기만 할 수는 없을 테고, 돌이킬 수 없이 붕괴하기 전에 문명의 근간을 보호해야 한다는 자각에 이를 것이다. 코로나19 사태에 대한 반응으로 미루어 볼 때, 각국은 **단번에** 사태를 반전시킬 통제 조치를 붙들 것이다. 과학 도서관에서 우리는 그러한 통제 조치를 하나 발견할 수 있는데, 바로 태양지구공학이다. 황산 에어로졸을 대기권에 주입하는 방법은 지구의 열기를 즉각 낮출 가능성이 있는 처방이다. 규모가 어느 정도이든 직접 기체 포집으로 지구 온도를 낮추려면 수십 년은 족히 걸릴 것이다. 반면 황산 에어로졸 주입은 한두 달 사이에 일조량을 줄일 수 있다. 그러나 현재 방식으로 굴러가는 경제가 지속되게 할 이 방안은 한밤중에 도둑처럼 슬그머니 우리를 덮칠 가짜 해결 방안이다.

실제로 2020년 4월 중순 팬데믹이 세계를 뒤덮었던 당시, 역사상 가장 거대한 규모의 지구공학 실험 하나가 그레이트배리어리프Great Barrier Reef*에서 실시되었고, 그리하여 5년 안에 세 번째 산

---

* 오스트레일리아 북동부 해안에 있는 세계 최대의 산호초 군락. 아름다운 풍경과 다양한 해양생물의 서식지로 유명하다. 지구온난화의 영향으로 산호가 하얗게

호초 대량 백화 현상이 일어날 예정이다.[72](당신은 알고 있었나?) 과학자들에게는 바지선 선미에서 나노 크기의 미세한 바다 소금 결정체 수조 개를 대기로 분사할 권한이 부여되었다. 이 미세 소금 입자가 구름들을 더 밝게 만들고, 구름들은 더 많은 태양광을 반사함으로써 바다의 산호초 지대를 태양열로부터 보호해줄 것이라고 기대되었다. 이 작업을 수행한 팀은 《가디언》에, 산호초 위쪽으로 이동하면서 "산호초가 우리 주변에서 표백되고 있음"을 볼 수 있었다고 전했다. 이 방법은 황산 에어로졸 주입과는 구별되는 기술로서, '해양 구름 조광marine cloud brightening'이라고 불린다. 숱한 기념비적 재난에도 아랑곳하지 않은 채 석탄 채굴을 전혀 통제하지 못하는 오스트레일리아 같은 국가가 지역 단위에서 시행할 수 있는 기술이다. 이 기술의 논리는 탄탄하다. 이 분야의 가장 총명한 학자에 속하는 케빈 서프라이즈Kevin Surprise가 주장했듯, 태양지구공학은 '자본주의의 둘째 모순'에 대한 해결책으로서 지구 전체 규모로 시행되어도 좋을 것이다.[73] 자본주의 국가들은 본성상, 전 지구적으로 행동하는 온실가스 배출 기업들을 단죄할 능력이 없어 보이기 때문이다.

이런 식으로 기후 시스템에 개입하는 행위가 지구를 파국에 이르는 또 다른 궤도에 올려놓을 수 있다는 사실은 꽤 널리 알려져

탈색되어 죽어가는 백화 현상이 발생하고 있다. '대보초大堡礁'라고도 불린다.

있다. 우리가 이러는 동안, 계속해서 산호들은 표백되고, 곤충 떼는 만들어지고, 얼음은 녹고, 동물들은 새로운 집을 찾아 이동할 것이다.

인간성을 초토화하는 페스트의 숨결

최근 몇 년 사이 생태적 마르크스주의 담론이 많이 나왔다. 하지만 우리를 둘러싸고 있는 오래된 비상사태 속에서, 이제 생태적 레닌주의도 실험적으로 논의해볼 때가 되었다. 이 프로젝트에서는 다음의 세 가지 원칙이 중요해 보인다.

첫째, 무엇보다도 생태적 레닌주의란 **증상의 위기를 원인의 위기로 바꾼다는 것**을 의미한다. 1914년 8월부터 이 원칙은 레닌주의 정치의 추진력이었다. 즉 전쟁 발발을, 그것을 초래한 시스템에 대한 타격으로 전환한다는 원칙이다. 그런데 **우리의 세계대전**은 군대가 맞부딪치는 실제 전쟁도 아니고, 5년 후에 종결되거나 중지될 수 있는 단일 사건도 아니다. 이 비상사태는 오래 묵은 것이다. 이것은 증상의 위기가 앞으로 **반복해서** 점화될 것이고, 그럴 때마다 원인 제공자에게 최고 전압의 에너지를 쏟아붓는 전략을 앞세워야 한다는 뜻이다. 이것 말고 다른 방법으로 상황을 개선할 수 있을지 우리는 알기 어렵다. 다른 묘안을 낼 사람이 있을까? 아 그래, 구름 만들기와 백신 개발. 태양 방사선 차단과 사람들의 동선 추적. 기껏해야 이런 제안들은 (그레타 툰베리가 가장 좋아하는 비유를 빌려오자면) 냉수를 엄청 마시는 방법으로 불타는 집 안에서 생존하자는 제안이나 마찬가지다. 사실상 자명한 일로, 가장 고전적인 레닌주의 처방만이 비상구가 어디인지를 가르쳐 준다.

혁명적 마르크스주의의 발전에서 파국이라는 범주가 얼마나 중심적인 범주였는지 새삼 강조할 필요가 있다.[74] 베른슈타인과 벌인 논쟁에서 룩셈부르크는 지치지 않고 이 점을 힘주어 말했다. 그는 "사회주의냐 야만이냐"라는 발언 하나로 최고의 유명세를 얻었지만, 노먼 제러스Norman Geras가 탁월한 해설서에서 보여주었듯, 이 거대한 이분법이야말로 베른슈타인과 투쟁할 때부터 극우 민병대에게 살해당할 때까지 면면히 지속된 그의 이론과 실천의 골간이었다. 전쟁 발발 1년 뒤, 룩셈부르크는 인류가 두 가지 선택지 앞에 있다고 경고했다. "모든 문화의 파괴 그리고 고대 로마제국에서 나타난 인구 감소, 황폐, 퇴폐, 광대한 공동묘지"라는 선택지와 전쟁을 몰고 온 제국주의에 대항하는 "의식적인 투쟁"의 승리라는 선택지 말이다. "피투성이가 된 채로, 오물을 질질 흘리며 나아가는" 자본주의 사회는 "문화와 인간성을 초토화하는 페스트의 숨결"이 되었다. 이처럼 기이한 유형의 사회는 "파괴적인 경제적, 정치적 파국들을 하나의 사슬로 엮고 있고, 이로써 사회의 존속 자체를 위협"하고 있다. 그리고 현재의 국면에서, 자본에 내재하는 팽창 운동은 "인류 문명 전체를 위협할 정도로 무제약적인 성격을 띠게 되었다".

룩셈부르크는 세계대전이 일종의 "영구" 사태가 되리라 예상했다. 하지만 역사는 그렇게 흐르지 않았고, 이 지점에서 오래된 비상사태에만 있는 변별점이 재차 강조되어야 한다. 오래된 비상사태는 생물물리적 과정을 통해서 전개되며, 이 과정을 상대로 대항하거나 협상하기란 불가능하다. 우리는 이산화탄소의 생화학적 강제력을 상대로 폭탄을 투하하거나 흥정할 수는 없다. 이산화탄소의 강제력은 대기에 축적된 이 기체의 항시적이고 본질적인 활동이고, 이것은 곧 의도적인 개입이 없는 한(의도적인 개입이라는 것도 여전히 가설일 뿐이다) 이 페스트의 숨결이 영구적이며 지속적으로 악화된다는 뜻이다. 제러스의 룩셈부르크 해석을 따라, 우리는 "야만주의", 인구 감소, 광대한 공동묘지가 정말로 자본주의의 피할 수 없는 종말이라고 말할 수 있을지도 모르겠다. (외따로 서 있는 해결책인 태양지구공학의 장기 효과는 일단 제쳐두겠다.) 그러나 1975년 글을 쓸 당시, 제러스는 이러한 결론이 지나치게 종말론적이라 보고 한발 물러선다. "오늘날엔 생태적 파국 운운 하며 그러한 전망을 그럴듯하게 만들 수도 있겠다." 하지만 그로부터 반세기 후, 이러한 경고의 목소리는 거의 필요 없게 되었다.

그렇다면 여기서 중요한 것은, 《공산당 선언》 제1절에 등장한 바 있는 혁명적 마르크스주의의 어법이다. 즉 이 투쟁은 "사회 전체의 혁명적 재건 아니면 투쟁하는 계급들의 공멸, 둘 중 하나로"[75] 끝난다는 주장 말이다. 현재 이 두 시나리오 중 어느 것이 실현 가능성이 높은지는 거의 자명하다. 바로 그렇기에 "이 파국을 미리 막아낼 시간이 아직 남아 있을지도 모른다는 분위기"[76]가 계속해서 강조된다. "만일 …… 하지 않는다면, 상황은 나쁘게 끝날 것이다. 그러나 문제는 (여전히) 해결될 수 있을 것이다." 혁명적 마르크스주의 전통에 속하는 또 다른 사상가 다니엘 벤사이드Daniel Bensaïd는 이렇게 우리가 처한 곤경의 핵심을 짚어낸다. 룩셈부르크가, 숱한 의견 차이를 넘어서, 종국엔 레닌과 같은 편에 섰던 것은 더 큰 파국을 미리 막아내려는 노력에 투신했기 때문이다.

이들의 입장을 통해 우리는 생태적 레닌주의의 둘째 원칙, 속도가 가장 중요한 덕목이라는 원칙을 이해하게 된다. "잠재적 재난을 피할 수 있을지 아닌지는 국면을 얼마나 민감하게 감지하느냐에 달려 있다"[77]고 벤사이드는 쓰고 있다. 9월의 위기를 재구성하며, 레닌은 "기다리는 것은 일종의 범죄"라고 결론 내린다. 또는 레닌의 말을 다시 인용하자면 "지연 행위는 치명적"이다. "바로 오늘 저녁, 바로 오늘 밤" 행동할 필요가 있다. 이 주장들의 올바름이 지금보다 더 명백한 적은 없었다. 지구의 상태에 관해 조금이나마 알고 있는 사람이라면 누구나 알고 있듯, 매우 유감스럽게도 속도가, 지배계급의 범죄적인 기다림, 지연, 망설임, 부정으로 말미암아 정치의 장에서 무엇보다 중요해졌다. "이제 어떤 것도 임시변통의 수단으로는 구제할 수 없게 되었다."[78]

셋째, 생태적 레닌주의는 국가를 이러한 방향에서 장악하고, 필요한 만큼 강력한 방법으로 기존의 경제체제와 단절하며, 파국으로 치닫는 각 경제 부문들을 직접적인 공공 통제 아래에 두고자 총력을 기울인다. 이것은, 엥겔스를 인용하자면 "사회 구성원 중 어느 한쪽이 다른 한쪽에 자기 의지를 관철한다는 것"을 의미한다. 지난 수십 년간 지연된 이행기 동안, 엑손모빌이 판매 불가능한 탄소의 포집·저장 기구로 변신하는 미래를 시사한 바는 없었다. 육류 기업들과 팜유 기업들이 자기네 목초지와 플랜테이션의 재야생화를 기꺼이 허락하는 미래 역시 시사한 바 없었다. 되풀이하지만, 실질적 전환에는 어느 정도 강압적인 성격의 권위 기구가 필요하다. 만일 아나키스트들이 이러한 전환 과정에서 조금이라도 영향력을 행사하고자 한다면, 이러한 정황을 신속히 알아차리고, 다른 사람들과 마찬가지로 자발적으로 국가를 활용해야 할 것이다.

그러나 어떤 국가를 활용한단 말인가? 우리는 방금 자본주의 국가가 본성상 체제 전환을 스스로 단행할 능력이 없다고 주장했다. 그리고 아직껏 다른 형식의 국가는 역사에 등장하지 않았다. 소비에트 기반의 노동자 국가가 하룻밤 새에 기적적으로 탄생하지는 않을 것이다. 프롤레타리아트가 장악한 민주주의 기관들의 이중 권력은, 설혹 실현될 수 있더라도, 머지않은 시점에 실현될 것 같지는 않다. 이것을 기다리는 건 망상과 범죄 모두에 해당한다. 그렇다면 우리가 붙들고 싸워야 하는 상대는 자본의 회로에 늘 얽매여 있는 음울한 부르주아 국가일 뿐이다. 자본주의 국가에 영향력을 행사하는 대중이 압력을 가해, 국가 내부에 응축된 힘의 균형에 변화를 일으키고, 다양한 수단을(이 수단의 일부는 나의 책 《송유관을 폭파하는 방법: 불타는 세계에서 투쟁 학습하기 How to Blow Up a Pipeline: Learning to Fight in a World on Fire》에서 더 상세히 다루고 있다) 활용하며 국가기구들로 하여금 자본과 자기들을 엮은 쇠사슬을 끊고 나아가도록 강제해야 한다. 그러나 이러한 기획은 기성 국가를 파괴하고 또 다른 국가를 세운다는 고전적인 기획과는 분명 다르다. 그것은 사망 선고를 받을 때가 된, 아니 그럴 때가 이미 지난 레닌주의의 여러 요소 가운데 하나일 뿐이다.

한편, 오래된 비상사태로 인해 정치적 불안의 시대가 열릴 것으로 예상된다. 죄르지 루카치György Lukács의 말처럼, "위기가 깊을수록 더 많은 사회계층이 이에 휩쓸릴 것이고, 위기 속에서 더 다양한 본능적 움직임들이 서로 교차할 것이며, 권력관계는 더욱더 혼란에 빠지고 변화에 취약해질 것이다".[79] 코로나19 확산에 맞서기 위해 사용한 다소 놀라운 조치들은 맛보기였을 수도 있다. 또 다른 충격의 순간이 어떤 열림으로 이어질지 누가 알겠는

가. 어떤 곳에서는, 평범한 시민들이 내놓은 방안이 중대한 해결책으로 부상할 수도 있다. 미국 정보 당국이 편찬한 2013년 〈세계 위협 평가〉 보고서는 기후재난이 "폭동, 시민불복종, 기물 파손 행위를 촉발할" 위험이 있다고 경고했다.[80] 비슷한 전망은 부지기수로 제출되어 있다. 만일 이런 일이 실제로 발생한다면, 생태적 레닌주의자들의 임무는 자발적인 운동 속의 의식을 고양하고 운동의 방향을 파국의 동인들로 향하도록 이끄는 것이다. 그런 까닭에 "대비하라"라는 구호의 타당성은 크다. 이 구호는 벤사이드가 보기엔 레닌주의 정치를 요약한다. "대비하라. 영 일어날 것 같지 않은 일, 예기치 못한 일, 지금 일어나고 있는 일에 대비하라."[81] 이 "대비"는, 레닌의 말을 인용하자면 "모든 것을, 심지어 가장 오래되었고, 가장 중요하며, 가장 절망적으로 보이는 사회 영역들도 휘저을" 준비를 포함한다. "그렇지 않으면 우리의 과업을 수행하기 어려울 것이기 때문이다."[82] 문제가 급박하다면, 당장 손에 쥔 재료들부터 활용해야 한다.

이런 관점에서 볼 때, 생태적 레닌주의는 최고의 지도 원리이지, 정당과 관련한 지침이 아니다. 이 말은, 권력을 장악하고 올바른 조치를 시행할 수 있는 어떤 레닌주의 그룹이 실재한다는 뜻이 아니다. 그들의 수명은 누구보다 짧았고, 남아 있는 극소수 레닌주의자들 대다수는 병세가 뚜렷하다. "인간성의 위기는 곧 혁명적 리더십의 위기"라는 옛 트로츠키주의 공식은 새로운 공식에 의해 대체되어야 한다. 위기는 리더십 자체의 부재, 완전한 부재에 있다. 우리의 종자은행*은 텅 빈 사막으로 변해가는 메마른 땅에 있다. 거기서 나온 씨앗들 모두 현재의 태양 아래에서 자라려면 유전자변형을 거쳐야만 하고, 자신을 새롭게 발명하는 주체들이 씨앗에 물을 주어야 한다. 그런데 우리가 이미 주장했듯, 두 가지 요소가 긴요해 보인다. 비상 행동이라는 지향을 품어야 할 뿐만 아니라 어느 정도의 국가 공권력을 수용해야 한다는 것이다. 하지만 아나키즘은 국가를 극단적으로 미워한다. 또, 사회민주주의는 파국 속에서 점차 왜소해질 뿐이다. 반면, 생태적 룩셈부르크주의, 아니라면 생태적 블랑키주의Blanquism**, 생태적 체게바라주의, 생태적 트로츠키주의 등을 실험하지 않을 이유란 없다. 혁명적 마르크스주의가 지닌 논리적 추론의 힘을 포기할 이유도 없다. 다시 룩셈부르크를 인용하자면, "자본주의 발전의 내재적 경향은, 이러한 경향이 성숙하는 특정 시점에서는 계획적 생산양식으로의 전환을 필요로 한다. 그리고 사회 전체의 노동력이 이 새로운 생산양식을 의식적으로 준비하고 만들어갈 것이다. 사회 전체, 인류 문명이 파멸하지 않도록 말이다."[83] 그러나 "필요

---

* 사회주의를 의미한다.
** 19세기 프랑스 혁명가 루이 오귀스트 블랑키Louis Auguste Blanqui는 새로운 사회를 건설하기 위해서는 폭력 혁명과 자코뱅식 독재를 감내해야 한다고 강조했다.

로 한다"는 것이 곧 "미리 결정되어 있다"는 말은 아니다. 필요할 지도 모르지만, 현실에는 결코 나타나지 않는 것도 있다.

재생가능 에너지라는 붉은군대

에마뉘엘 마크롱이 "우리는 지금 코로나19를 상대로 전쟁 중"이라고 선언했을 때, 버니 샌더스가 "마치 지금이 전시 상황인 양" 기후변화에 대응해야 한다고 호소했을 때, 그들의 머릿속에 있던 것은 실제 전쟁이 아니라 전쟁에 관한 은유였다. 마크롱은 바이러스에 총탄을 쏟아붓기 위해 군대를 소집한 것은 아니었다. 그러나 은유에 죄가 없는 것은 아니다. 그리고 어떤 이들은 기후전쟁 담론을 포함하여 '호전적 언표'에 반대해왔다. 에너지 학자들인 요하네스 케스터Johannes Kester와 벤저민 소버쿨Benjamin Sovacool은 유혈 현장의 분위기를 전달한다는 이유로 로런스 델리나와 다른 이들을 맹비난했다. 이론의 여지 없이, 평화가 전쟁보다 낫고 이들은 주장한다.[84] 따라서 평화의 은유가 전쟁의 은유를 대체해야 한다는 것이다. 이와 같은 논리로 보면, "빈곤과의 전쟁"이나 "계급 전쟁", "기후 전시 동원"이 아니라 "빈곤과의 평화"와 "계급 평화", "기후 평시 동원"이라고 이야기해야 한다. 마크롱은 "우리는 코로나19와 평화를 유지하고 있다"고 말했어야 했고, 힐러리 클린턴은 기후변화를 위한 평화협상 테이블을 설치하겠다고 (아마도 캠프 데이비드*에) 약속했어야 했다. 이렇게 했다면, 어떤 효과가 나타났을까? 전쟁의 은유란 **수많은 사람의 생사가 걸려 있는 상황에서, 이런 상황이 생존을 위한 특별 동원을 요구할 때** 입에서 나오는 법이고, 이러한 사건들은 사실상 인류 역사의 모든 시간대에서 일어난다. 그렇다면 평화의 언어는 합당하지 않을 것이다. 평화의 언어는 축복받은 상태를 전달하는 데 더 어울린다는 단순한 이유 때문이다.

만일 뉴욕 시장 더블라지오가 "우리는 코로나19에 대항해 비폭력 시민불복종 운동을 하고 있다"고, "산소호흡기는 우리의 꽃과 노래"라고 말했다면 어땠을까? 호소력은 미미했을 것이다. 심지어 무슨 말인지 이해하기도 어려웠을 것이다. 예수 자신이 "나는 평화가 아니라 칼을 주러 왔다"고 공언한 데에는 이유가 있다. 비록 기록상으로는 그가 실제로 칼을 휘두른 적은 없었지만 말이다. 매키번은 기독교 평화주의자이지만, "지구온난화는 세계대전 같은 것이 아니다. 지구온난화는 하나의 세계대전이다" 같은 표현도 서슴지 않는다. 물론 이런 표현 역시 다른 식의 은유여서, 지구온난화가 유혈이 낭자한 군대와 군대의 전투라고 생각하는

---

* 미국 대통령을 위해 마련된 휴양지. 지미 카터 대통령 시절 이곳에서 이스라엘과 이집트 간 평화협정이 체결되었다.

것은 아니다. "전쟁"은 파국의 도래를 의미한다. 이러한 역사적 순간에 군사적 은유를 확산시키는 것은 현실의 사정을 (슬프지만) 적절히 반영하는 것이다. 단순히 사라지기를 소망하는 것은 도움이 되지 않는다. 오히려 문제는 이것이다. 오스트레일리아 정부가 군대를 보내 산불이라는 원자폭탄(이 말의 뜻에 아주 가까운 은유)으로부터 시민들을 대피시켰던 2020년 1월 초에 오카시오코르테스가 지적했듯, 증상이나 원인에 대항해 싸울 경우 "파괴라는 결과에 반응하는 식으로 사람들을 동원할 것인가, 아니면 예방을 위해 먼저 행동할 것인가?"[85] 전자는 오직 비참한, 종말에 이르는 패배로 귀착될 것이다.

2차 세계대전을 기후위기에 대한 은유, 유사체로 보는 관점에 더 구체적으로 반대하는 또 다른 견해도 있다. 이 견해에 따르면, 기후위기는 공중폭격과 달리 실감이 나지 않으며, 진주만 폭격과 비교할 만한 요소가 전무하다.[86] 이러한 지적에 이견을 제시하기는 어려울 것이다. 케스터와 소버쿨은 또한, 만일 전쟁 용어로 기후위기의 프레임을 만들어낸다면, 사람들은 기후 행동을 두려워하고 멀리하리라고 주장한다.

코로나19에 대한 전쟁에 참여하려는 광범위한 대중의 의지는 이러한 주장이 틀렸음을 보여준다. 또 보통의 미국인들은 기후위기를 '진행 중인 사건'이나 (비은유적인) '이슈'가 아니라 하나의 '전쟁'으로 보는 시각을 접한 후에야 비로소 상황이 급박함을 더 많이 느끼고, 기후 행동에 참여하려는 의지를 가지게 된다고 알려주는 심리학 연구 역시 그러하다.[87] 이런 비판 덕분에, 2차 세계대전은 기후위기를 비유할 온전한 수사학으로, 특히 국가 주도로 신속히 추진되는 생산의 전환을 이야기하기에 가장 유용한 수사학으로 등장하고 있다.

하지만 2차 세계대전이라는 수사학에는 다른 단점들도 있다. 미국의 시각에서 보면(예컨대, 빨치산과는 다른 시각이겠지만, 이 담론에서 그들은 등장하지 않는다) 2차 세계대전은 현상 유지를 위해 치러진 전쟁이었다. 미국 자본주의를 예전 상태 그대로 보호하는 것이 이 전쟁의 목적이었다. 지배계급의 일부는 군사작전에 잠시 종속되는 상태를 불편하게 여겼을 수도 있지만, 그들 중 누구도 버려지거나 무릎을 꿇거나 주형틀에 압착돼 새로운 형태로 가공될 필요는 없었다. 그들은 군사적 동원에 호응했을 뿐이다. 화석연료의 경우, 가능한 한 많은 석탄이 전쟁용으로 연소되었다. 연합군은 이동하는 거대한 석유 연소 기구였다. 이 세 가지 이유로 (2차 세계대전은 경제를 새롭게 구축하지도 않았고, 기득권에 맞서지도 않았으며, 대신 화석연료에 대한 의존도는 심화했다), 미국이 주도한 2차 세계대전은, 케스터와 소버쿨이 적절히 주장하듯 기후위기에 관한 은유로는 적합하지 않다. 그렇다고 전쟁론이 평화론으로 교체되어야 하는 것은 아니다. 차라리 전쟁론은 또 하나의 은유와 유사체로 보완되는 편이 나을 것이다. 다름 아닌 전시 코뮤니즘(공산주의)이다.

　새로운 전쟁이, 러시아에게는 유독 더 야만적이고 참혹했던 전쟁이 닥치지 않았다면, 볼셰비키가 겨울궁전을 습격하여 권력을 장악하고 평화를 선포한 후 1차 세계대전에서 빠져나가지는 못했을 것이다. 그해 10월, 러시아의 지배계급은 동서남북 사방에서 시작된 소규모 유혈 사태에 나가떨어지고 만다. 이후 보복에 눈이 먼 왕정주의, 잔인한 반유대주의로 뭉친 '백군'이 미국, 영국, 독일, 프랑스, 이탈리아, 일본, 캐나다 그리고 다른 6개국 군대의 사주를 받아 움직였다. 레닌의 〈임박한 파국에 어떻게 대처할 것인가〉에 나오는 최악의 시나리오가 전부 현실이 되고 말았다. 그런데 바로 그 땅으로 기근이 전진해 왔다. 세계대전과 (완전히 국제적인 수준의) 내전의 압력에 짓눌려, 러시아 푸드 시스템은 수백만 명에게 최소한의 영양분조차 공급하지 못했다. 장기간 지속된 붕괴 과정을 악화시키며, 1920년 심각한 가뭄이 최악의 기아 사태를 촉발했다. 러시아 전역에서 감염병이 폭격기 떼처럼 날아다녔다. 발진티푸스, 콜레라, 천연두, 이질, 림프절페스트가 발생했다. 아르한겔스크에 상륙한 미국 군인들이 데려왔고, 시베리아로 진군한 일본 제국 군대가 더욱더 확산시킨 스페인 독감도 물론 창궐했다.[88] "이가 사회주의를 물리치거나 사회주의가 이를 물리치거나, 둘 중 하나"[89]라고 1919년 12월 레닌은 중얼거렸다. 빅토르 세르주Victor Serge*는 하수관이 어떻게 도시의 건물들 안에서 얼어붙게 되었는지를 서술했다. 절망에 빠진 이들은 대저택들에서 목조 가구를 도둑질해다 자기네 집에서 태웠다. 다른 연료는 거의 없었다. "러시아의 겨울, 끝없이 이어지는 밤들에, 모든 조명의 조도는 꺼지기 직전 상태로 유지되었다."[90]

다시 말해, 볼셰비키들은 하나의 비상사태에서 또 다른 비상사태로 비틀거리며 나아갔는데, 이 같은 상황으로 인해 일부 정책을 급진화하게 된다. 러시아 내전이 발발하기 반년 전, 러시아 정부는 기업 국유화의 속도를 늦추었다.[91] 대신 국유화 과정은 공장, 광산, 작업장을 점거한 연후에 국가의 지원을 요구한 지역 소비에트들과 노동조합들에 의해, 기층 민중에 의해 맹렬히 추진되었다. 그러나 적들에게 포위되자, 국가가 스스로 공세에 나섰고 생산수단을 손아귀에 넣었다. 수많은 통제 조치들이 뒤따라 나왔다. 사유재산에 집착하던 백군마저 자기들의 경제에 (석탄 광산의 국유화를 포함하여) 국가 통제라는 제도를 도입했다는 아이러니가 당시 상황의 긴박성을 말해주고 있었다. 국가와 기업 모두, 제국주의 독일과 제정러시아의 전쟁 경제에서 벗어나 잠시 휴식을 취했다. 즉 다급한 상황에서는 재산의 신성함 따위는 망각해야 한다.

＊ 20세기 전반기 유럽에서 활동했던 혁명적 마르크스주의 작가이자 역사학자. 러시아혁명기 볼셰비키에 참여했고, 이후 코민테른에서도 활동했다. 소련의 스탈린 체제에 대한 저항운동에 가담했다.

그러나 당연하게도 볼셰비키 통치하에서는 이러한 변화가 세계 어느 곳에서보다 훨씬 더 심도 있게 추진되었다. 10월혁명 100주기에 나온 저작 가운데 가장 섬세한 기록물인 《혁명 중인 러시아: 1890~1928년 위기의 제국Russia in Revolution: An Empire in Crisis, 1890–1928》에서 스미스S. A. Smith는 "특권 엘리트층이 믿을 수 없을 정도로 빨리 사라졌음"[92]에 놀란다. "농민들이 토지 재산을 장악하면서 귀족들의 주요 자산은 당연히 탈취되었다. 또 산업, 상업, 은행이 국유화되면서 자본가들은 자산을 상실하게 되었다." 스미스가 보기에 이런 식의 지배계급의 급작스러운 증발이 이른바 "전시 공산주의"의 주된 특징이었다.

오늘날 전시 공산주의라는 용어는 씁쓸한 맛을 머금고 있다. 당연한 일이다. 전쟁의 당사자였던 볼셰비키들은 결코 적다고는 볼 수 없는 잔혹 행위를 저질렀다. 자, 그렇다면 전시 공산주의에 호소한다는 것이 곧 즉결 처형을 해야 한다거나, 시골로 식량 징발대를 보내야 한다거나, 노동력을 군사화해야 한다고 제안하는 것은 아님을 명확히 하자. 기후 동원의 모델로 2차 세계대전의 모델을 생각하는 사람 가운데 히로시마에 또 원자폭탄을 투하하기를 원하는 이는 아무도 없는 것과도 같다. 볼셰비키가 미덕으로 **왜곡했던** 필요 사항 가운데 다수를 우리는 즉시 악으로 인지할 수 있다.

그러나 정반대로, 그들이 자신들의 약점으로 생각한 것을 우리는 강점으로 볼 수도 있다. 이 주제에 관한 가장 무게감 있는 저작인 《전시 공산주의의 경제 조직 1918~1921The Economic Organization of War Communism 1918–1921》에서 실바나 말레Silvana Malle는 1918년 말경에 볼셰비키가 통제한 러시아 영토가 브레스트-리토프스크 평화조약(러시아에 대한 징벌적 성격을 띠는 조약)에 의해 보장된 영토의 11분의 1로 줄어들었다고 쓰고 있다.[93] 도네츠 분지의 탄광, 바쿠의 유전들이 통제 영토에서 벗어났다. 백군과 동맹국 군대들은 당시까지 러시아 경제의 근간이던 석유의 97퍼센트, 석탄의 99퍼센트를 점유했다. 외국의 봉쇄 조치로 수입의 길도 막혔다. 사실상 볼셰비키 러시아는 이제 화석연료 없는 땅이 되고 말았다. 트로츠키는 당시의 절망적 상황에서 걱정이 태산이었다. 연소할 화석원료가 없다면, 바로잡힌 소유 관계도 거의 의미가 없었다. "연료와 원자재가 완전히 부재하는 산업(자본주의 독점 기업에 속하든, 노동자 국가에 속하든 사회화된 공장이든 아니든), 이 산업의 굴뚝은 석탄이나 석유 없이는 연기를 내뿜지 않을 것이다."[94] 그리고 실제로 2년 동안 어떤 붉은 굴뚝에서도 연기는 나오지 않았다.

그렇다면, 볼셰비키는 화석연료가 없는 상황에서 어떻게 했을까? 이들은 러시아에 남아 있던 북방 침엽수림의 나무로 눈길을 돌렸다. 이 형편없는 대체물은 1913년 산업에서 소비된 전체 에너지의 17퍼센트를 담당했는데, 7년 후 이 비율은 83퍼센트로 치솟았다.[95] 교통이라는 중요한 부문에서 이 비율은 더 높았을 가능성도 있다. 열차를 타고 전쟁을 지휘하던 트로츠키는 "최근 확보한 생목을 써서 보일러를 가열해야 했다"[96]고 투덜거렸다. 말레는 당시 국가가 어떻게 "연료 정책 수립을 위한 최고 국가기구"[97]를 신설했는지 설명한다. 이 기구는 목재 재고를 조사했고, 공무원을 파견해 지역의 수요를 파악했고, 특정 산업 부문에(특히 철도에) 우선권을 할당했고, 할증 가격 제도를 도입해 공급 속도를 높였다. 나아가 부족분을 효과적으로 채우는 전국 체계를 조직했고, 공권력을 써서 볼셰비키 러시아를 바이오 연료로 돌아가는 노동자 국가로 전환했다. 말레는 마르크스주의 역사학자는 아니지만, 이와 같은 성취를 인정할 수밖에 없었다. 그는 볼셰비키가 "광범위한 고통과 혼란 속에서도 잘 정비된 군대를 지원"할 수 있었다고 지적한다. 전쟁으로 점철된 지난 200년간의 에너지 상황을 고려해볼 때, 볼셰비키의 성취는 차라리 예외 사례로 간주되어야 한다. 즉 백군과 동맹국들의 공격 속에서도(화석연료 제로 대 세계의 모든 에너지원 확보라는 구도에서도) 붉은군대는 전쟁에서 승리했던 것이다. 이것 하나만 놓고 보면, 1918년 후반부터 1920년 후반까지는 소비에트 국가 역사상 가장 멋진 시기였다. 목재를 태워 달리는 열차를 탄 트로츠키와 석유의 바다 위를 서핑하는 프랭클린 루스벨트, 어느 쪽을 고르겠는가.

물론 화석연료를 강제로 빼앗긴 상황과 화석연료를 적극적으로 폐기하는 상황 사이에는 커다란 간극이 있다. 전시 공산주의 상황이 막을 내리자마자 화석연료를 태우는 굴뚝에서는 다시 연기가 뿜어져 나왔다. 이런 행태가 지속되는 동안, 석탄과 석유의 부재는 축복이 아니라 저주로 여겨졌는데, 특히 목재를 집적하는 노동에 강제 동원된 남성과 여성 노동자들 사이에서 그러했다. "우리의 연료 수요는 전례 없는 대규모 벌목 노동의 수행 없이는 (심지어 부분적으로도) 충족할 수 없다"[98]고 트로츠키는 단언했다. 석탄이나 석유에 접근할 수 없었고, 현대 기계 장비 역시 턱없이 부족했던 소비에트 정부로서는 육체노동에 의존하는 길밖에는 뾰족한 수가 없었다. 당시 소비에트 정부는 자기를 굳게 믿고 앞으로 나아가지 못했다. 전선에서 불필요했던 붉은군대 부대들에 숲으로 이동하라는 명령이 떨어졌다. 군대식 지휘 아래 작업한 군인들은 당연히 벌목 작업에 높은 효율을 보였다. 트로츠키는 이들의 모습에서 화급한 비상사태 시국에 경제가 어떻게 운영되어야 하는지, 하나의 모범을 발견했다. 시골 지역은 "예컨대, 이러이러한 시기에 이러이러한 양의 목재를 공급할 의무"를 이행해야 한다. 노동자와 농민들은 현장으로 달려가 "철도를 보수하고, 나무를 자르고, 목재로 만들어 마을로 옮기는 활동"에 참여해야 한다. 이런 생각에는 아마도 전시 공산주의의 가장 수치스러운 모습일 '노동의 군사화'의 씨앗이 있을 것이다. 노동자의 신원확인과 모집, 노동 의무 부과, 엄중한 군사 규율 적용이 이 과정에 함께했다. 그러나 이것은 확실히 존재하긴 했으나, 말레에 의하면 "널리 시행되지는 않은"[99] 제도였다.

그렇긴 해도, 전시 공산주의를 활달히 해석할 수도 있다. 화석 연료를 사용할 수 없었던 소비에트 국가는 강제 노동이라는 방법에, 즉 지하에서 농축된 에너지원의 대체물인 노동자의 육체와 나무에 의존했다. 지구의 모든 물자를 마음대로 처분할 수 있고, 그리하여 압제로 가는 기차를 가동한 군대와 전쟁을 치르면서 말이다. 혹시 이와 유사한 일이 우리 시대에도 일어날까? 만일 이 방향으로 자유롭게 상상의 날개를 펼쳐본다면, 우리는 어느 국가에서 화석 자본에 반하는 혁명이 일어나는 사태를 떠올려볼 수도 있을 것이다. 이 혁명은 적대적인 주변 국가에 포위되고, 혁명 국가는 자극을 받아 육체노동력을 동원하려 할 것이다……. 그러나 역사가 이런 식으로 반복될 리는 만무하다. 우선, 오늘날의 재생 가능 에너지에는 석탄, 석유와 비교할 때 목재가 지닌 약점이 전무하다. 태양광이나 바람을 수집하는 작업에 건장한 러시아 농민들의 군대도 필요치 않다. 게다가 트로츠키주의자가 아닌 한, 일국 단위에서는 화석 자본과의 결별이란 결단코 불가능하다고 전제할 까닭도 없다. 이보다 조금 더 가능성이 높은 상황은, 기후위기가 몇몇 지구적 한계점을 건드리는 수준까지 심화될 경우 (비록 코로나19에 대한 반응만큼 동시다발적이진 않겠지만) 국제 연대가 전개되는 상황이다.

이렇게 보면, 온갖 불편함에도 전시 공산주의는 2차 세계대전 당시 미국이 충족하지 못한 것이라고 케스터와 소버쿨이 주장한 세 가지 기준을 전부 충족하는 것처럼 보인다. 더욱이 '전시 공산주의'라는 용어 자체의 의미를 생각해봐야 하는 이유가 더 있다. 전시 공산주의는 장기화 국면으로 들어간 비상사태의 본질을 건드리는 정치다. "관성에 사로잡힌 기존 체제, 관행적 행동 방식은 오늘날의 우리를 구하지 못할 것이다."[100] 이 발언은 2020년 봄 보리스 존슨이나 앙겔라 메르켈이 했던 말 또는 IPCC 보고서에 보이는, 정책 입안자를 위한 요약문의 한 구절처럼 들릴지도 모르겠다. 하지만 이것은 을씨년스러운 해annus horribilis였던 1920년, 트로츠키가 한 말이다. 당시는 유토피아와는 정반대의 상황이었다. 볼셰비키 정권 초기는 "명령 체계와 규율이 필요한, 탄광 사고 현장에 투입된 구조대보다 나을 게 하나도 없는 유토피아의 이미지"[101]라고 테리 이글턴Terry Eagleton은 쓰고 있다. "그런 체계와 규율은, 상기할 때마다 우리에게 불쾌감을 안겨줄 것이다." 이글턴은 해마다 책 한 권을 출간할 정도로 탁월한 비평가이지만, 인간 아닌 자연 세계와 기후 영역에서 모종의 사건이 일어나고 있다는 사실을 전혀 눈치채지 못하는 마르크스주의자 종족에 속한다. 하지만 그의 비유법만은 생태적 활용도가 있다. 지구온난화는 궁극의 탄광 재난이다. 지구온난화가 요청하는 것은 이상화된 완벽한 사회가 아니라 구조 작업이다. 탄광 갱도에서 사람들을 질식사에서 구하는 행동은 풍요의 천국으로 이어진 문을 열어젖히는 행동이 아니다. 마찬가지로, 마냥 즐겁기만 한 풀밭 위의 놀이를 함축하는 '평화 공산주의'라는 표현은 예측 가능한 미래에 대한 잘못된 이름일 뿐이다.

자, 우리는 화석연료를 폐기하는 전환은 봉쇄령 같은 강압이 필요하지 않다고, 오히려 사람들의 삶을 개선하는 데 도움이 된다고 주장했다. 이것은 확실하다. 하지만 동전에는 다른 면도 있는데, 어느 정도로 폐기하느냐의 문제이다. 물질적 제약이 전무한 이상향이라면, 누구나 원하는 것이 무엇이든 마음껏 사냥하고, 마음껏 날아다닐 수도 있을 것이다. 언젠가 우리는 그런 상태에 정말로 도달할지도 모른다. 지구의 표면에 충분히 많은 숲을 다시 조성하고, 새로운 기술 기반(대기에서 끄집어낸 농축 연료의 사용도 한 가지 방법일 것이다) 위에서 항공 수단을 다시 발명하는 일정한 이행기 이후라면 그럴지도 모른다. 그러나 **이행기 동안**에는 반드시 야생동물 소비의 불법화, 대규모 항공 운항 종식, 행복한 삶의 일부로 여겨지는 육류나 다른 제품들의 단계적 폐지를 이루어내야 한다. 이 중 어느 것도 필요하지 않다고, 평범한 사람들이 희생하거나 불편을 겪을 일은 없을 거라고 말하는 좌파나 기후운동 세력은 정직하지 못하다. 이들이 덜 정직할수록, 그만큼 전환은 지연되고 만다. 《구조Salvage》* 편집진이 쓴 한 에세이는 풍요의 땅에서 살아가는 해방된 인류를 상상하는 고전적 마르크스주의자의 이상에 관한 우아한 부고다. 이들 최후의 몽상가들은 "럭셔리 공산주의"에 대한 환상을 품고 있는 동지들이다. 하지만 이미 손상된 지구가 보여주듯, 풍요로움이 우리를 기다린다고 말해주는 것은 어디에도 없다. 전 지구적 규모의 교란에 따른 결핍, 고난, 충격이 들이닥칠 것이고, 그때 비로소 반자본주의 세력은 길고긴 터널에서 빠져나올 것이다. "지구의 비참한 상태는 지속될 테고, 부단한 복원 사업이 필요할 것"[102]인데, 이러한 사업의 주요한 두 갈래는 재야생화와 탄소 배출량 감축이어야 할 것이다. 이런 사고의 흐름 속에서, 《구조》 편집진은 이것을 "구조 공산주의Salvage Communism"라고 부른다. 이 용어 자체는 긍정적인 느낌을 주지만, 담긴 내용은 앞에서 내놓은 주장과 다를 바 없다. 즉 《구조》 편집진을 인용하자면, "모든 정치가 재난 정치여야 한다". 1920년의 트로츠키를 인용하자면, "우리는 극단적 비참함 속에 있다".[103] 생태적 위기의 본질은 다름 아닌 비참함이다.

1918~1921년 러시아에서 실행된 전시 공산주의는 구덩이에서 기어 나오려는 시도였고, 라스 T. 리Lars T. Lih가 일련의 치밀한 조사를 통해 보여주었듯, 이 과정에는 타협이 필요했다.[104] 당시 '약속된 땅'으로 달려가던 무아지경의 볼셰비키의 모습을 꺼내 뒤

---

* https://salvage.zone. 2015년 창간된 좌파 저널로, 자본주의 시스템이 초래한 생태적 파국이 이미 진행되고 있다는 인식 아래 코뮤니즘의 대안을 모색하고 있다.

집어 보여주며, 리는 볼셰비키가 어떻게 해서 쓰디쓴 약을 연이어 삼켜야만 했는지 소상히 설명한다. 어떤 경로와 이유로 이들이 붉은군대에 차르 시대의 옛 장교들을 불러들였고, 보너스를 줄여가며 생산성을 증대했는지를. 어떻게 해서 차별 임금 제도를 장려했고, 각 직장에서 엔지니어, 기술자, 경영자 같은 "부르주아 전문가"의 권위를 수용했고, 코뮌(공동체)의 이상을 비롯한 많은 것을 포기하게 되었는지를. 역설적이게도, 당시의 비상사태는 구체제ancien régime와 일부 연속성을 유지하라고 강요했다. 깔끔한 단절은 불가능했다. 새로운 체제는 "긴요하고 가치 있는 것 일체를 옛 제도에서 가져와 새로운 과업에 활용해야 한다".[105] 우리의 경우, 부르주아 전문가는 석유 기업들, 스타트업들에서 모집될 것이다. 여기서 우리는 은유와 유사체로서의 전시 공산주의라는 개념의 최종 가치 역시 알아채게 된다. 부정적인 교훈으로 말이다.

전시 공산주의에서 폭정으로 이어진 역사의 여정은 너무나 짧아서 거의 없는 것이나 마찬가지였다. 전시 공산주의의 역사에서 끌어낼 수 있는 안이한 결론은, 국가 주도의 비상조치 행동은 언제나 궤도를 이탈해 전체주의로 귀결되기 마련이고, 따라서 무조건 배제되어야 한다는 것이다. 케스터와 소버쿨은 기후 전시 동원 기간에는 민주주의 자체가 희생되어야 할 것이라며 우려를 표명한다. "치료가 질병보다 더 나쁠지 모른다"[106]는 것이다. 봉쇄령에 반대하는 시위대 속에서 들렸던 목소리이기도 하다.

　하지만 이러한 입장이 질병을 과소평가한 것으로 드러나는 순간이 도래할 것이다. 바로 그 역사적 순간에 우리는, 도나 해러웨이Donna Haraway의 표현을 차용하자면 **"딜레마와 함께할**stay with the dilemma"* 준비가 되어 있어야만 할 것이다. 어떻게 기층민의 민주적 권리를 짓밟지 않고, 오히려 그들을 보호하고 그들의 힘에 의지하고 그들의 힘을 끌어내면서, 비상시국에 필요한 통제 조치를 실행할 것인가라는 딜레마 말이다. 아나키스트도, 사회민주주의자도 이 딜레마를 인식하지 못하고 있지만, 사회주의의 계보학에서는 이 문제를 두고 평생 고민해왔고, 이를 원칙적 사안으로 삼기를 결코 포기하지 않은 분파가 있다. 반스탈린주의 레닌주의 분파이다. 그렇다면 이 분파는 그동안 어떤 확실한 해법을 제시했던 걸까? 물론 그렇진 않다. 관료주의적 남용을 막는 방어선이 무너지면 어떻게 일을 망칠 수 있는지, 몇 가지 무거운 교훈을 학습했을 뿐이다. 이 분파는, 적어도 분파 내부의 이단적 동지들은, 창립자들(강력한 중앙 권력을 미화했고, 요새 멘털리티에 빠지고 만 레닌과 트로츠키)의 실수에 심각한 우려를 표했고, 그들의 실수를 반복하지 않겠다고 맹세했다. 이 분파는 그러한 권력에 견제 장

＊　도나 해러웨이의 저작 《트러블과 함께하기Staying with the Trouble》의 제목을 차용한 것.

치를 설치하고, 절대적 관료주의에 대한 경계심을 주입하는 "묘하게 자유지상주의적인 레닌주의"[107](벤사이드)를 실험했다. 지난 100년간, 이들은 언제 10월의 기관차가 탈선했는지를, 내적 건설 과정의 어떤 요소가 그 난파에 기여했는지를, 어떻게 했더라면 기관차가 더 생산적인 방식으로 조정될 수 있었을지를(또는 그것이 가능했을지를) 줄곧 숙고해왔다. 그러나 이들은 다음번에는 이 딜레마를 어떻게 극복할지에 관한 정확한 매뉴얼을 마련하지는 않았다. 왜냐하면 이 딜레마의 성격상 그런 매뉴얼은 있을 수 없기 때문이다. 일련의 깨뜨릴 수 없는 원칙들만 있을 수 있는데, 그중 첫째는 표현의 자유, 집회의 자유를 침해하지 않는다는 것이다.

이러한 깨달음은 미국의 2차 세계대전 경험에서는 나오지 않았다. 오래된 비상사태라는 상황에서는 **이것이야말로** 되돌아가야 할 전통이다. 상거래의 흐름을 통제하고, 야생동물 밀매업자들을 쫓아내고, 화석연료 기업들을 국유화하고, 직접 기체 포집을 실행하고, 연간 탄소 배출량을 10퍼센트 가까이 감축하는 경제를 계획하고, 이 밖에도 필요한 모든 조치를 추진하는 국가가 정말로 나타날 때에야 비로소 우리는 비상사태를 벗어나는 도정에 서 있을 것이기 때문이다. 그러나 여기에는 분명히 위험 요소가 가득할 것이다. 이런 식으로 몸집을 부풀린 국가는 (심지어 국가가 감찰부, 군대, 출입국 통제부 등의 부서들로 축소되더라도) 오만해질 수 있다. 대중민주주의가 무르익어 끓어오르지 않고는 어떤 전환도 상상하기 어려운 법이며, 따라서 정부와 대중이 긴장을 빚고 충돌할 수도 있다. 물론 이 모든 것은 순전히 추정에 불과하다. 하지만 지금 우리는 증상을 치료하는 시대 상황에서는 권위주의로 퇴행할 수도 있다는 훨씬 더 다급한 문제에 직면해 있다. 이를테면 봉쇄령 같은 것 말이다. 일부 부르주아 국가들(극우파가 집권한 국가들)은 억압적 국가권력을 확대해 파시즘 일보 직전으로 치닫는 데 일말의 가책도 느끼지 않을 것이다. 이러한 위협은 또 다른 연구에서 중요하게 다룰 예정이다.

그렇다면 우리가 추구할 미래는 비유적 의미의 '생태적 전시 코뮤니즘'이어야 할 것이다. 비유적 의미란 이것이 "유추에 불과하다"는 말이다. "하지만 내용이 매우 풍부한 유추다."[108] 생태적 전시 코뮤니즘이란 당장 화석연료 없이 사는 법을 학습하고, 지배계급의 저항을 깨뜨리며, 이행기 중에 경제를 전환하는 것, 최악의 시나리오가 현실화되더라도 포기하지 않고, 힘차게, 필요하다면 타협하며 폐허에서 솟구치고, 회복의 이행기를 만들어가며, 딜레마와 함께하는 것을 의미한다. 생태적 전시 코뮤니즘은 러시아 내전 코스프레가 아니다. 러시아 내전은 노동자 국가의 중심부에 잔혹한 공권력이라는 독을 투여했고, 결국 노동자 국가는 그 독에 희생되고 말았다. 그러나 내전 시대의 또 다른 유산은 더 나은 운명의 길을 걸었다.

레닌이 야생의 자연에 열정을 보였다는 사실은 그의 평전을 쓴 이들에게는 잘 알려진 사실이다. (약간 색채는 다르지만 로자 룩셈부르크도 그랬다. 두 사람의 열정은 얼마간 심도 있게 다른 곳에서 다시 다룰 예정이다.) 이 열정은 지체 없이 실제 정책에 반영되었다. 정권을 잡은 지 이틀 만에 볼셰비키는 〈토지에 관하여On Land〉라는 포고령을 공표했는데, 러시아 내 모든 숲과 물과 광물을 국유화하는 조례였다.[109] 반년 후, 이들은 〈숲에 관하여On Forests〉라는 기본법을 발표했다. 이 법은 러시아의 숲을 용익림과 보호림으로 구분했는데, 여기서 후자는 "자연 기념물", 즉 사람이 아니라 자연이 지은 기념물의 "보전"을 위해 별도로 지정된 곳이었다. 1919년 전쟁이 한창 달아오르던 무렵, 적군에 포위된 마을 아스트라칸 Astrakhan의 볼셰비키 활동가들은 가까스로 모스크바에 도착해 레닌을 접견한다. 이들은 레닌에게 볼가 삼각주 내 한 자연보호구역에 대한 자신들의 계획을 승인해줄 것을 호소했고, 레닌은 이를 승인한다.[110] 그때 레닌은 이렇게 말했다. "자연 보존은 공화국 전체에 중요한 사안이다. 나는 이 일이 긴급한 과제라고 분명히 말해두고자 한다. 이 문제가 국가적으로 필요한 사안임을 천명하자. 그리고 나라 전체에 중요한 과제임을 인정하자." 이 자연보호구역은 볼셰비키가 제도화한 최초의 **자포데브닉**zapodevnik(옛 소련의 야생보호구역)이 된다. 1921년 러시아 대륙 전체에서 "중요 자연 지역"을 법으로 보호하는 조치가 뒤따랐다. 이 지역을 오락을 위한 장소로 용도 변경하지 말고, 과학과 자연을 위해 자유롭게 남겨진 자연계로 두자는 발상이었다.

내전이 끝나갈 무렵, 소비에트 생물학자들은 새로운 자포데브닉을 지정하기 위해 러시아 대륙을 샅샅이 뒤지고 다녔다. 생태과학이 이례적으로 전성기에 접어들었는데, 이런 흐름 속에서 곤충학자 세메노프-티안-샨스키V. P. Semenov-Tian-Shanskii 같은 인물들이 전면에 등장했다.[111] 이 곤충학자는 수많은 동물의 지속적 생존을 위협하는 인류의 "포식자적 성질"에 일종의 돌연변이를 일으킨 "거대 자본"에 관해 경고했다. 1922년 수문학자水文學者 티모노프V. E. Timonov는 "최단기 이윤"을 얻기 위한 자연 착취가 초래한 우울한 사회상을 그리며, 이렇게 탄식했다.

기후가 파괴되고 있다. 삶의 여건은 더욱더 나빠지고 있다. 자연에 대한 자신의 '승리'에 정점을 찍으며, 인간은 매력 넘치는 풍경 속에 역겨운 광고판들을 설치하고 있다. 공장들을 쥐어짜 악취 나는 가스를 대기로 분출하게 하고, 자연의 즐거움을 대대적으로 훼손하는 두 힘인 '증기와 전기'가 대표하는 우리 시대에는 특히나 변태적인 광고판들을.

국가가 이러한 목소리를 경청한 시절도 있었다. 하지만 그 기간은 비극적일 만큼 짧았다. 스탈린주의 역시 생태적 반동이었다. 하지만 스탈린주의가 10월혁명의 유산마저 완전히 삭제한 것은 아니었다. 소련의 자연보호에 관한 최고의 역사학자인 더글러스 웨이너Douglas Weiner는 이렇게 쓰고 있다.

생태계 연구를 위해 보호구역을 별도로 정하자는 제안은 러시아인들이 처음 했고, 그런 생각을 처음으로 실행에 옮긴 것은 소비에트 정부였다. 또한 러시아인들은 지역별로 계획을 세워 대지를 사용할 수 있으며, 상태가 악화된 자연이라 해도 생태학적 연구를 기반으로 **회복시킬 수 있다는** 선구적인 발상도 내놓았다.[112]

이것은 이후로도 계속 생명력을 유지한 발상으로, 오늘날 재야생화라고 불리는 실천에도 포함되어 있다.

더욱 놀라운 것은, 자포데브닉 제도가 스탈린 시대와 소련 멸망 이후에도 명맥을 유지했다는 것이다. 그러니까 10월혁명 이후 100년이 지난 시점에도 러시아는 자국 땅의 대부분을 최고 수준의 보호 지역(방문자 출입이 제한되는 "엄격한 자연보호구역"으로 규정된 지역)으로 지정했는데, 세계 어느 나라보다 높은 수준의 보호 조치였다. 이러한 일관된 정책으로 얻은 이익을 말해보기로 하자. 2017년 8월 《뉴욕타임스》는 '레닌의 생태 전사들'이라는 헤드라인 아래 레닌 시대를 일부 찬미하는 사설을 실었다.

적어도 지금의 시점에서 보면, 레닌의 유산은 보전되고 있다. 또 아직도 러시아는 국토의 대부분을 최고 수준으로 보호하는 과업에서 브라질과 오스트레일리아를 앞선 세계 선도 국가이다. 러시아의 생태주의자들은 인간의 발길이 닿지 않는 지구상의 몇몇 광활한 지대를 보전한다는, 아직 절망적이지는 않은 이상적 신념을 계속해서 지켜가고 있다.[113]

21세기의 생태적 레닌주의를 실현하기 위한 또 하나의 역사적 과제가 있다. 인간의 발길이 닿지 않는 지구상의 정말로 광활한 지대를 계속 확대해간다는 과제이다.

무제한의 제국주의를 끝장내기

"자연 통제와 관련해 우리가 이룩한 진보가 우리를 참화로부터 보호해주기는커녕 도리어 점점 더 참화를 빚어내고 있는지도 모른다는 불길한 예감과 두려움이 널리 확산되어 있다."[114] 20세기의 위대한 사상가 테오도어 아도르노Theodor Adorno가 지금 살아 있다면, 강렬한 기시감에 몸을 떨었을 것이다. 그의 동료 학자였던 막스 호르크하이머Max Horkheimer 역시 마찬가지였을 것이다. 호르크하이머는 이렇게 쓰고 있다.

자연은 우리 시대에 어느 때보다도 오직 인간의 도구로만 생각되고 있다. 자연은 완전한 수준의 착취 대상이며, 이러한 착취에는 이성이 정한 목적이 없고, 바로 그렇기에 제한도 없다. 무제한의 인간 제국주의는 결코 만족할 줄을 모른다. 지구에 대한 인류의 이와 같은 지배는, 인간 아닌 다른 동물종들이 곧 유기체 진화의 최고 형태였던 자연사의 다른 시대에는 전혀 찾아볼 수 없다. 저 동물들의 탐욕은 어디까지나 물리적 생존이라는 필요에 따라 제한된 것이었다.[115]

그러나 인간의 탐욕에는 그러한 제한이 없는데, 역사 과정에서 빚어진 다음과 같은 이유 때문이다. 호르크하이머는 서둘러 덧붙인다.

극소우주와 우주라는 두 가지 무한대의 영역으로 자신의 힘을 확장하려는 인간의 갈망은 인간의 본성에서 발원하는 것이 아니라 사회체제에서 비롯된다. 세계의 다른 국가들에 대한 제국주의 국가들의 공격을 그들의 국민성보다는 그들의 내적 투쟁에 근거하여 풀이해야만 하듯, 자기 외부의 무엇에 대한 인류의 전체주의적인 공격은 인간의 선천적 본성이 아니라 인간들 간의 관계에서 발원한다.

인류에 의한 자연 지배의 역사는 자본의 역사보다 더 뿌리가 깊다. 하지만 계급사회보다 더 뿌리가 깊은 것은 아니다. 이것을 입증하려면, 심지어 그런 작업을 시작이라도 하려면, 그리고 프랑크푸르트학파의 핵심 개념일 '자연 지배'에 관한 분석을 이해하려면 또 다른 연구가 필요할 것이다. 이 과제는 다른 데서 시도해볼 생각이고 여기서는 단지 이렇게만 묻고자 한다. 코로나19는 호르크하이머가 말했던 '자연의 반란'인 걸까?

  어떤 이들은 사태를 그런 식으로 보려고 한다. 2020년 3월과 4월에 팬데믹 낭만주의라는 장르가 나타났는데, 사람들은 인간이 사라진 자리에 자신을 드러낸 야생동물들의 사진을 포스팅했다. 산에서 내려와 바르셀로나 거리를 거니는 멧돼지, 남아프리카공화국의 아스팔트를 어슬렁대는 사자, 일본 지하철역에 나타난 사슴, 칠레 산티아고에 등장한 퓨마. #animalstakingover라는 해시태그가 유행했다. 굉장히 멋져 보일지도 모르겠지만, 안타깝게도 인수공통감염병 확산은 박해받은 동물들의 반란 전술이 아니다. 이 감염병은 거꾸로 야생동물들에게 쉽게 확산해서 그들을 감염시킬 수 있기 때문이다. 팬데믹이 시작될 무렵 과학자들은, 특히 영장류에 대해 우려하며, 대형 유인원 서식지의 안쪽이나 주변에서 진행하는 생태관광과 현장 조사를 중단하라고 촉구했다.[116] 이 유인원들은 여느 인간들처럼 같은 질병으로 인해 폐호흡 기능을 상실할 수 있다. 이미 전염병들이 동물들을 섬멸하고 있는데, 이를테면 2003년 콩고 지역에서 고릴라 5000마리가 에볼라를 앓다 목숨을 잃었다.[17] 또 진균 병원체 탓에 양서류들이 멸종으로 내몰리고 있다. 그러니까 전 지구적인 병세는 맹목적 자살 폭탄 테러로 생각할 수는 있을지언정, 자연의 복수나 반란으로 생각할 수는 없다. 족쇄를 찬 채 연회장으로 쳐들어가 지붕을 지탱하는 기둥을 무너뜨리며 야성을 드러내는 삼손의 이미지는 코로나바이러스와는 맞지 않는 것이다. 당연한 말이지만, 이것은 인간 쪽에서 바라본 화면일 뿐이다.

코로나바이러스에 행위자의 성격을 부여하려는 이라면, 라투르주의자*, 포스트휴머니스트, 신유물론자** 그리고 다른 혼종주의자들에게 의존할지도 모르겠다. 우리는 다음과 같은 제목의 논문들을 기대해볼 수도 있을 것이다. 〈병원체의 수행성: 바이러스가 물질이 되는 방식에 관한 앎을 향해서〉 아니면 〈우리는 결코 건강했던 적이 없다: 사람과 기생생물 간 경계의 붕괴에 관하여〉 아니면 〈코로나19라는 행위자의 연대: 균등한 능력, 활기 넘치는

---

* 프랑스의 철학자이자 인류학자, 과학기술학 연구자인 브뤼노 라투르Bruno Latour의 이론을 따르는 이들을 말한다.
** 신유물론New Materialism은 최근 부상하는 철학 사조이다. 물질의 수동성을 전제하는 구유물론과 달리 물질의 능동성을 포착하여 현실을 설명하고, 물질과 인간의 경계를 허물어뜨리려 한다. 서구 사상을 지배해온 이원론과 인간중심주의에 대한 문제의식을 바탕으로 인간 외 존재자에 주목해 새로운 존재론과 윤리학을 구축하려는 패러다임이다.

괴물성〉. 이런 논문은 언제나 그렇듯이 독자를 몽롱하게 만들 것이다.

정반대로, 생태 위기 속에서 우리가 겪고 있는 이번 사태는 인간과 비인간 사이의 지울 수 없는 존재론적 차이를 다시금 알려주었다.[118] 박쥐들은 어느 날 아침 느닷없이 자신들이 살던 숲에 싫증을 낸 적이 없다. 천산갑들 역시 자신을 시장에 내놓은 적이 없다. SARS-CoV-2로 알려진 유기체가 비행기에 잠입할 계획을 세운 적도, 누군가에게 어떤 책임을 전가한 적도 없다. 이번 사태에서 어떤 의도를 품은 행위자란 오로지 인간뿐이다. "내가 저 쥐들을 기르면, 나중에 더 많은 쥐를 팔 수 있겠지"라거나 "저 늪 아래에 분명 석유가 있을 거야" 같은 생각을 하는 이들 말이다. 오직 인간만이 말벌의 둥지에 막대기를 쑤셔댄다. 그러나 코로나 위기가 정말로 중요한 무언가가 된다면, 아도르노가 말했듯 "인간이 자기 고유의 자연성을 자각하고 자연에 대한 자기 고유의 지배를 중지하는"[119] 순간을 맞을 때 그러할 것이다. 여기서 열쇳말은 '자각한다conscious'는 것이다. 더 정확히 말해서, 지축을 뒤흔드는 수준의 이번 인수공통감염병 확산 사태 속에서 분명히 해야 하는 것은, **기생 자본에 맞서 야생의 자연을 보호하는 행동이 이제는 인간의 자기방어 행동**이라는 사실이다. 하지만 이러한 자기방어를 자각적인 행동으로 발전시키는 과업은 전적으로 인간의 몫일 것이다.

그리고 더 큰 차원에서, 우리는 반드시 생각해봐야 한다. (다시 아도르노를 인용한다.)

인류가 파국을 사전에 막아낼 수 있을지 없을지를. 자기를 자각한 지구적인 주체가 나타나고 개입하지 않는 한, 인류 고유의 지구적 사회구성체들societal constitutions은 자신의 생명을 스스로 위협하게 될 것이다. 진보의 가능성, 극단적인 최악의 재난을 피할 가능성은 이제 오직 이 지구적인 주체의 손에 달려 있다. 진보와 관계된 모든 것들은 이 지구적인 주체를 중심으로 구체화되어야 한다.[120]

저 지구적인 주체는 어디에 있을까? 있다면, 누구일까? 그저 이런 질문을 제기하는 데 그친다면, 우리를 둘러싼 혼돈의 어둠을 더욱 두텁게 할 뿐이다. 레닌을 호출하거나 전시 공산주의를 논하는 것도 마찬가지다. 즉 그것들이 우리가 짊어진 고난의 무게를 보여주는 지표로 작용하지 않는다면, 우리에게 전혀 필요하지 않을 것이다. 그것들이 현재 우리 시야에 들어오는 어떤 경로와도 너무나 동떨어져 있다는(허황되다는 뜻은 아니다) 바로 그 사실이 그것들의 진실성을 말해준다. 지금처럼 나쁜 시대는 극단적으로 상반되는 이미지를 통해서만 비춰볼 수 있다. 마찬가지로, 자연에 반하는 '무제한의 제국주의'를 끝장내고 자연과 타협점을 찾기 위해 수많은 이들이, 그리고 내가 이 책에서 제안한 구체적인 방안들 모두 이상주의적 처방으로 간단히 무시될 수도 있을 것이다. 하지만 이 방안들은 이상주의적인 만큼이나 우리의 생존에 절실한 것들이다.

2020년 4월 28일
베를린 노이쾰른에서

감사의 말

훔볼트대학의 '인문학과 사회변화 센터'에 거점을 둔, 저 놀라운 지적 활기의 허브인 '베를린 비판이론Critical Theory in Berlin'*에 깊이 감사한다. 이 기관의 후한 지원 덕에 이 책을 집필할 수 있었다. 특히 라헬 예기에게 감사의 인사를 전한다. 이 책은 나 자신의 1차 연구를 바탕으로 쓴 것이 아니기에, 집필 과정에서 연구 성과를 빌려온 모든 연구자에게 심심한 감사를 표하지 않을 수 없다. 그들에게 어떠한 해도 끼치지 않았기를 바랄 뿐이며, 오류가 있다면 전적으로 나의 책임이다(집필 시점에 입수할 수 있었던 관련 연구와 데이터를 미처 찾아내지 못했다면, 이 역시 마찬가지다).

이 작업을 처음 의뢰한 서배스천 버젠에게 감사한다. 영감 어린 대화를 나눈 스톨레 홀게르센에게도 감사의 말을 전한다. 초고를 읽고 값진 논평을 해준 윔 카턴과 리처드 시모어에게도, 특

---

* http://criticaltheoryinberlin.de/en/home.

별한 도움을 준 파라나즈 배냐사드에게도 감사한다. 무엇보다도 내 삶의 기쁨의 세 원천, 즉 말로는 도저히 고마움을 다 표현할 길 없는 쇼라 에스마일리안, 그리고 라티파 에스마일리안 말름과 나 딤 에스마일리안 말름에게 감사의 마음을 전한다.

1장 코로나와 기후

1 COVID-19의 병인학病因學에 관한 이러한 요약의 근거는 저널에 실린 다음과 같은 논문들이다. Xintian Xu, Ping Chen, Jingfang Wang et al., "Evolution of the Novel Coronavirus From the Ongoing Wuhan Outbreak and Modeling of Its Spike Protein for Risk of Human Transmission", *Science China*(2020), online first; Fan Wu, Su Zhao, Bin Yu et al., "A New Coronavirus Associated With Human Respiratory Disease in China", *Nature* 579(2020): 265-269; Peng Zhou, Xing-Lou Yang, Xian-Guang Wang, "A Pneumonia Outbreak Associated With a New Coronavirus of Probable Bat Origin", *Nature* 579(2020): 270-273; Kristian G. Andersen, Andrew Rambaut, W. Ian Lipkin et al., "The Proximal Origin of SARS-CoV-2", *Nature Medicine*, nature.com, 2020년 3월 17일; Chaolin Huang, Yeming Wang, Xingwang Li et al., "Clinical Features of Patients Infected With 2019 Novel Coronavirus in Wuhan, China", *The Lancet* 395(2020): 497-506; Xingguan Li, Junjie Zai, Qiang Zhao, "Evolutionary History, Potential Intermediate Animal Host, and Cross-Species Analysis of SARS-CoV-2", *Journal of Medical*

Virology(2020, online first; Alfonso J. Rodriguez-Morales, D. Katterine Bonilla-Aldana, Graciela Josefina Balbin-Ramon et al., "History Is Repeating Itself: Probable Zoonotic Spillover as the Cause of the 2019 Novel Coronavirus Epidemic", *Le Infezioni in Medicina* no. 1(2020): 3-5. 그리고 다음도 참고하라. John Vidal, "Destroyed Habitat Creates Perfect Condition for Coronavirus to Emerge", *Scientific American*, scientificamerican.com, 2020년 3월 18일. 우한 시장의 정확한 역할을 포함하여, 이 병인학의 많은 단계에 관하여 불확실한 점들이 여전히 많다. 예컨대 다음 자료를 보라. Jon Cohen, "Mining Coronavirus Genomes for Clues to the Outbreak's Origins", *Science*, sciencemag.org, 2020년 1월 31일; David Cyranoski,"Mystery Deepens Over Animal Source of Coronavirus", *Nature* 579(2020): 18-19.

2   Antoaneta Roussi, "The Battle to Contain Gigantic Locust Swarms", *Nature* 579(2020): 330; Kaamil Ahmed, "Locust Crisis Poses a Danger to Millions, Forecasters Warn", *Guardian*, theguardian.com, 2020년 3월 20일; Bob Berwyn, "Locust Swarms, Some 3 Times the Size of New York City, Are Eating Their Way Across Two Continents", *Inside Climate News*, insideclimatenews.org, 2020년 3월 22일.

3   애니아 존슨Anyia Johnson의 말이다. Emma Ockerman, "Starbucks Employees Are Begging the Company to Shut Down Stores Because of Coronavirus", *Vice*, vice.com, 2020년 3월 19일에서 재인용.

4   Laurence Darmiento, "We're at War With COVID-19. What Lessons Can We Learn From World War II?", *Los Angeles Times*, 2020년 3월 27일에서 인용.

5   Neal E. Boudette and Andrew Jacobs, "Inside G.M.'s Race to Build Ventilators, Before Trump's Attack", *New York Times*, 2020년 3월 30일.

6 Niklas Weimer and Vanni Jung Stahle, "Från flyget till värden-här utbildas SAS-personalen: "Rena halleljuahistorien", *Dagens Nyheter*, dn.se, 2020년 4월 1일.

7 필자가 아는 한, 이 새로운 달력이 처음 제안된 것은 다음의 글에서였다. Jeremy Cliffe, "The Rise of the Bio-surveillance State", *New Statesman*, newstatesman.com, 2020년 3월 25일.

8 Jeffery Currie, with the post "global head of commodities" at the firm, Jillian Ambrose, "Oil Rig Closures Rising as Prices Hit 18-Year Lows", *Guardian*, 2020년 3월 30일에서 재인용.

9 Lauri Myllyvirta, "Analysis: Coronavirus Has Temporarily Reduced China's CO2 Emissions by a Quarter", *Carbon Brief*, carbonbrief.org, 2020년 3월 30일. 배출량 추세에 관한 최근 정보라면 '카본 브리프' 사이트가 독보적인 출처이다.

10 Mark A. Delucchi and Mark Z. Jacobson, "Providing All Global Energy With Wind, Water, and Solar Power, Part II: Reliability, System and Transmission Costs, and Policies", *Energy Policy* 39(2011), 1178.

11 Lester Brown, Sally G. Bingham, Brent Blackwelder et al., "Open Letter to President Barack Obama and President Hu Jintao", 350.org, 2011년 1월 22일.

12 Laurence Delina, *Strategies for Rapid Climate Mitigation: Wartime Mobilisation as a Model for Action*(Abingdon: Routledge, 2016). 이 책은 Laurence L. Delina and Mark Diesendorf, "Is Wartime Mobilisation a Suitable Policy Model for Rapid National Climate Mitigation?", *Energy Policy* 58(2013): 371-380에서 제시된 주장을 상술하고 있다.

13 Bill McKibben, "A World at War", *New Republic*, newrepublic.com, 2016년 8월 15일; Peter Weber, "Bernie Sanders Frames Climate

Change as an Urgent Existential War", *The Week*, theweek.com, 2016
년 4월 14일; Joe Romm, "Democratic Platform Calls for WWII-Scale
Mobilization to Solve Climate Crisis", *Think Progress*, thinkprogress.
org, 2016년 7월 22일; Jeff McMahon, "Hillary Clinton Plans to Have
a 'Climate Map Room' in the White House, Podesta Says", *Forbes*,
forbes.com, 2016년 5월 8일.

14 The Climate Mobilization, *The Victory Plan*, theclimatemobilization.
org, 날짜 미확인.

15 Joseph Stiglitz, "The Climate Crisis Is Our Third World War. It Needs
a Bold Response", *Guardian*, 2019년 6월 4일; Kate Proctor, "Ed
Miliband Calls for 'Wartime' Mobilisation to Tackle Climate Crisis",
Guardian, 2019년 9월 23일.

16 Erik Schliesser and Eric Winsberg, "Climate and Coronavirus: The
Science Is Not the Same", *New Statesman*, 2020년 3월 23일에서 주장
된 바와 같다. 예컨대 Nick Chater, "Facing Up to the Uncertainties of
COVID-19", *Nature Human Behaviour*, nature.com, 2020년 3월 27
일; Dyani Lewis, "Is the Coronavirus Airborne? Expert Can't Agree",
Nature, 2020년 4월 2일을 참고하라.

17 Barbara Buchner of the Climate Policy Initiative. David Vetter, "How
Coronavirus Could Help Us Fight Climate Change: Lessons From the
Pandemic", *Forbes*, 2020년 3월 30일에서 인용.

18 Eric Galbraith & Ross Otto, "Coronavirus Response Proves the World
Can Act on Climate Change", *The Conversation*, theconversation.
com, 2020년 3월 23일에서 재인용. 비슷한 주장이 다음에서 제시되었
다. David Comerford, "Here's Why We've Responded to Coronavirus
So Wildly Differently to Climate Change", *The Conversation*, 2020년

3월 14일; Nives Dolsak and Aseem Prakash, "Here's Why Coronavirus and Climate Change Are Different Sorts of Policy Problems", *Forbes*, 2020년 3월 15일.

19 Eve Andrews, "Is Life During Coronavirus How We Will Live During Climate Change?", *Grist*, grist.org, 2020년 3월 26일.

20 Galbraith and Otto, "Coronavirus".

21 World Health Organization, "Climate Change and Health", who.int, 2008년 6월 18일; *Scientific American*, "The Impact of Global Warming on Human Fatality Rates", 2019년 6월 17일.

22 World Meteorological Organization, *WMO Statement on the State of the Global Climate in 2019*, wmo.int, 29-30.

23 Comerford, "Here's Why"에 나오는 주장.

24 Andrews, "Is Life".

25 Comerford, "Here's Why".

26 예컨대 Peter C. Baker, "'We Can't Go Back to Normal': How Will Coronavirus Change the World?", *Guardian*, 2020년 3월 31일.

27 베네치아가 속한 베네토주 주지사 루카 차이아Luca Zaia의 말이다. Jon Henley and Angela Giuffrida, "Two People Die as Venice Floods at Highest Level in 50 Years", *Guardian*, 2019년 11월 14일.

28 Isabella Velicogna, Yara Mohajerani, Felix Landerer et al., "Continuity of Ice Sheet Mass Loss in Greenland and Antarctica From the GRACE and GRACE Follow-on Missions", *Geophysical Research Letters*(2020), online first; Oliver Milman, "Greenland's Melting Ice Raised Global Sea Level by 2.2 mm in Two Months", *Guardian*, 2020년 3월 19일; Damian Carrington, "Polar Ice Caps Melting Six Times Faster Than in the 1990s", *Guardian*, 2020년 3월 11일; Gregory S. Cooper, Simon

Willock and John A. Dearing, "Regime Shifts Occur Disproportionate-ly Faster in Larger Ecosystems", *Nature Communications* 11(2020), 7.

29 Jonathan Watts, "Delay Is Deadly: What COVID-19 Tells Us About Tackling the Climate Crisis", *Guardian*, 2020년 3월 24일.

30 예컨대 다음의 자료를 보라. S. Vandentorren, P. Bretin, A. Zeghnoun et al., "August 2003 Heat Wave in France: Risk Factors for Death of Elderly People Living at Home", *European Journal of Public Health* 16(2006): 583-591; Daniel Mitchell, Clare Heaviside, Sotiris Vardou-lakis et al., "Attributing Human Mortality During Extreme Heat Waves to Anthropogenic Climate Change", *Environmental Research Letters* 11(2016):1-8.

31 WMO, WMO Statement, 28.

32 Nicholas Borchers Arriagada, Andrew J. Palmer, David M.J.S. Bow-man et al., "Unprecedented Smoke-Related Health Burden Associ-ated With the 2019-20 Bushfires in Eastern Australia", *The Medical Journal of Australia*(2020), online first.

33 Marshall Burke, "COVID-19 Reduces Economic Activity, Which Re-duces Pollution, Which Saves Lives", *Global Food, Environment and Economic Dynamics*, g-feed.com, 2020년 3월 8일.

34 François Gemenne를 인용하고 있는 글인 Jeff McMahon, "Coronavirus Lockdown May Save More Lives by Preventing Pollution Than by Preventing Infection", *Forbes*, 2020년 3월 11일.

35 Patrick G. T. Walker, Charles Whittaker, Oliver Watson et al., "The Global Impact of COVID-19 and Strategies for Mitigation and Sup-pression", Imperial College London, imperial.ac.uk, 2020년 3월 26일.

36 Molly Blackall, Damien Gayle, Mattha Bussby et al., "COVID-19 as It

Happened", *Guardian*, 2020년 3월 29일.

37 Hannah Ritchie and Max Roser, "CO2 and Greenhouse Gas Emissions", *Our World in Data*, ourworldindata.org, 2019년 12월. 이러한 통계치들에서 EU 국가들이 하나의 단위로 다뤄지고 있음을 인지하라. 그렇다고 이것이 기본 패턴을 바꾸는 것은 아니다.

38 Ralf Fucks, "Weshalb wir aus der Corona-Not keine okologische Tugend machen sollten", *Die Welt*, welt.de, 2020년 3월 16일.

39 For an extensive analysis of this period and the organised sabotage of climate mitigation, see Andreas Malm and The Zetkin Collective, *White Skin, Black Fuel: On the Dangers of Fossil Fascism*(London: Verso).

40 이와 유사한 대비를 다음에서 찾아볼 수 있다. Beth Gardiner, "Coronavirus Holds Key Lessons on How to Fight Climate Change", *Yale Environment 360*, e360.yale.edu, 2020년 3월 20일; Dolsak and Prakash, "Here's Why"; Galbraith and Otto, "Coronavirus". 이 문단과 다음 문단의 주장은 스톨레 홀게르센Ståle Holgersen과의 토론에 빚지고 있다.

41 Emiliano Terán Mantovani, "Coronavirus beyond Coronavirus: Thresholds, Biopolitics and Emergencies", *Undisciplined Environments*, undisciplinedenvironments.org, 2020년 3월 30일.

42 이와 유사한 주장을 제시한 글로는 Annelise Depoux and François Gemenne, "De la crise du coronavirus, on peut tirer des lecons pour lutter contre le changement climatique", *Le Monde*, lemonde.fr, 2020년 3월 18일.

43 이러한 점을 지적한 글은 다음과 같다. Howard Kunreuther and Paul Slovic, "What the Coronavirus Curve Teaches Us About Climate

Change", *Politico*, politico.eu, 2020년 3월 26일; Thomas L. Friedman, "With the Coronavirus, It's Again Trump vs. Mother Nature", *New York Times*, 2020년 3월 31일.

44 David R. Henderson and John H. Cochrane, "Climate Change Isn't the End of the World", *Wall Street Journal*, wsj.com, 2017년 7월 30일.

45 Christoph Dözlitsch, "Global Study About COVID-19: Dalia Assesses How the World Ranks Their Governments' Response to the Pandemic", *Dalia*, daliaresearch.com, 2020년 3월 30일.

46 이런 측면에서 이 문제를 논한 글로는 다음이 있다. Jason Bordoff, "Sorry, but the Virus Shows Why There Won't Be Global Action on Climate Change", *Foreign Policy*, foreignpolicy.com, 2020년 3월 27일; Dolsak and Prakash, "Here's Why".

47 Owen Jones, "Why Don't We Treat the Climate Crisis With the Same Urgency as Coronavirus?", *Guardian*, 2020년 3월 5일.

48 이런 부류의 기후 부인론을 보려면 Malm and The Zetkin Collective, *White Skin*을 참고하라.

2장 오래된 비상사태

1 이 부분의 근거는 다음과 같다. David Quammen, *Spillover: Animal Infections and the Next Human Pandemic*(New York: W. W. Norton, 2012. 페이지 숫자는 모두 e-book의 페이지이다. 코로나19가 시작된 이후 종이 책은 빠른 속도로 품절되고 있다), 5, 13, 17-18, 38-39, 293-294, 302-303, 347-348, 574; Richard Levins, Tamara Awerbuch, Uwe Brinkmann et al., "The Emergence of New Diseases", *American Scientist* 82(1994), 53-57.

2   Quammen, *Spillover*, 15-17, 32, 37-38, 386; Raina K. Plowright, Colin
     R. Parrish, Hamish McCallum et al., "Pathways to Zoonotic Spillover",
     Nature Reviews Microbiology 15(2017): 502-510; Raina K. Plowright,
     Peggy Eby, Peter J. Hudson et al., "Ecological Dynamics of Emerging
     Bat Virus Spillover", *Proceedings of the Royal Society B* 282(2014), 3.

3   미국 공중보건국장 윌리엄 스튜어트William H. Stewart의 발언이다. 다
     음 글에서 인용했다. Levins et al., "The Emergence", 52. 이 황금기의
     낙관론에 대해서는 예컨대 다음을 참고하라. A. J. McMichael, "Environ-
     mental and Social Influences on Emerging Infectious Diseases: Past,
     Present and Future", *Philosophical Transactions of the Royal Society
     B* 359(2004), 1049-50.

4   Steven Pinker, *Enlightenment Now: The Case for Reason, Science,
     Humanism, and Progress*(New York: Penguin, 2018), 64-67, 307. 강
     조는 원문 그대로이다.

5   Kate E. Jones, Nikkita G. Patel, Marc A. Levy et al., "Global Trends in
     Infectious Diseases", *Nature* 451(2008), 990.

6   Katherine F. Smith, Michael Goldberg, Samantha Rosenthal et al.,
     "Global Rise in Human Infectious Disease Outbreaks", *Journal of the
     Royal Society Interface* 11(2014): 1-6.

7   예컨대 Bryony A. Jones, Martha Betson and Dirk U. Pfeiffer, "Eco-
     Social Processes Influencing Infectious Disease Emergence and
     Spread", *Parasitology* 144(2017): 26-36; Karl Gruber, "Predicting
     Zoonoses", *Nature Ecology and Evolution* 1(2017): 1-4; Rob Wallace,
     "Notes on a Novel Coronavirus", *Monthly Review*, mronline.org,
     2020년 1월 29일; Quammen, Spillover, 13-14, 17-18. 허리케인과의 유
     사성이 다음 책에서 논의되고 있다. Rob Wallace, *Big Farms Make Big*

Flu: Dispatches on Infectious Disease, Agribusiness, and the Nature of Science(New York: Monthly Review Press, 2016), 38.

8　Jason R. Rohr, Christopher B. Barrett, David J. Civitello et al., "Emerging Human Infectious Diseases and the Links to Global Food Production", *Nature Sustainability* 2(2019), 445.

9　더 높은 수치가 다음과 같은 곳에 나온다. Lin-Fa Wang and Danielle E. Anderson, "Viruses in Bats and Potential Spillover to Animals and Humans", *Current Opinion in Virology* 34(2019), 79; 더 낮은 수치는 다음을 보라. Smith et al., "Global Rise", 3.

10　Peter Daszak, Andrew A. Cunningham and Alex D. Hyatt, "Emerging Infectious Diseases of Wildlife-Threats to Biodiversity and Human Health", *Science* 287(2000), 446.

11　Quammen, *Spillover*, 17, 36-38, 386.

12　Ibid., 38.

13　다음의 자료를 보라. Daszak et al., "Emerging", 443; Andrew A. Cunningham, Peter Daszak and James L. N. Wood, "One Health, Emerging Infectious Diseases and Wildlife: Two Decades of Progress?", *Philosophical Transactions of the Royal Society B* 372(2016), 1; Christine K. Johnson, Peta L. Hitchens, Pranav S. Pandit et al., "Global Shifts in Mammalian Population Trends Reveal Key Predictors of Virus Spillover Risk", *Proceedings of the Royal Society B* 287(2020), 5; 그 외 다른 참고자료는 아래에 계속 나온다.

14　Angela D. Luis, David T. S. Hayman, Thomas J. O'Shea et al., "A Comparison of Bats and Rodents as Reservoirs of Zoonotic Viruses: Are Bats Special?", *Proceedings of the Royal Society B* 280(2013): 1-9; Cara E. Brook and Andrew P. Dobson, "Bats as 'Special' Reservoirs for Emerging Zoonotic Pathogens", *Trends in Microbiology* 23(2015): 172-180; Karin Schneeberger and Christian C. Voigt, "Zoonotic Viruses and the Conservation of Bats", Christian C. Voigt and Tigga Kingston(eds.), *Bats in the Anthropocene: Conservation of Bats in a Changing World*(Cham: Springer, 2016), 275; Wang and Anderson, "Viruses", 79; Plowright, "Ecological", 3, 5.

15 Guoije Zhang, Christopher Cowled, Zhengli Shi et al., "Comparative Analysis of Bat Genomes Provides Insight Into the Evolution of Flight and Immunity", *Science* 339(2013): 456-460; Thomas J. O'Shea, Paul M. Cryan, Andrew A. Cunningham et al., "Bat Flight and Zoonotic Viruses", *Emerging Infectious Diseases* 20(2014): 741-745; Aneta Afelt, Christian Devaux, Jordi Serra-Cobo and Roger Frutos, "Bats, Bat-Borne Viruses, and Environmental Changes" in Heimo Mikkola (ed.), *Bats*(London: Intech Open, 2018), 120-121; Michael Gross, "Why We Should Care About Bats", *Current Biology* 29(2019): R1163-1165; Schneeberger and Voigt, "Zoonotic", 264-265; Brook and Dobson, "Bats", 176-178; Luis et al., "A Comparison", 2, 6; Plowright et al., "Ecological", 6; Wang and Anderson, "Viruses", 85; Quammen, *Spillover*, 394-395.

16 Luis et al., "A Comparison", 2, 5; Johnson et al., "Global", 8; Plowright et al., "Ecological", 3; O'Shea et al., "Bat", 741, 743; Afelt et al., "Bats, Bat-Borne", 121-122; Quammen, *Spillover*, 393-394. 다른 특징도 있다. 예를 들어 박쥐들은 휴면과 비행을 번갈아 함으로써 면역 방어 체계를 더욱 강화한다. 또 아주 오랜 세월 생존해온 만큼 병원균들과 오랫동안 공진화를 해왔다. 박쥐의 다양한 특징들에 대해서는 여기 소개한 문헌들을 참고하라.

17 Bryony A. Jones, Delia Grace, Richard Kock et al., "Zoonosis Emergence Linked to Agricultural Intensification and Environmental Change", *PNAS* 21(2013), 8401; Schneeberger and Voigt, "Zoonotic", 265-265; Wang and Anderson, "Viruses", 80-83.

18 Jane Qiu, "How China's 'Bat Woman' Hunted Down Viruses From SARS to the New Coronavirus", *Scientific American*, 2020년 4월 27일.

19 Jie Cui, Fang Li and Zheng-Li Shi, "Origin and Evolution of Pathogenic Coronaviruses", *Nature Reviews Microbiology* 17(2019): 181-192.

20 Simon J. Anthony, Christine K. Johnson, Denise J. Greig et al., "Global Patterns in Coronavirus Diversity", *Virus Evolution* 3(2017): 1-15. Gruber, "Predicting", 3도 참고하라.

21 Quammen, Spillover, 38-39, 302-303, 347-348; James L. N. Wood, Melissa Leach, Lina Waldman et al., "A Framework for the Study of Zoonotic Disease Emergence and Its Drivers: Spillover of Bat Pathogens as a Case Study", *Philosophical Transactions of the Royal Society B* 367(2012), 2; Wang and Anderson, "Viruses", 85. 코로나바이러스는 물론 유일한 RNA 바이러스가 아니다. 니파와 에볼라도 RNA 바이러스에 속한다. 하지만 코로나바이러스는 돌연변이를 일으키는 성향이 더 강하다.

22 Huabin Zhao, "COVID-19 Drives New Threats to Bats in China", *Science* 367(2020): 1436.

23 예컨대 Toph Allen, Kris A. Murray, Carlos Zambrana-Torrelio et al., "Global Hotspots and Correlates of Emerging Zoonotic Diseases", *Nature Communications* 8(2017), 4-6; Anthony et al., "Global", 11.

24 예컨대 Andy Dobson, Isabella Cattadori, Robert D. Holt et al., "Sacred Cows and Sympathetic Squirrels: The Importance of Biological Diversity to Human Health", *PLOS Medicine* 3(2006): 0714-0718; Felicia Keesing, Lisa K. Belden, Peter Daszak et al., "Impacts of Biodiversity on the Emergence and Transmission of Infectious Disease", *Nature* 468(2010): 647-652; P. T. J. Johnson and D. W. Thieltges, "Diversity, Decoys and the Dilution Effect: How Ecological Communities Affect Disease Risk", *The Journal of Experimental Biology* 213(2010): 961-970; Richard S. Ostfelt and Felicia Keesing, "Effects of Host Diversity on Infectious Disease", *Annual Review of Ecology, Evolution, and Systematics* 43(2012): 157-182; Felicia Keesing and Truman P. Young, "Cascading Consequences of the Loss of Large Mammals in an African Savanna", *BioScience* 64(2014): 487-495; Hamish Ian McCallum, "Lose Biodiversity, Gain Disease", *PNAS* 112(2015): 8523-8524; David J. Civitello, Jeremy Cohen, Hiba Fatima et al., "Biodiversity Inhibits Parasites: Broad Evidence for the Dilution Effect", *PNAS* 112(2015): 8667-8671; Michael G. Walsh, Siobhan M. Mor, Hindol Maity and Shah Hossain, "Forest Loss Shapes the Landscape Suitability of Kyasanur Forest Disease in the Biodiversity Hotspots of the Western Ghats, India", *International Journal of Epidemiology* 48(2019): 1804-1814; Christine K. Johnson, Peta L. Hitchens, Pranav S. Pandit et al., "Global Shifts in Mammalian Population Trends Reveal Key Predictors of Virus Spillover Risk", *Proceedings of the Royal Society B* 287(2020): 1-10. Across-the-board evidence: particularly Civitello et al., "Biodiversity". 관련 논쟁을 더 알고 싶다면 다음을 보라. Chelsea L. Wood, Kevin D. Lafferty, Giuilo DeLeo et al., "Does Biodiversity Protect Humans Against Infectious Disease?", *Ecology* 95(2014): 817-832; Taal Levi, Aimee L. Massey, Robert D. Holt et al., "Does Biodiversity

Protect Humans Against Infectious Disease? Comment", *Ecology* 97(2016): 536-542; Chelsea L. Wood, Kevin D. Lafferty, Giulio DeLeo et al., "Does Biodiversity Protect Humans Against Infectious Disease? Reply", *Ecology* 97(2016): 542-545.

25 Schneeberger and Voigt, "Zoonotic", 277-278; Quammen, *Spillover*, 28.

26 Dickson Despommier, Brett R. Ellis and Bruce A. Wilcox, "The Role of Ecotones in Emerging Infectious Diseases", EcoHealth 3(2007): 281-289; Jonathan D. Mayer and Sarah Paige, "The Socio-Ecology of Viral Zoonotic Transfer" in Sunit Kumar Singh(ed.), *Viral Infections and Global Change*(Hoboken: Wiley, 2013), 80-81; Kimberley Fornace, Marco Liverani, Jonathan Rushton and Richard Coker, "Effects of Land-Use Changes and Agricultural Practices on the Emergence and Reemergence of Human Viral Diseases" in ibid., 136-137; Christina L. Faust, Hamish I. McCallum, Laura S. P. Bloomfield et al., "Pathogen Spillover During Land Conversion", *Ecology Letters* 21 (2018): 471-483; David A. Wilkinson, Jonathan C. Marshall, Nigel P. French and David T. S. Hayman, "Habitat Fragmentation, Biodiversity Loss and the Risk of Novel Infectious Disease Emergence", *Journal of the Royal Society Interface* 15(2018): 1-10; Rodrick Wallace, Luis Fernando Chaves, Luke R. Bergmann et al., *Clear-Cutting Disease Control: Capital-Led Deforestation, Public Health Austerity, and Vector-Borne Infection*(Cham: Springer, 2018), 24-25; Benny Borremans, Christina Faust, Kezia Manlove et al., "Cross-Species Pathogen Spillover Across Ecosystem Boundaries: Mechanisms and Theory", *Philosophical Transactions of the Royal Society B* 374(2019): 1-9; Keesing et al.,

"Impacts".

27   Nick M. Haddad, Lars A. Brudvig, Jean Clobert et al., "Habitat Fragmentation and Its Lasting Impacts on Earth's Ecosystems", *Science Advances* 1(2015): 1-9.

28   Sarah Zohdy, Tona S. Schwartz and Jamie R. Oaks, "The Coevolution Effect as Driver of Spillover", *Trends in Parasitology* 35(2019): 399-408(인용 문구는 403).

29   Tigga Kingston, "Response of Bat Diversity to Forest Disturbance in Southeast Asia: Insights From Long-Term Research in Malaysia" in R. A. Adams and S. C. Pedersen(eds.), *Bat Evolution, Ecology, and Conservation*(New York: Springer, 2013), 170, 177-180.

30   Anne Seltmann, Gábor á. Czirják, Alexandre Courtiol et al., "Habitat Disturbance Results in Chronic Stress and Impaired Health Status in Forest-Dwelling Paleotropical Bats", *Conservation Physiology* 5 (2017): 1-14.

31   Raina K. Plowright, Alison J. Peel, Daniel G. Streicker et al., "Transmission of Within-Host Dynamics Driving Pulses of Zoonotic Viruses in Reservoir-Host Populations", *PLOS Neglected Tropical Diseases* 10(2016): 1-21.

32   Aneta Afelt, Roger Frutos and Christian Devaux, "Bats, Coronaviruses, and Deforestation: Toward the Emergence of Novel Infectious Diseases?", *Frontiers in Microbiology* 9(2018): 1-5; Christoph F. J. Meyer, Matthew J. Struebig and Michael R. Willig, "Responses of Tropical Bats to Habitat Fragmentation, Logging, and Deforestation" in Voigt and Kingston, *Bats*, 81-82; Plowright et al., "Ecological", 3-4; Quammen, *Spillover*, 417-418.

33 이 문단은 다음 글에 기대고 있다. Thomas K. Rudel, Ruth DeFries, Gregory P. Asner and William F. Laurance, "Changing Drivers of Deforestation and New Opportunities for Conservation", *Conservation Biology* 23(2009): 1396-1405(인용 문구는 1398, 1400).

34 Sabine Henders, U. Martin Persson and Thomas Kastner, "Trading Forests: Land-Use Change and Carbon Emissions Embodied in Production and Exports of Forest-Risk Commodities", *Environmental Research Letters* 10(2015): 1-14. 예를 들어 다음과 비교해보라. Patrick Meyfroidt, Kimberley M. Carlson, Matthew E. Fagan et al., "Multiple Pathways of Commodity Crop Expansion in Tropical Forest Landscapes", *Environmental Research Letters* 9(2014): 1-13.

35 Kemen G. Austin, Mariano González-Roglich, Danica Schaffer-Smith et al., "Trends in Size of Tropical Deforestation Events Signal Increasing Dominance of Industrial-Scale Drivers", *Environmental Research Letters* 12(2017): 1-10.

36 Seltmann et al., "Habitat", 2-3.

37 David L. A. Gaveau, Douglas Sheil, Mohammed A. Salim et al., "Rapid Conversions and Avoided Deforestation: Examining Four Decades of Industrial Plantation Expansion in Borneo", *Nature Scientific Reports* 6(2016): 1-13; Henders et al., "Trading", 1; Austin et al., "Trends", 5; Oliver Pye, "Commodifying Sustainability: Development, Nature and Politics in the Palm Oil Industry", *World Development* 121(2019): 218-228; Oliver Pye, "Agrarian Marxism and the Proletariat: A Palm Oil Manifesto", *The Journal of Peasant Studies*(2019), online first, 8-10.

38 Pye, "Commodifying", 224.

39 Gaveau et al., "Rapid", 8. 각국 정부들은 왕왕 이러한 기업들의 주주라는 사실이 언급되어야 한다.

40 Derek Byerlee, "The Fall and Rise Again of Plantations in Tropical Asia: History Repeated?", *Land* 3(2014): 574-597.

41 H. E. Field, "Bats and Emerging Zoonoses: Henipaviruses and SARS", *Zoonoses and Public Health* 56(2009): 278-284.

42 David Costantini, Gábor á. Czirják, Paco Bustamante et al., "Impacts of Land Use on an Insectivorous Tropical Bat: The Importance of Mercury, Physio-Immunology and Trophic Position", *Science of the Total Environment* 671(2019): 1077-1085; 다음을 참고하라. K. Waiyasusri, S. Yumuang and S. Chotpantarat, "Monitoring and Predicting Land Use Changes in the Huai Tap Salao Watershed Area, Uthaithani Province, Thailand, Using the CLUE-s Model", *Environmental Earth Sciences* 75(2016): 1-16.

43 예컨대 Kingston, "Response", 180; Meyer et al., "Responses", 64; Field, "Bats", 282.

44 2017년 필자가 수행한 현장 관찰 결과이다.

45 예컨대, 다음의 자료를 보라. Esther Figueroa, "Cockpit Country Still Under Threat From Bauxite Mining", *Jamaica Gleaner*, jamaica-gleaner.com, 2019년 7월 28일; Paul Clarke and Andrew Williams, "Noranda: We All Want to Protect Cockpit Country", *Jamaica Gleaner*, 2019년 9월 18일; *Loop Jamaica*, "Entertainers Lead Proposed March to Parliament About Cockpit Country", loopjamaica.com, 2019년 9월 18일; 콕핏컨트리를 둘러싼 투쟁을 기록한 자메이카의 영화감독이자 활동가 에스터 피구로아Esther Figueroa의 경이로운 단편 "#ClimateStrikë SaveCockpitCountry", YouTube, 2019년 10월 3일.

46 The Jamaica Environment Trust in *Loop Jamaica*, "Coronavirus: Leave the Bats Alone-JET", 2020년 4월 10일.

47 David W. Redding, Peter M. Atkinson, Andrew A. Cunningham et al., "Impacts of Environmental and Socio-Economic Factors of Emergence and Epidemic Potential of Ebola in Africa", *Nature Communications* 10(2019), 2; Derek Gatherer, "The Unprecedented Scale of the West African Ebola Virus Disease Outbreak Is Due to Environmental and Sociological Factors, Not Special Attributes of the Currently Circulating Strain of the Virus", *BMJ-Evidence Based Medicine* 20(2015): 28; Robert G. Wallace, Marius Gilbert, Rodrick Wallace et al., "Did Ebola Emerge in West Africa by a Policy-Driven Phase Change in Agroecology?" in Robert G. Wallace and Rodrick Wallace(eds.), *Neoliberal Ebola: Modeling Disease Emergence From Finance to Forest and Farm*(Cham: Springer, 2016), 1, 4; Wallace, *Big*, 326.

48 Gatherer, "The Unprecedented". '장례식'을 포함하여 이 지은이가 제안한 요소들은 월리스의 엄격한 연구 옆에선 거의 경솔해 보인다. 하지만 다음의 글과 비교해보라. Daniel G. Bausch and Lara Schwarz, "Outbreak of Ebola Virus Disease in Guinea: Where Ecology Meets Economy", *PLOS Neglected Tropical Diseases* 8(2014): 1-5.

49 Wallace et al., "Did Ebola", 2-9; Wallace, *Big*, 328-330(세계은행에 관한 부분 인용은 Wallace, *Big*, 328; 다른 부분의 인용은 333, 327, 330. 강조는 필자가 추가). *Big*에 포함된 그 글의 원문은 다음과 같다. Robert G. Wallace, Richard Kock, Luke Bergmann et al., "Did Neoliberalizing West African Forests Produce a New Niche for Ebola?", *International Journal of Health Services* 46(2016): 149-165. 이와 별개로, 또 다른 연구는 산림 파괴의 역할에 대해 본질적으로 동일한 결론을 제출하고 있다. Maria

Cristina Rulli, Monia Santini, David T. S. Hayman and Paolo D'Odorico, "The Nexus Between Forest Fragmentation in Africa and Ebola Virus Disease Outbreaks", *Nature Scientific Reports* 7(2016): 1-8.

50   Wallace, *Big*, 331.

51   Pye, "Commodifying", 221; Henders et al., "Trading"; Meyfroidt et al., "Multiple".

52   예컨대 Yang Yu, Kuishuang Feng and Klaus Hubacek, "Tele-Connecting Local Consumption to Global Land Use", *Global Environmental Change* 23(2013): 1178-1186. 그중 하나는 '원거리 결합tele-coupling' 이다: Christina Prell, Laixiang Sun, Kuishuang Feng et al., "Uncovering the Spatially Distant Feedback Loops of Global Trade: A Network and Input-Output Approach", *Science of the Total Environment* 586 (2017): 401-408.

53   Ruth S. DeFries, Thomas Rudel, Maria Uriarte and Matthew Hansen, "Deforestation Driven by Urban Population Growth and Agricultural Trade in the Twenty-First Century", *Nature Geoscience* 3(2010): 178-181. 예컨대 다음을 참고하라. Eric F. Lambin and Patrick Meyfroidt, "Global Land Use Change, Economic Globalization, and the Looming Land Scarcity", *PNAS* 108(2011): 3465-3472.

54   Yu et al., "Tele-Connecting". 진앙지인 유럽에 관해서는 다음의 글에 나오는 충격적인 지도도 참고하라. Prell et al., "Uncovering", 405.

55   Christian Dorninger and Alf Hornborg, "Can EEMRIO Analyses Establish the Occurrence of Ecologically Unequal Exchange?", *Ecological Economics* 119(2015), 417.

56   예컨대 Andrew K. Jorgenson, "Unequal Ecological Exchange and Environmental Degradation: A Theoretical Proposition and Cross-Na-

tional Study of Deforestation, 1990-2000", *Rural Sociology* 71(2006): 685-712; John M. Shandra, Christopher Leckband and Bruce London, "Ecologically Unequal Exchange and Deforestation: A Cross-National Analysis of Forestry Export Flows", *Organization and Environment* 22(2009): 293-310; Andrew K. Jorgensen, Christopher Dick and Kelly Austin, "The Vertical Flow of Primary Sector Exports and Deforestation in Less-Developed Countries: A Test of Ecologically Unequal Exchange Theory", *Society and Natural Resources* 23(2010): 888-897; Andrew K. Jorgenson, "World-Economic Integration, Supply Depots, and Environmental Degradation: A Study of Ecologically Unequal Exchange, Foreign Investment Dependence, and Deforestation in Less Developed Countries", *Critical Sociology* 36(2010): 453-477; Kelly Austin, "The "Hamburger Connection" as Ecologically Unequal Exchange: A Cross-National Investigation of Beef Exports and Deforestation in Less-Developed Countries", *Rural Sociology* 75(2010): 270-299; Kelly Austin, "Coffee Exports as Ecological, Social, and Physical Unequal Exchange: A Cross-National Investigation of the Java Trade", *International Journal of Comparative Sociology* 53(2012): 155-180; Mark D. Noble, "Chocolate and the Consumption of Forests: A Cross-National Examination of Ecologically Unequal Exchange in Cocoa Exports", *Journal of World-Systems Research* 23(2017): 236-268; Michael Restivo, John M. Shandra and Jamie M. Sommer, "Exporting Forest Loss? A Cross-National Analysis of the United States Export-Import Bank Financing in Low-and Middle-Income Nations", *Journal of Environment and Development* 29(2020): 245-269.

57   M. Lenzen, D. Moran, K. Kanemoto et al., "International Trade Drives Biodiversity Threats in Developing Nations", *Nature* 486(2012): 109-112. 예를 들어 다음의 자료와 비교해보라. Sabine Henders, Madelene Ostwald, Vilhelm Verendel and Pierre Ibisch, "Do National Strategies Under the UN Biodiversity and Climate Conventions Address Agricultural Commodity Consumption as Deforestation Driver?", *Land Use Policy* 70(2018): 580-590.

58   Johns Hopkins University and Medicine, Coronavirus Resource Center, coronavirus.jhu.edu, 2020년 4월 13일.

59   예컨대 Franz Essl, Marten Winter and Petr Pysek, "Trade Threat Could Be Even More Dire", *Nature* 487(2012): 39; Daniel Moran and Keiichiro Kanemoto, "Identifying Species Threat Hotspots From Global Supply Chains", *Nature Ecology and Evolution* 1(2017): 1-5; Francseca Verones, Daniel Moran, Konstantin Stadler et al., "Resource Footprints and Their Ecosystem Consequences", *Nature Scientific Reports* 7(2017): 1-11; Thomas Wiedmann and Manfred Lenzen, "Environmental and Social Footprints of International Trade", *Nature Geoscience* 11(2018): 314-321; Alexandra Marques, Inês S. Martins, Thomas Kastner et al., "Increasing Impacts of Land Use on Biodiversity and Carbon Sequestration Driven by Population and Economic Growth", *Nature Ecology and Evolution* 3(2019): 628-637; Abhishek Chaudhary and Thomas M. Brooks, "National Consumption and Global Trade Impacts on Biodiversity", *World Development* 121(2019): 178-187. 60퍼센트: Widmann and Lenzen, "Environmental", 316; 3분의 1에 근접: Marques et al, "Increasing"; Chaudhary and Brooks, "National", 178.

60   Harry C. Wilting, Aafke M. Schipper, Michel Bakkenes et al., "Quantifying Biodiversity Losses Due to Human Consumption: A Global Scale Footprint Analysis", *Environmental Science and Technology* 51(2017): 3298-3306.

61 Leonardo Suveges Moreira Chaves, Jacob Fry, Arunima Malik et al., "Global Consumption and International Trade in Deforestation-Associated Commodities Could Influence Malaria Risk", *Nature Communications* 11(2020): 1-10(인용문은 5).

62 Robert G. Wallace, Luke Bergmann, Richard Kock et al., "The Dawn of Structural One Health: A New Science Tracking Disease Emergence Among the Circuits of Capital", *Social Science and Medicine* 129(2015), 70; Wallace et al., *Clear-Cutting*, 32. 투자 또는 자본축적 그 자체가 지닌 이러한 면모는 적어도 토지 수탈에 관한 한 통계 연구에서는 논의되었는데, 놀라울 것도 없이 무역 흐름만 측정한 경우보다 훨씬 더 큰 현상으로 드러났다. Luke Bergmann and Mollie Holmberg, "Land in Motion", *Annals of the American Association of Geographers* 106 (2016): 932-956.

63 "유의미한": De Fries et al., "Deforestation", 179; "중요하지 않은": Jorgenson, "Unequal", 702; "긍정적 관련성": Shandra et al., "Ecologically"; Jorgenson et al., "The Vertical".

64 DeFries et al., "Deforestation"; Rudel et al., "Changing", 1399-1401. 감염병의 동인인 육류 소비에 관해서는 다음 자료를 참고하라. Rohr et al., "Emerging", 445.

65 Sohel Ahmed, Julio D. Dávila, Adriana Allen et al., "Does Urbanization Make Emergence of Zoonoses More Likely? Evidence, Myths and Gaps", *Environment and Urbanization* 31(2019): 443-460; Fornace et al., "Effects", 142-143.

66 William J. Ripple, Katharine Abernethy, Matthew G. Betts et al., "Bushmeat Hunting and Extinction Risk to the World's Mammals", *Royal Society Open Science* 3(2016): 1-16; Simon Mickleburgh, Kerry Waylen and Paul Racey, "Bats as Bushmeat: A Global Review", *Oryx* 43(2009): 217-234.

67 Ripple et al., "Bushmeat"; Donna-Mareè Cawthorn and Louwrens C. Hoffman, "Controversial Cuisine: A Global Account of the Demand, Supply and Acceptance of 'Unconventional' and 'Exotic' Meats", *Meat Science* 120(2016), 29; Johnson et al., "Global".

68 인수공통감염병의 원천인 영장류와 다른 포유류에 관해서는 다음을 보라. Barbara A. Han, Andrew M. Kramer and John M. Drake, "Global Patterns of Zoonotic Disease in Mammals", *Trends in Parasitology* 32(2016): 565-577.

69 Nathan D. Wolfe, Peter Daszak, A. Marm Kilpatrick and Donald S. Burke, "Bushmeat Hunting, Deforestation, and Prediction of Zoonotic Emergence", *Emerging Infectious Diseases* 11(2005), 1824.

70 Keesing et al., "Impacts", 651.

71 Tierra Smiley Evans, Theingi Win Myat, Pyaephyo Aung et al., "Bushmeat Hunting and Trade in Myanmar's Central Teak Forests: Threats to Biodiversity and Human Livelihoods", *Global Ecology and Conservation*(2020), online first.

72 이러한 인구통계학의 복잡함에 대해서는 예컨대 다음을 보라. Martin Reinhardt Nielsen, Mariève Pouliot, Henrik Meilby et al., "Global Patterns and Determinants of the Economic Importance of Bushmeat", *Biological Conservation* 215(2017): 277-287; Noëlle F. Kümpel, E. J. Millner-Gulland, Guy Cowlishaw and J. Marcus Rowcliffe, "Incentives for Hunting: The Role of Bushmeat in the Household Economy in Rural Equatorial Guinea", *Human Ecology* 38(2010): 251-264; Matthew S. Rogan, Jennifer R. B. Miller, Peter A. Lindsey and J. Weldon McNutt, "Socioeconomic Drivers of Illegal Bushmeat Hunting in a Southern African Savanna", *Biological Conservation* 226(2018): 24-31.

73 이것이 어떻게 작동하는지에 관한 정치한 분석은 다음의 자료를 보라. J. R. Poulsen, C. J. Clark, G. Mavah and P. W. Elkan, "Bushmeat Supply and Consumption in a Tropical Logging Concession in Northern Congo", *Conservation Biology* 23(2009): 1597-1608. 일반적인 패턴에 관해서는 다음을 보라. Wolfe et al., "Bushmeat"; Diana Bell, Scott Roberton and Paul R. Hunter, "Animal Origins of the SARS Coronavirus: Possible Links With the International Trade in Small Carnivores", *Philosophical Transactions of the Royal Society B* 359(2004): 1112; Ripple et al., "Bushmeat", 6; Fornace et al., "Effects", 137.

74 N. Tagg, N. Maddison, J. Dupain et al., "A Zoo-Led Study of the Great Ape Bushmeat Commodity Chain in Cameroon", *International Zoo Yearbook* 52(2018): 182-193(인용 문구는 182). 천산갑 고기의 공급망에 관한 유사한 분석이라면, 다음을 보라. Maxwell Kwame Boakye, Antoinette Kotzé, Desirée Lee Dalton and Raymond Jansen, "Unravelling the Pangolin Bushmeat Commodity Chain and the Extent of Trade in Ghana", *Human Ecology* 44(2016): 257-264. 야생동물 고기가 중앙아프리카 국가들의 도시 시장으로 어떻게 이동하는지에 관해서는 다음을 보라. Nathalie van Vliet and Prosper Mbazza, "Recognizing the Multiple Reasons for Bushmeat Consumption in Urban Areas: A Necessary Step Toward the Sustainable Use of Wildlife for Food in

Central Africa", *Human Dimensions of Wildlife* 16(2011), 47-48.

75   Mickleburgh et al., "Bats", 225; Meredith A. Barrett and Jonah Ratsimbazafy, "Luxury Bushmeat Trade Threatens Lemur Conservation", *Nature* 461(2009): 470.

76   Brett R. Scheffers, Brunno F. Oliveira, Ieuan Lamb and David P. Edwards, "Global Wildlife Trade Across the Tree of Life", Science 366(2019): 71-76(인용 문구는 71).

77   이러한 주장이 처음으로 훌륭하게 제시된 문서는 다음과 같다. Franck Courchamp, Elena Angulo, Philippe Rivalan et al., "Rarity Value and Species Extinction: The Anthropogenic Allee Effect", *PLOS Biology* 4(2006): 2405-2410("멸종의 소용돌이", 예컨대 2405-2406). 추가 설명과 실증적 실험은 다음을 보라. Elena Angulo, Anne-Laure Deves, Michel Saint Jalmes and Franck Courchamp, "Fatal Attraction: Rare Species in the Spotlight", *Proceedings of the Royal Society* B 276(2009): 1331-1337; Pierline Tournant, Liana Joseph, Koichi Goka and Franck Courchamp, "The Rarity and Overexploitation Paradox: Stag Beetle Collections in Japan", *Biodiversity and Conservation* 21(2012): 125-140; Jessica A. Lyons and Daniel J. D. Natusch, "Effects of Consumer Preferences for Rarity on the Harvest of Wild Populations Within a Species", *Ecological Economics* 93(2013): 278-283; Alex Aisher, "Scarcity, Alterity and Value Decline of the Pangolin, the World's Most Trafficked Mammal", *Conservation and Society* 14(2016): 317-329. 일반적인 논리는 다음 자료에서 볼 수 있다. Scheffers et al., "Global", 74.

78   Vanda Felbab-Brown, *The Extinction Market: Wildlife Trafficking and How to Counter It*(New York: Oxford University Press, 2017), 52, 90-93, 98-99, 108, 165.

79 Afelt et al., "Bats, Bat-Borne", 126.

80 Hongying Li, Emma Mendelsohn, Chen Zong et al., "Human-Animal Interactions and Bat Coronavirus Spillover Potential Among Rural Residents in Southern China", *Biosafety and Health* 1(2019): 84-90. 다음 논문도 날카로운 통찰력을 보여준다. Yi Fan, Kai Zhao, Zheng-Li Shi and Peng Zhou, "Bat Coronaviruses in China", *Viruses* 11(2019): 1-14.

81 예컨대 다음을 보라. Susanna K. P. Lau, Patrick C. Y. Woo, Kenneth S. M. Li et al., "Severe Acute Respiratory Syndrome Coronavirus-Like Virus in Chinese Horseshoe Bats", *PNAS* 102 (2005): 14040-14045; Wendong Li, Zhengli Shi, Meng Yu et al., "Bats Are Natural Reservoirs of SARS-Like Coronavirus", Science 310(2005): 676-678; Quammen, *Spillover*, 186-189, 209-217.

82 Libiao Zhang, Guangjian Zhu, Gareth Jones and Shuyi Zhang, "Conservation of Bats in China: Problems and Recommendations", *Oryx* 43(2009): 179-182; Quan Liu, Lili Cao and Xing-Quan Zhu, "Major Emerging and Re-emerging Zoonoses in China: A Matter of Global Health and Socioeconomic Development for 1.3 Billion", *International Journal of Infectious Diseases* 25(2014): 65-72; Tong Wu, Charles Perrings, Ann Kinzig et al., "Economic Growth, Urbanization, Globalization, and the Risks of Emerging Infectious Diseases in China: A Review", *Ambio* 46(2017), 19-21.

83 Paul Jackson, "Fleshy Traffic, Feverish Borders: Blood, Birds, and Civet Cats in Cities Brimming With Commodities" in S. Harris Ali and Roger Keil(eds.), *Networked Disease: Emerging Infections in the Global City*(Chichester: Blackwell, 2008), 293; Quammen, *Spillover*,

207-209.

84   Quammen, Spillover, 207; Jingjing Yuan, Yonglong Lu, Xianghui Cao and Haotian Cui, "Regulating Wildlife Conservation and Food Safety to Prevent Human Exposure to Novel Virus", *Ecosystem Health and Sustainability* 6(2020), 1. 다음도 참고하라. Mike Davis, *The Monster at Our Door: The Global Threat of Avian Flu*(New York: Henry Holt, 2006), 59-60.

85   Li Zhang and Feng Yin, "Wildlife Consumption and Conservation Awareness in China: A Long Way to Go", *Biodiversity and Conservation* 23(2014): 2371-2381.

86   Li Zhang, Ning Hua and Shan Sun, "Wildlife Trade, Consumption and Conservation Awareness in Southeastern China", *Biodiversity and Conservation* 17(2008): 1493-1516.

87   Shuru Zhong, Mike Crang and Guojun Zeng, "Constructing Freshness: The Vitality of Wet Markets in Urban China", *Agriculture and Human Values* 37(2020): 175-185(인용 문구는 180).

88   Dennis Normile and W. Li, "Researchers Tie Deadly Virus SARS to Bats", *Science* 309(2005), 2155; Paul K. S. Chan and Martin C. W. Chan, "Tracing the SARS-Coronavirus", *Journal of Thoracic Disease* 5(2013): S118-S121; Quammen, Spillover, 212-220.

89   Zhang and Yin, "Wildlife", 2379.

90   이 부분은 다음과 같은 훌륭한 연구들에 의존하고 있다. Alex Aisher, "Scarcity"; Vincent Nijman, Ming Xia Zhang and Chris R. Shepherd, "Pangolin Trade in the Mong La Wildlife Market and the Role of Myanmar in the Smuggling of Pangolins Into China", *Global Ecology and Conservation* 5(2016): 118-126; Neha Thirani Bagri, "China's

Insatiable Thirst for Pangolin Scales Is Fed by an International Black Market", *Quartz*, qz.com, 2016년 12월 30일; Wufei Yu, "Coronavirus: Revenge of the Pangolins?", *New York Times*, 2020년 3월 5일; Scheffers et al., "Global", 71, 74.

91 Zhou et al., "A Pneumonia"; Zhong Sun, Karuppiah Thilakavathy, S. Suresh Kumar et al., "Potential Factors Influencing Repeated SARS Outbreaks in China", *International Journal of Environmental Research and Public Health* 17(2020), 4; Kangpeng Xiao, Junqiong Zhai, Yaoyu Feng et al., "Isolation and Characterization of 2019-nCoV-like Coronavirus From Malayan Pangolins", *BioRxiv*, biorxiv.org, 2020년 2월 20일. 이 논문을 포함해 이 사이트에 게시된 논문들은 동료 검토를 거치지 않은 사전 인쇄물이다.

92 이 문단의 근거는 다음과 같다. Sun et al., "Potential"("배양소": 인용 문구는 7). 화눙 형제: Wang Chen, "Coronavirus Outbreak Reignites Debate Over Wild Animal Consumption", *Diálogo Chino*, dialogochino.net, 2020년 2월 10일(맛보기를 원한다면, 유튜브에 "Huanong Brothers"라는 검색어를 입력하라). RNA의 진화 속도: David M. Morens, Peter Daszak and Jeffery K. Taubenberger, "Escaping Pandora's Box: Another Novel Coronavirus", *The New England Journal of Medicine* 382(2020), 1293. 또 다음도 참고하라 D. Katterine Bonilla-Aldana, Kuldeep Dhama and Alfonso J. Rodriguez-Morales, "Revisiting the One Health Approach in the Context of COVID-19: A Look Into the Ecology of This Emerging Disease", *Advances in Animal and Veterinary Sciences* 8(2020): 234-237.

93 Alex Hannaford, "The Tiger Next Door: America's Backyard Big Cats", *The Observer*, theguardian.com, 2019년 11월 10일.

94   Felbab-Brown, *The Extinction*, 8; Center for Biological Diversity, "Legal Action Initiated to Force Trump Administration to Halt U.S. Pangolin Trade", biologicaldiversity.org, 2019년 11월 13일; Elly Pepper, "NRDC and Allies Sue Trump Administration to Protect Pangolins", *The Natural Resources Defence Council*, nrdc.org, 2020년 1월 22일.

95   Felbab-Brown, *The Extinction*, 9, 38, 53-55, 77, 137.

96   예컨대 Tripadvisor reviews of Mongo's Restaurant, Düsseldorf, tripadvisor.com; Karen Thue, "Narvesen skal selge pølser med krokodillekjøtt-dyrebeskyttelsen reagerer", *Dagbladet*, dagbladet.no, 2013년 6월 19일; Robert Cederholm, "Försäljningen av exotiskt kött ökar kraftigt i Sverige", *SVT Nyheter*, svt.se, 2013년 4월 18일; Karolina Vikingsson, "Maten ska smaka python", Göteborgs-Posten, gp.se, 2013년 1월 16일; Flora Wiström, "Får det vara en bit pytonorm?", Flora, flora.baaam.se, 2020년 1월 5일. Abalone in California: Courchamp, "Rarity", 2408. 흥미로운 전 세계 실태 조사 결과는 다음을 보라. Broglia and Kapel, "Changing".

97   Zhang et al., "Wildlife"; Felbab-Brown, *The Extinction*, 7-8, 56.

98   Ling Ma, *Severance*(New York: Farrar, Straus and Giroux, 2018. 인용문은 84, 148, 276). 이 소설에 관한 뛰어난 리뷰로는 Jane Hu, "'Severance' Is the Novel of Our Current Moment-But Not for the Reasons You Think", *The Ringer*, theringer.com, 2020년 3월 18일.

99   Mark Harrison, *Contagion: How Commerce Has Spread Disease*(New Haven: Yale University Press, 2012), 3-18.

100   Brian D. Gushulak and Douglas W. MacPherson, "Global Travel, Trade, and the Spread of Viral Infections" in Sing, *Viral*, 116-117.

101   Harrison, Contagion, 81, 107, 119-120, 140-141; Gushulak and

McPherson, "Global", 117; Andrew Cliff and Peter Haggett, "Time, Travel and Infection", *British Medical Bulletin* 69(2004), 88-90.

102 윌리엄 핌William Pym의 이야기로, 다음에서 인용했다. Harrison, *Contagion*, 87; 111-112.

103 Harrisson, *Contagion*, 107-115, 139-141, 174-193; Cliff and Hagget, "Time", 95-96; McMichael, "Environmental", 1050.

104 Cliff and Hagget, "Time", 92-94.

105 Harrison, *Contagion*, 예컨대 xv, 211.

106 이 단락은 다음과 같은 연구들에 의존하고 있다. Jeffery K. Taubenberger, Ann H. Reid and Thomas G. Fanning, "Capturing a Killer Flu Virus", *Scientific American* 292(2005): 62-71; Davis, *The Monster*, 3, 24-34, 152; Howard Phillips, "Influenza Pandemic", *International Encyclopedia of the First World War*, encyclopedia.1914-1918-online.net, 2017년 1월 8일; David K. Patterson and Gerald F. Pyle, "The Diffusion of Influenza in Sub-Saharan Africa During the 1918-19 Pandemic", *Social Science and Medicine* 17(1983): 1299-1307; Craig T. Palmer, Lisa Sattenspiel and Chris Cassidy, "Boats, Trains, and Immunity: The Spread of the Spanish Flu on the Island of Newfoundland", *Newfoundland and Labrador Studies* 22(2007): 1719-1726; Tom Dicke, "Waiting for the Flu: Cognitive Inertia and the Spanish Influenza Pandemic of 1918-19", *Journal of the History of Medicine and Allied Sciences* 70(2015): 195-217; Paul Farmer, "Ebola, the Spanish Flu, and the Memory of Disease", *Critical Inquiry* 46(2019): 56-70; Amir Afkhami, "Compromised Constitutions: The Iranian Experience With the 1918 Influenza Pandemic", *Bulletin of the History of Medicine* 77(2003): 367-392; Wladimir J. Alonso, Francielle C. Nascimento, Rodolfo Acuña-Soto et al., "The 1918 Influenza Pandemic in Florianopolis: A Subtropical City in Brazil", *Vaccine* 295(2011): 16-20.

107 Royal Navy Log Books of the World War I Era, "HMS Mantua-March 1915 to January 1919, 10th Cruiser Squadron Northern Patrol, British Home Waters, Central Atlantic Convoys", *Naval History*, naval-history.net, 2014년 11월 2일.

108 Patterson and Pyle, "The Diffusion", 1302.

109 Phillips, "Influenza", 4.

110 S. Harris Ali, "Globalized Complexity and the Microbial Traffic of New and Emerging Infectious Disease Threats" in Jennifer Gunn (ed.), *Influenza and Public Health: Learning from Past Pandemics* (London: Earthscan, 2010), 19-29; George J. Armelagos, "The Viral Superhighway", Sciences 38(1998): 24-29; Gushulak and MacPherson, "Global", 119, 126; Cliff and Hagget, "Time", 87-91; Quammen, *Spillover*, 183-186; Davis, *The Monster*, 70-71. 다음 논문은 증기 이후 시대의 이류이라는 맥락에서 코로나19를 간략히 논의하고 있다. Morens et al., "Escaping", 1294.

111 이 부분은 네 명의 《뉴욕 타임스》 기자들이 무수한 휴대전화 기록 데이터에 근거해 놀라울 정도로 잘 정리한 여행 패턴에 기대고 있다. Jin Wu, Weiyi Cai, Derek Watkins and James Glanz, "How the Virus Got Out", *New York Times*, 2020년 3월 22일.

112 예컨대 다음의 글에서 언급되고 있다. Rodrigo Fracalossi de Moraes, "In Practice, There Are Two Pandemics: One for the Well-Off and One for the Poor", *Global Policy Journal*, globalpolicyjournal.com, 2020년 3월 20일.

113 Michael P. Muehlenbein and Marc Ancrenaz, "Minimizing Pathogen

Transmission at Primate Ecotourism Destinations: The Need for Input From Travel Medicine", *Journal of Travel Medicine* 16(2009): 229-232; Courchamp et al., "Rarity", 2408.

114 Rohr et al., "Emerging", 449-450; Susanne H. Sokolow, Nicole Nova, Kim M. Pepin et al., "Ecological Interventions to Prevent and Manage Zoonotic Pathogen Spillover", *Philosophical Transactions of the Royal Society B* 374(2019), 6; Susanne Shultz, Hem Sagar Baral, Sheonaidh Charman et al., "Diclofenac Poisoning Is Widespread in Declining Vulture Populations Across the Indian Subcontinent", *Proceedings of the Royal Society B* 271(2004): S458-460; Wallace, Big, 128.

115 예컨대 Rob Wallace, Alex Liebman, Luis Fernando Chaves and Rodrick Wallace, "COVID-19 and Circuits of Capital", *Monthly Review*, 27 March 2020; Wallace, *Big*; Davis, *The Monster*; Fornace et al., "Effects", 140-141; Jones, "Zoonosis", 8401-8403.

116 Robert G. Wallace, Luke Bergmann, Lenny Hogerwerf and Marius Gilbert, "Are Influenzas in Southern China Byproducts of the Region's Globalizing Historical Present?" in Gunn, *Influenza*, 101-144; Liu et al., "Major", 68; Wu et al., "Economic", 19-21.

117 Fücks, "Weshalb".

118 John Locke, *Second Treatise of Government and a Letter Concerning Toleration*(Oxford: Oxford University Press, 2016 [1689]), 26, 33. 강조는 원문. 이 주장의 근거는 다음과 같다. Andreas Malm, "In Wildness Is the Liberation of the World: On Maroon Ecology and Partisan Nature", *Historical Materialism* 26(2018): 3-37과 출간 예정 도서.

119 Erle C. Ellis, Kees Klein Goldewijk, Stefan Siebert et al., "Anthropogenic Transformation of the Biomes, 1700 to 2000", *Global Ecology* *and Biogeography* 19(2010): 589-606.

120 Ali Alsamawi, Joy Murray and Manfred Lenzen, "The Employment Footprint of Nations: Uncovering Master-Servant Relationships", *Journal of Industrial Ecology* 18(2014): 59-70. 예컨대 다음을 참고하라. Moana Simas, Richard Wood and Edgar Hertwich, "Labor Embodied in Trade: The Role of Labor and Energy Productivity and Implications for Greenhouse Gas Emissions", *Journal of Industrial Ecology* 19(2014): 343-355; 마르크스주의적 가치 이전을 명시적으로 측정한 연구로는 Andrea Ricci, "Unequal Exchange in the Age of Globalization", *Review of Radical Political Economics* 51(2019): 225-245.

121 이 개념은 데이비드 하비와 대화를 나누는 과정에서 발전된 것이다. 다음을 보라. Alf Hornborg, *The Power of the Machine: Global Equalities of Economy, Technology, and Environinment*(Walnut Creek:Altamira, 2001), 53. 이 개념은 다음 논문에서 공식적으로 제시되었다. Alf Hornborg, "Footprints in the Cotton Fields: The Industrial Revolution as Time-Space Appropriation and Environmental Load Displacement", *Ecological Economics* 59(2006): 74-81.

122 David Harvey, *The Condition of Postmodernity: An Enquiry Into the Origins of Cultural Change*(Cambridge, MA: Blackwell, 1990), 240-241.

123 예컨대, Friedman, "With the Coronavirus".

124 Steven Belmain. 다음의 글에서 재인용. Gruber, "Predicting", 3-4.

125 Johnson et al., "Global", 2.

126 Jamison Pike, Tiffany Bogich, Sarah Elwood et al., "Economic Optimization of a Global Strategy to Address the Pandemic Threat", *PNAS* 111(52), 18520.

127 콜멘의 이야기는 다음 글에 나온다. Louise Boyle, "'We Should Start Thinking About the Next One': Coronavirus Is Just the First of Many Pandemics to Come, Environmentalists Warn", *Independent*, independent.co.uk, 2020년 3월 20일; Wallace et al., "COVID-19".

128 Brian Bird. Vidal, "Destroyed"에서 재인용. 또 다른 전문가, PREDICT의 데니스 캐럴Dennis Carroll은 "우리가 SARS-CoV-2 같은 것들에 감염되는 주기는 약 3년"이라고 주장했다. Kevin Bergermarch, "The Man Who Saw the Pandemic Coming", *Nautilus*, nautil.us, 2021년 3월 12일.

129 Levins et al., "The Emergence", 55.

130 Dobson et al., "Sacred Cows", 0718.

131 Gruber, "Predicting", 1; Afelt et al., "Bats, Coronaviruses", 2-3. 예컨대 다음을 참고하라. Field, "Bats", 282; Afelt et al., "Bats, Bat-Borne", 118.

132 예컨대 Cunningham et al., "One", 1, 3

133 Jones et al., "Eco-Social", 32.

134 Quammen, *Spillover*, 43.

135 Wallace, "Notes". 강조는 원문. 예컨대 다음과 비교해보라. Wallace, *Big*, 280; Wallace and Wallace, *Neoliberal*, 82.

136 Livia Albeck-Ripka, Isabella Kwai, Thomas Fuller and Jamie Tarabay, "It's an Atomic Bomb: Australia Deploys Military as Fires Spread", *New York Times*, 2020년 1월 5일("원자폭탄": 뉴사우스웨일스 주정부 교통부 장관 앤드루 콘스턴스Andrew Constance)

137 예컨대 다음을 보라. Michelle Tigchelaar, David S. Battisti, Rosamond L. Naylor and Deepak K. Ray, "Future Warming Increases Probability of Globally Synchronized Maize Production Shocks", *PNAS* 115(2018): 6644-6649; Timothy M. Lenton, Johan Rockstrom, Owen Gaffney et al., "Climate Tipping Points-Too Risky to Bet Against", *Na-*

ture 575(2019): 592-595.

138 Pike et al., "Economic", 18521.

139 Thomas F. Stocker, Dahe Qin, Gian-Kasper Plattner et al. (eds.), *Climate Change 2013: The Physical Science Basis. Contribution of Working Group I to the Fifth Assessment Report of the Intergovernmental Panel on Climate Change*(Cambridge: Cambridge University Press, 2013), 50; Florence Pendrill, U. Martin Persson, Javier Godar et al., "Agricultural and Forestry Trade Drives Large Share of Tropical Deforestation Emissions", *Global Environmental Change* 56(2019): 1-10; Henders et al., "Trading".

140 Rob Jordan, "Global Carbon Emissions Growth Slows, but Hits Record High", Stanford Woods Institute for the Environment, news.stanford.edu, 2019년 12월 3일; Gwyn Topham, "Airlines' CO2 Emissions Rising up to 70percent Faster Than Predicted", *Guardian*, 2019년 9월 19일.

141 이번 밀레니엄 초반에 나온 몇몇 획기적인 논문으로는 다음을 보라. Camille Parmesan and Gary Yohe, "A Globally Coherent Fingerprint of Climate Change Impacts Across Natural Systems", *Nature* 421(2003): 37-42; Terry L. Root, Jeff T. Price, Kimberly R. Hall et al., "Fingerprints of Global Warming on Wild Animals and Plants", *Nature* 421(2003): 57-60; Camille Parmesan, "Ecological and Evolutionary Responses to Recent Climate Change", *Annual Review of Ecology, Evolution and Systematics* 37(2006): 637-669.

142 Christopher H. Trisos, Cory Merow and Alex L. Pigot, "The Projected Timing of Abrupt Ecological Disruption From Climate Change", *Nature*(2020), online first.

143 이 문단의 근거는 다음과 같다. Colin J. Carlson, Gregory F. Albery, Cory Merow et al., "Climate Change Will Drive Novel Cross-Species Viral Transmission", *BioRxiv*, biorxiv.org, 2020년 1월 25일.

144 이 주제에 관해서라면 다음을 보라. R. C. Andrew Thompson, "Parasite Zoonoses and Wildlife: One Health, Spillover and Human Activity", *International Journal for Parasitology* 43(2013), 1085; Paul E. Parham, Joanna Waldock, George K. Christophides et al., "Climate, Environmental and Socio-Economic Change: Weighing Up the Balance in Vector-Borne Disease Transmission", *Philosophical Transactions of the Royal Society B* 370(2015): 1-17; Diarmid Campbell-Lendrum, Lucien Manga, Magaran Bagayoko and Johannes Sommerfeld, "Climate Change and Vector-Borne Diseases: What Are the Implications for Public Health Research and Policy?", *Philosophical Transactions of the Royal Society B* 370(2015): 1-8; Joacim Rocklov and Robert Dubrow, "Climate Change: An Enduring Challenge for Vector-Borne Disease Prevention and Control", *Nature Immunology*(2020) online first.

145 Keith Cressman, "Climate Change and Locusts in the WANA Region" in Mannava V. K. Sivakumar, Rattan Lal, Ramasamy Selvaraju and Ibrahim Hamdan(eds.), *Climate Change and Food Security in West Asia and North Africa*(Dordrecht: Springer, 2013), 131-143; Christine N. Meynard, Pierre-Emmanuel Gay, Michel Lecoq et al., "Climate-Driven Geographic Distribution of the Desert Locust During Recession Periods: Subspecies' Niche Differentiation and Relative Risks Under Scenarios of Climate Change", *Global Change Biology* 23(2017): 4739-4749.

146 Meynard et al., "Climate-Driven", 4746.

147 Samuel Okiror, "Second Wave of Locusts in East Africa Said to Be 20 Times Worse", *Guardian*, 2020년 4월 13일. 헬렌 아도아Hellen Adoa 의 말을 인용했다.

148 Hayley A. Sherwin, W. Ian Montgomery and Mathieu G. Lundy, "The Impact and Implications of Climate Change for Bats", *Mammal Review* 43(2013): 171-182; Gareth Jones and Hugo Rebelo, "Responses of Bats to Climate Change: Learning From the Past and Predicting the Future" in Adams and Pederson, *Bat*, 457-478.

149 Richard K. LaVal, "Impact of Global Warming and Locally Changing Climate on Tropical Cloud Forest Bats", *Journal of Mammalogy* 85(2004): 237-244; Gary F. McCracken, Riley F. Bernard, Melquisidec Gamba-Rios et al., "Rapid Range Expansion of the Brazilian Free-Tailed Bat in the Southeastern United States, 2008-2016", *Journal of Mammalogy* 99(2018): 312-320; Ludmilla M. S. Aguiar, Enrico Bernard, Vivian Ribeiro et al., "Should I Stay or Should I Go? Climate Change Effects on the Future of Neotropical Savannah Bats", *Global Ecology and Conservation* 5(2016): 22-33; L. Ancillotto, L. Santini, N. Ranc et al., "Extraordinary Range Expansion in a Common Bat: The Potential Roles of Climate Change and Urbanisation", *The Science of Nature* 103(2016): 1-8.

150 Jianguo Wu, "Detection and Attribution of the Effects of Climate Change on Bat Distributions Over the Last 50 Years", *Climatic Change* 134(2016): 681-696.

151 Alice C. Hughes, Chutamas Satasook, Paul J. J. Bates et al., "The Projected Effects of Climatic and Vegetation Changes on the Distribution and Diversity of Southeast Asian Bats", *Global Change Biology* 18(2012): 1854-1865. 다음을 참고하라. Hugo Rebelo, Pedro Tarroso and Gareth Jones, "Predicted Impact of Climate Change on European Bats in Relation to Their Biogeographic Patterns", *Global Change Biology* 16(2010): 561-576.

152 이러한 함의는 다음과 같은 논문이 잘 짚고 있다. Sherwin et al., "The Impact", 11-12; Wu, "Detection", 693. 다음 논문에서 제시된 대부분의 감염, 유출과 확산 사건들은 박쥐와 관련이 있다. Carlson et al., "Climate".

153 Jones and Rebelo, "Responses", 460-, 464-; Sherwin et al., "The Impact", 11; Plowright et al., "Ecological", 5

154 Paul R. Epstein, Eric Chivian and Kathleen Frith, "Emerging Diseases Threaten Conservation", *Environmental Health Perspectives* 111(2003), 506.

155 Bausch and Schwartz, "Outbreak", 5.

156 Sun et al., "Potential", 3.

157 Janelle Griffith, "Teen Whose Death May Be Linked to Coronavirus Denied Care for Not Having Health Insurance, Mayor Says", *NBC News*, nbcnews.com, 2020년 3월 27일; Abigail Abrams, "You Probably Read About an Uninsured Teen Who Died of COVID-19. The Truth Is More Complicated", *Time*, time.com, 2020년 4월 2일; Holly Baxter, "The Death of a 17-Year-Old and the Shame of a Healthcare System Which Wasn't Built to Work", *The Independent*, 2020년 4월 7일.

158 수치의 출처는 Adam Hanieh, "This Is a Global Pandemic—Let's Treat It as Such", *Verso blog*, versobooks.com, 2020년 3월 27일; Jackie Fox, "African Countries Unprepared for the Storm", *RTE*, rte.ie, 2020년 4월

2일.

159 Joseph A. McCartin, "Class and the Challenge of COVID-19", Dissent, dissentmagazine.org, 2020년 3월 23일; Jamie Smith Hopkins, "A Likely but Hidden Coronavirus Risk Factor: Pollution", *Center for Public Integrity*, publicintegrity.org, 2020년 3월 27일; Michael Sainato, "'I've Already Got Infected Lungs': For Sick Coal Miners COVID-19 is a Death Sentence", *Guardian*, 2020년 4월 19일.

160 Jerod Davis, "Coronavirus Diaries: Charter Private Jets. Business Is Booming", *Slate*, slate.com, 2020년 3월 8일; Rupert Neate, "Super-Rich Jet Off to Disaster Bunkers Amid Coronavirus Outbreak", *Guardian*, 2020년 3월 11일; Stacey Lastoe and Shivani Vora, "The Wealthy Forge Ahead With(Slightly Altered) Travel Plans in Spite of 'Stay at Home' Directives", CNN, cnn.com, 2020년 3월 28일.

161 Jonathan Prynn, "The Rise of the 'Corona Mansion': Wealthy Londoners Rushing to Let Sprawling Homes With Grounds for Up to £10k a Week Amid COVID-19 Lockdown", *Homes and Property*, homesandproperty.co.uk, 2020년 4월 3일(애슬론 체이스Aslon Chase의 벤 슬론Ben Sloane의 말 재인용). 인종 분류는 여기서 제외된다. 이 주제는 다음 책의 후기에서 다루고 있다. Malm and The Zetkin Collective, *White Skin*.

162 Tom Phillips and Caio Barretto Briso, "Brazil's Super-Rich and the Exclusive Club at the Heart of a Coronavirus Hotspot", *Guardian*, 2020년 4월 4일.

163 W. Neil Adger, "Vulnerability", *Global Environmental Change* 16 (2006), 269; P. M. Kelly and W. N. Adger, "Theory and Practice in Assessing Vulnerability to Climate Change and Facilitating Adaptation", *Climatic Change* 47(2000), 328.

164 예컨대 다음을 보라. Kenneth Hewitt, "The Idea of Calamity in a Technocratic Age" in Kenneth Hewitt(ed.), *Interpretations of Calamity: From the Viewpoint of Human Ecology*(London: Allen and Unwin, 1983), 5-6; Hallie Eakin and Amy Lynd Luers, "Assessing the Vulnerability of Social-Environmental Systems", *Annual Review of Environment and Resources* 31(2006), 369; Christine Gibb, "A Critical Analysis of Vulnerability", *International Journal of Disaster Risk Reduction* 28(2018): 327-334.

165 Ben Wisner, Phil O'Keefe and Ken Westgate, "Global Systems and Local Disasters: The Untapped Power of People's Science", *Disasters* 1(1977): 47-57(인용문은 48).

166 '구조적' 취약성 이론으로도 알려져 있다. 이 이론에 관한 훌륭한 개관은 다음을 보라. Gibb, "A Critical".

167 Michael Watts, "On the Poverty of Theory: Natural Hazards Research in Context" in Hewitt, *Interpretations*, 258. 다음의 고전적인 선집을 보라. 기후변화의 맥락에서 이러한 이론이 어떻게 적용되는지도 확인할 수 있다. Hans G. Bohle, Thomas E. Downing and Michael J. Watts, "Climate Change and Social Vulnerability: Toward a Sociology and Geography of Food Insecurity", *Global Environmental Change*, 4(1994): 37-48.

168 Ben Wisner, Piers Blaikie, Terry Cannon and Ian Davis, *At Risk: Natural Hazards, People's Vulnerability and Disasters*. Second Edition(London: Routledge, 2005), 6, 91.

169 Ibid., 167-200.

170 Meredeth Turshen, "The Political Ecology of Disease", *Review of Radical Political Economics* 9(1977): 45-60. 이와 동일한 입장에서 나온

가장 소상한 에세이들은 다음을 보라. Richard Lewontin and Richard Levins, *Biology Under the Influence: Dialectical Essays on Ecology, Agriculture, and Health*(New York: Monthly Review Press, 2007).

171 J. P. Nettl, *Rosa Luxemburg: The Biography*(London: Verso, 2019 [1966]), 478.

172 인수공통감염병에 어떻게 적용되는지에 관해서는 다음을 보라. Paul Farmer, "Social Inequalities and Emerging Infectious Diseases", *Emerging Infectious Diseases* 2(1996): 259-269; Vupenyu Dzingirai, Salome Bukachi, Melissa Leach et al., "Structural Drivers of Vulnerability to Zoonotic Disease in Africa", *Philosophical Transactions of the Royal Society B* 372(2017): 1-9.

173 Wisner et al., *At Risk*, 49-84.

174 Ibid., 91. 다음을 참고하라. Ben Wisner, "Flood Prevention and Mitigation in the People's Republic of Mozambique", *Disasters* 3(1979), 305.

175 Paul Susman, Phil O'Keefe and Ben Wisner, "Global Disasters, a Radical Interpretation" in Hewitt, *Interpretations*, 280.

176 Susman et al., "Global", 265. 이러한 회의론은 이미 다음 글에서 피력되었다. Wisner et al., "Global", 48.

177 Geoff O'Brien, Phil O'Keefe, Joanne Rose and Ben Wisner, "Climate Change and Disaster Management", *Disasters* 30(2006), 65. 강조는 추가.

178 Wisner et al. 2005, *At Risk*, 121. 예컨대 다음을 더 보라. 83, 114, 149, 195-196, 213. 강조는 원문.

179 이 모델의 원편은 다음 연구들에서 나온 결론의 일부를 요약해준다. Andreas Malm and Shora Esmailian, "Ways In and Out of Vulnerability to Climate Change: Abandoning the Mubarak Project in the Northern Nile Delta, Egypt", *Antipode* 45(2013): 474-492; Andreas Malm and Shora Esmailian, "Doubly Dispossessed by Accumulation: Egyptian Fishing Communities Between Enclosed Lakes and a Rising Sea", *Review of African Political Economy*(2012): 408-426; Andreas Malm, "Sea Wall Politics: Uneven and Combined Protection of the Nile Delta Coastline in the Face of Sea Level Rise", *Critical Sociology* 39(2013): 803-832. The right side builds on Andreas Malm, *Fossil Capital: The Rise of Steam Power and the Roots of Global Warming*(London: Verso, 2016).

180 Ingar Solty, "The Bio-Economic Pandemic and the Western Working Classes", *The Bullet*, socialistproject.ca, 2020년 3월 24일.

181 Wallace, "Notes". 다음도 살펴보라. "신자유주의적인 또는 다른 종류의 착취는 [인수공통 질병으로부터의] 보호와 관련해 오랫동안 유지되어온 선택 패턴과 과정을 망칠 수 있다. 심지어 '공공 보건' 관련 조치들이 유지될 때조차도 그러하다. 그러한 간섭만으로도 이전에 거의 없던 매개체를 통한 감염이나 지속적인 공공 보건 악화의 폭발을 유발하기에 충분할지도 모른다." Wallace et al., *Clear-Cutting*, 56. 쾀멘도 동일한 점을 지적했지만 신자유주의나 다른 원인들에 관한 분석은 없었다. 다음을 보라. David Quammen, "We Made the Coronavirus Epidemic", *New York Times*, 2020년 1월 28일. 인수공통감염병 유출과 확산을 신의 행동으로 보는 관점에 대한 그의 공격은 예컨대 *Spillover*, 36을 보라.

182 Nick Paton Walsh and Vasco Cotovio, "Bats Are Not to Blame for Coronavirus. Humans Are", *CNN*, 2020년 3월 20일.

183 Michael Marshall, "COVID-19-a Blessing for Pangolins?", *Guardian*, 2020년 4월 18일.

184 Lucia Greyl and Camila Rolando Mazzuca, "Gas Pipeline Urucu-Coari-Manaus and Urucu-orto Velho-Petrobras, Brazil", *Environmental Justice Atlas*, ejatlas.org, 2016년 1월 21일; 열대우림 내 화석연료 추출에 관한 더 많은 사례를 보려면 탁월한 다음 사이트를 참고하라. Petrobras, "Solimões Basin", petrobras.com.br, 날짜 미확인; *Brazil Energy Insight*, "Rosneft Plans New Wells and Pipelines in the Solimões Basin", brazilenergyinsight.com, 2019년 6월 21일; Kevin Koenig and Amazon Watch, *The Amazon Sacred Headwaters: Indigenous Rainforest "Territories for Life" Under Threat*, amazonwatch.org, 2019년 12월 9일.

185 Elviza Diana, "A Forest Beset by Oil Palms, Logging, Now Contends With a Coal-Trucking Road", *Mongabay*, news.mongabay.com, 2019년 5월 28일; Elviza Diana, "In Sumatra, an Indigenous Plea to Stop a Coal Road Carving Up a Forest", *Mongabay*, 2020년 4월 8일.

186 Quammen, *Spillover*, 37; Greta C. Dargie, Simon L. Lewis, Ian T. Lawson et al., "Age, Extent and Carbon Storage of the Central Congo Basin Peatland Complex", *Nature* 542(2017): 86-90; Phoebe Weston, "Plan to Drain Congo Peat Bog for Oil Could Release Vast Amount of Carbon", *Guardian*, 2020년 2월 28일.

3장 전시 코뮤니즘

1 Jasper Jolly and Graeme Wearden, "Bank of England Warns of Worst Contraction in Centuries, as Economic Activity Slumps−Business Live", *Guardian*, 2020년 4월 23일. 강조는 추가.

2 James O'Connor, "Capitalism, Nature, Socialism: A Theoretical Introduction", *Capitalism Nature Socialism* 1(1988), 11-38; "On the Two Contradictions of Capitalism", *Capitalism Nature Socialism* 2(1991), 107-109; 두 글 모두 다음 책의 더 발전된 논의에 포함되어 있다. *Natural Causes: Essays in Ecological Marxism*(New York: Guilford Press, 1998).

3   O'Connor, "Capitalism", 11. 강조는 원문. 오코너는 여기서 칼 폴라니 Karl Polanyi에게 깊이 의존하고 있다. 다음을 보라. Alan P. Rudy, "On Misunderstanding the Second Contradiction Thesis", *Capitalism Nature Socialism* 30(2019): 17-35.

4   Nancy Fraser and Rahel Jaeggi, *Capitalism: A Conversation in Critical Theory*(Cambridge: Polity, 2018), 36, 94.

5   O'Connor, "Capitalism", 25.

6   Martin Spence, "Capital Against Nature: James O'Connor's Theory of the Second Contradiction of Capitalism", *Capital and Class* 24(2000), 93-94.

7   Fraser and Jaeggi, *Capitalism*, 37. 월리스는 다음 책에서 자본주의의 두 번째 모순의 표출, 즉 인수공통감염병 유출과 확산으로 인한 위기를 예측한다. *Big*, 59.

8   예컨대 다음을 보라. O'Connor, "Capitalism", 25.

9   예컨대 ibid., 23.

10   O'Connor, "On the Two", 108.

11   Walter Benjamin, *The Arcades Project*(Cambridge, MA: Harvard University Press, 2002), 667.

12   Kyle Harper, *The Fate of Rome: Climate, Disease, and the End of an Empire*(New Haven: Yale University Press, 2017)(인용문은 2-3).

13   Ibid., 192.

14 Ibid., 245.

15 Ibid., 293.

16 John Haldon, Hugh Elton, Sabine R. Heubner et al., "Plagues, Climate Change, and the End of an Empire: A Response to Kyle Harper's *The Fate of Rome* (1): Climate", *History Compass* 16(2018): 1-13; "(2): Plagues and a Crisis of Empire", 1-10; "(3): Disease, Agency, and Collapse", 1-10.

17 Haldon et al., "(1): Climate", 5.

18 이 부분은 이 분야의 매우 명민한 실태 조사와 비평에 의존하고 있다. 다음을 보라. Guy D. Middleton, *Understanding Collapse: Ancient History and Modern Myths*(Cambridge: Cambridge University Press, 2017).

19 이 부분의 근거는 출간 예정 도서이다.

20 다음을 보라. Middleton, *Understanding*.

21 수정주의 논쟁에 관해서는 다음의 훌륭한 책을 보라. Nettl, *Rosa*, 특히 202-250.

22 James C. Scott, *Two Cheers for Anarchism*(Princeton: Princeton University Press, 2012), 82.

23 예컨대 다음을 보라. COVID-19 Mutual Aid UK, covidmutual.org; Tom Anderson, "An Inside Look at One of Bristol's New Coronavirus Mutual Aid Groups", *The Canary*, thecanary.co, 2020년 3월 28일; "Autonomous Groups Are Mobilizing Mutual Aid Initiatives to Combat the Coronavirus", *It's Going Down*, itsgoingdown.org, 2020년 3월 20일; Woodbine, "From Mutual Aid to Dual Power in the State of Emergency", *Roar*, roarmag.org, 2020년 3월 22일; Eleanor Goldfield, "Mutual Aid: When the System Fails, the People Show Up", *Roar*,

2020년 4월 22일.

24 Notably George Monbiot, "The Horror Films Got It Wrong. This Virus Has Turned Us All Into Caring Neighbours", *Guardian*, 2020년 3월 31일.

25 Caio Barretto Briso and Tom Phillips, "Brazil Gangs Impose Strict Curfews to Slow Coronavirus Spread", *Guardian*, 2020년 3월 25일.

26 Asef Bayat, *Revolution without Revolutionaries: Making Sense of the Arab Spring*(Stanford: Stanford University Press, 2017), 169. 강조는 추가.

27 V. I. Lenin, *Revolution at the Gates: Selected Writings From February to October 1917*(London: Verso, 2002 [1917]), 69, 103.

28 Lars T. Lih, *Bread and Authority in Russia, 1914-1921*(Berkeley: University of California Press, 1990), 65-67.

29 다음에서 인용한 것이다. N. Dolinsky, ibid., 111.

30 Lenin, *Revolution*, 70, 91, 129.

31 Ibid., 46, 74, 111. 강조는 원문.

32 Ibid., 40, 74. 강조는 원문.

33 Ghulam Nabi, Rabeea Siddique, Ashaq Ali and Suliman Khan, "Preventing Bat-Borne Viral Outbreaks in Future Using Ecological Interventions", *Environmental Research*(2020), online first.

34 Jie Cui et al., "Origin", 190.

35 Wood et al., "A Framework", 2882. 예컨대 다음을 참고하라. Keesing et al., "Impacts", 651; Cunningham et al., "One Health", 5-6.

36 Pike et al., "Economic", 18522.

37 다음을 참고하라. Walsh et al., "Forest", 1812.

38 예컨대 다음을 보라. Rohr et al., "Emerging", 451-453.

39 다음을 참고하라. Hughes et al., "The Projected", 1863; Sokolow et al., "Ecological", 2, 6; Schneeberger and Voigt, "Zoonotic", 279, 282.

40 Lenin, *Revolution*, 41; Wallace and Wallace, Neoliberal, 90. 강조는 원문.

41 Doug Boucher, Sarah Roquemore and Estrellita Fitzhugh, "Brazil's Success in Reducing Deforestation", *Tropical Conservation Science* 6(2013): 426-445; Joana Castro Pereira and Eduardo Viola, "Catastrophic Climate Risk and Brazilian Amazonian Politics and Policies: A New Research Agenda", *Global Environmental Politics* 19(2019): 93-103; Thomas M. Lewinsohn and Paulo Inacio Prado, "How Many Species Are There in Brazil?", *Conservation Biology* 19(2005): 619-624. 최근 몇 년간 브라질이 이러한 경향에서 얼마나 멀어졌는지에 관해서는 예컨대 다음을 보라. Austin et al., "Trends"; Lambin and Meyfroidt, "Global", 3467.

42 Rodrigo Nunes in Juan Grigera, Jeffery R. Webber, Ludmila Abilio et al., "The Long Brazilian Crisis: A Forum", *Historical Materialism* 27(2019), 72.

43 Nian Yang, Peng Liu, Wenwen Li and Li Zhang, "Permanently Ban Wildlife Consumption", *Science* 367(2020): 1434-35(인용 문구는 1435). 다음을 참고하라. Felbab-Brown, *The Extinction*, 15.

44 Yuan et al., "Regulating", 2-3.

45 Brian Barth, "The Surprising History of the Wildlife Trade That May Have Sparked the Coronavirus", *Mother Jones*, motherjones.com, 2020년 3월 29일.

46 Li et al., "Human-Animal", 87.

47 Rahel Nuwer, "To Prevent Next Coronavirus, Stop the Wildlife Trade,

Conservationists Say", *New York Times*, 2020년 2월 19일.

48   Felbab-Brown, *The Extinction*, 234-238(인용문은 237). 금지의 규범적 효과에 관해서는 105를 참고하라.

49   예컨대 다음을 보라. Smriti Mallapaty, "China Set to Clamp Down Permanently on Wildlife Trade in Wake of Coronavirus", *Nature*, nature. com, 2020년 2월 21일; Robert G. Webster, "Wet Markets-A Continuing Source of Severe Acute Respiratory Syndrome and Influenza?", *The Lancet* 363(2004), 236; Jane Qiu, "How China's".

50   Sarah Heinrich, Arnulf Koehncke and Chris R. Shepherd, "The Role of Germany in the Illegal Global Pangolin Trade", *Global Ecology and Conservation* 20(2019): 1-7.

51   Felbab-Brown, *The Extinction*, 110.

52   Ibid., 27, 107-108, 112, 115-116, 245, 260.

53   Ibid., 50, 105, 145-146, 243, 247-248(인용문은 116).

54   예컨대 Rogen, "Socioeconomic", 25, 29; van Vliet and Mbazza, "Recognizing", 49-51; Felbab-Brown, *The Extinction*, 52.

55   Nathalie van Vliet, "'Bushmeat Crisis' and 'Cultural Imperialism' in Wildlife Management? Taking Value Orientations Into Account for a More Sustainable and Culturally Acceptable Wildmeat Sector", *Frontiers in Ecology and Evolution* 6(2018): 1-6; Felbab-Brown, *The Extinction*, 26, 51.

56   Ripple et al., "Bushmeat", 8.

57   Ibid., 10-11. 예컨대 다음과 비교해보라. Poulsen et al., "Bushmeat"; Pike et al., "Economic", 18522.

58   Patrick Oppmann, "Coronavirus-Hit Countries Are Asking Cuba for Medical Help. Why Is the US Opposed?", *CNN*, 2020년 3월 26일; Helen Yaffe, "The World Rediscovers Cuban Medical Internationalism", *Le Monde Diplomatique*, mondediplo.com, 2020년 3월 30일; Peter Kornbluh, "Cuba's Welcome to a COVID-19-Stricken Cruise Ship Reflects a Long Pattern of Global Humanitarian Commitment", *The Nation*, thenation.com, 2020년 3월 21일; 그리고 다음 논문의 탁월한 분석을 참고하라. Robert Hush, "Why Does Cuba 'Care' So Much? Understanding the Epistemology of Solidarity in Global Health Outreach", *Public Health Ethics* 7(2014): 261-276.

59 Lenin, Revolution, 81; 82, 101, 128도 참고하라.

60 화석연료 기업들의 국유화라는 발상은 COVID-19 상황 속의 논쟁에 참여한 좌파에서 붐을 이뤘다. 예컨대 Damian Carrington, Jillian Ambrose and Matthew Taylor, "Will the Corona Crisis Kill the Oil Industry and Help Save the Climate?", *Guardian*, 2020년 4월 1일; Chris Saltmarsh, "Do Not Resuscitate the Oil Industry", *Tribune*, tribunemag.co.uk, 2020년 4월 21일. 예컨대 다음과 비교해보라. Peter Gowan, "A Plan to Nationalize Fossil-Fuel Companies", *Jacobin*, jacobinmag.com, 2018년 3월 26일.

61 클라임웍스 관련 논의는 이 계열 연구의 선구자인 윔 카턴Wim Carton 과 필자가 함께 쓴 출간 예정 도서에 바탕을 두고 있다. 여기에 등장하는 내용은 2020년 2월 카턴과 필자가 취리히에서 수행한 클라임웍스 현장 관찰에 근거한 것이다. Christoph Beuttler, Louise Charles and Jan Wurzbacher, "The Role of Direct Air Capture in Mitigation of Anthropogenic Greenhouse Gas Emissions", *Frontiers in Climate* 1(2019): 1-7; Giulia Realmonte, Laurent Drouet, Ajay Gambhir et al., "An Inter-Model Assessment of the Role of Direct Air Capture in Deep Mitigation Pathways", *Nature Communications* 10(2019): 1-12;

Mahdi Fasihi, Olga Efimova and Christian Breyer, "Techno-Economic Assessment of CO2 Direct Air Capture Plants", *Journal of Cleaner Production* 224(2019): 957-980; Yuki Ishimoto, Masahiro Sugiyama, Etsushi Kato et al., "Putting Costs of Direct Air Capture in Context", *Forum for Climate Engineering Assessment Working Paper Series*, School of International Service, American University, 2017년 6월.

62 예컨대 다음을 보라. Michael Obersteiner, Johannes Bednar, Fabian Wagner et al., "How to Spend a Dwindling Greenhouse Gas Budget", *Nature Climate Change* 8(2018), 8; Christopher B. Field and Katharine J. Mach, "Rightsizing Carbon Dioxide Removal", *Science* 356(2017), 707; Kate Dooley, Peter Christoff and Kimberley A. Nicholas, "Co-Producing Climate Policy and Negative Emissions: Trade-Offs for Sustainable Land-Use", *Global Sustainability* 1(2018), 1; Vera Heck, Dieter Gerten, Wolfgang Lucht and Alexander Popp, "Biomass-Based Negative Emissions Difficult to Reconcile With Planetary Boundaries", *Nature Climate Change* 8(2018): 151-155.

63 Jan Wohland, Dirk Witthaut and Carl-Friedrich Schleussner, "Negative Emission Potential of Direct Air Capture Powered by Renewable Excess Electricity in Europe", *Earth's Future* 6(2018): 1380-1384.

64 Jennifer Wilcox, Peter C. Psarras and Simona Liguori, "Assessment of Reasonable Opportunities for Direct Air Capture", *Environmental Research Letters* 12(2017): 1-7.

65 Jeff Tollefson, "Price of Sucking CO2 From Air Plunges", *Nature* 558 (2018), 173.

66 Holly Jean Buck, *After Geoengineering: Climate Tragedy, Repair, and Restoration*(London: Verso, 2019), 예컨대 32-33, 122, 126-129,

191. 이 주제에 관심이 있는 독자라면 다음의 책을 통독해도 좋을 것이다. J. P. Sapinski, Holly Jean Buck and Andreas Malm(eds.), *Has It Come to This? The Promises and Perils of Geoengineering on the Brink*(New Brunswick: Rutgers University Press, 2020).

67 예컨대 다음을 보라. Realmonte et al., "An Inter-Model", 6.

68 Buck, *After*, 136; 186, 203, 206도 참고하라.

69 Benjamin Storrow, "Why CO2 Isn't Falling More During a Global Lockdown", *Scientific American*, 2020년 4월 24일.

70 Leon Trotsky, *Terrorism and Communism*(London: Verso, 2007 [1920]), 147.

71 Lenin, *Revolution*, 70, 74. 강조는 원문.

72 Graham Readfearn, "Scientists Trial Cloud Brightening Equipment to Shade and Cool Great Barrier Reef", *Guardian*, 2020년 4월 16일.

73 Kevin Surprise, "Preempting the Second Contradiction: Solar Geoengineering as Spatiotemporal Fix", *Annals of the American Association of Geographers* 108(2018): 1228-1244. 유사한 방식으로, 자본이 직접 기체 포집을 비롯해 마이너스 배출 기술을 시행하는 데는 분명 위험 요소가 있다. 다음을 보라. Wim Carton, "'Fixing' Climate Change by Mortgaging the Future: Negative Emissions, Spatiotemporal Fixes, and the Political Economy of Delay", *Antipode* 51(2019): 750-769.

74 이 부분 그리고 이어지는 문단들의 근거는 Norman Geras, *The Legacy of Rosa Luxemburg*(London: Verso, 1983 [1976]), 14-39. 룩셈부르크 발언의 출처는 21, 32-34.

75 Karl Marx and Friedrich Engels, *The Communist Manifesto: A Modern Edition*(London: Verso, 2012 [1848]), 35.

76 Daniel Bensaïd, *An Impatient Life*(London: Verso, 2013), 291.

77 Daniel Bensaïd, "Leaps! Leaps! Leaps!" in Sebastian Budgen, Stathis Kouvelakis and Slavoj Žižek(eds.), *Lenin Reloaded: Toward a Politics of Truth*(Durham: Duke University Press, 2007), 159; Lenin, Revolution, 155.

78 Lenin, *Revolution*, 157.

79 Georg Lukács, *Lenin: A Study in the Unity of His Thought*(London: Verso, 2009 [1924]), 29.

80 "US Intelligence Community Worldwide Threat Assessment, Statement for the Record, March 12, 2013" in *United States Central Intelligence Agency(CIA) Handbook: Strategic Information, Activities and Regulations*(Washington, DC: International Business Publications, 2013), 40.

81 Bensaïd, "Leaps!", 153.

82 Ibid., 156-157에서 재인용.

83 Geras, *The Legacy*, 34-35에서 재인용.

84 Johannes Kester and Benjamin K. Sovacool, "Torn Between War and Peace: Critiquing the Use of War to Mobilize Peaceful Climate Action", *Energy Policy* 104(2017): 50-55. 다음도 참고하라. Laurence L. Delina and Mark Diesendorf, "A Response to Kester and Sovacool", *Energy Policy* 112(2018): 1-3. 기후 정치 내의 군사적 수사법 활용을 반대하는 비슷한 주장으로는 다음을 보라. Kate Yoder, "War of Words", *Grist*, 2018년 12월 5일.

85 알렉산드리아 오카시오코르테스Alexandria Ocasio-Cortez의 트위터 계정. 2020년 1월 6일.

86 Kester and Sovacool, "Torn", 52.

87 Stephen J. Flusberg, Teenie Matlock and Paul H. Thibodeau, "Meta-

phors for the War(or Race) Against Climate Change", *Environmental Communication* 11(2017): 769-783.

88 Afkhami, "Compromised", 373; Sumiko Otsubo, "Fighting on Two Fronts: Japan's Involvement in the Siberian Intervention and the Spanish Influenza Pandemic of 1918" in Tosh Minohara, Tze-ki Hon and Ewan Dawley(eds.), *The Decade of the Great War: Japan and the Wider World in the 1910s*(Leiden: Brill, 2014), 461-480.

89 S. A. Smith, *Russia in Revolution: An Empire in Crisis, 1890-1928* (Oxford: Oxford University Press, 2017), 162에서 재인용; 218, 232, 245도 참고하라.

90 Victor Serge, *Year One of the Russian Revolution*(London: Bookmarks and Pluto, 1992 [1930]), 366.

91 Silvana Malle, *The Economic Organization of War Communism 1918–1921*(Cambridge: Cambridge University Press, 1985), 49-68; Smith, *Russia*, 220-222, 233, 249.

92 Smith, *Russia*, 236.

93 Malle, *The Economic*, 63, 219-220, 396.

94 Trotsky, *Terrorism*, 122.

95 Malle, *The Economic*, 64.

96 Trotsky, *Terrorism*, 122.

97 Malle, *The Economic*, 220-206, 502.

98 Trotsky, *Terrorism*, 10, 126, 129; 다음을 더 살펴보라. 145-147; Malle, *The Economic*, 479-480, 485-486, 502.

99 Malle, *The Economic*, 502.

100 다음의 글에서 재인용. Lars T. Lih, "'Our Position Is in the Highest Degree Tragic': Bolshevik 'Euphoria' in 1920" in Mike Haynes and Jim

Wolfreys(eds.), *History and Revolution: Refuting Revisionism*(London: Verso, 2007), 121.

101 Terry Eagleton, "Lenin in the Postmodern Age" in Budgen et al., *Lenin*, 48.

102 Salvage Editorial Collective, "Tragedy of the Worker: Toward the Proletarocene", *Salvage* no. 7(2019), 55, 60.

103 Lih, "Our Position".

104 Lars T. Lih, "Deferred Dreams: War Communism 1918-1921", *The National Council for Soviet and East European Research*, Washington, D.C., 8 May 1995; Lars Lih, "Bukharin's 'Illusion': War Communism and the Meaning of NEP", *Russian History* 27(2000): 417-459; Lih, "Our Position".

105 Trotsky, *Terrorism*, 113.

106 Kester and Sovacool, "Torn", 52.

107 Bensaïd, An *Impatient*, 317.

108 Trotsky, *Terrorism*, 133.

109 이 역사에 관해서는 다음을 보라. Douglas R. Weiner, *Monuments of Nature: Ecology, Conservation, and Cultural Revolution in Soviet Russia*(Pittsburgh: University of Pittsburgh Press, 2000).

110 이 이야기는 다음의 글에 나온다. J. Veselý, "Vladimir Iljic Lenin and the Conservation of Nature", *Zoologické Listy* 18-19(1970), 19-20, 197-198.

111 Weiner, *Monuments*, 35, 37.

112 Ibid., viii. 강조는 추가.

113 Fred Strebeigh, "Lenin's Eco-Warriors", *New York Times*, 2017년 8월 7일. 어떤 방법이 야생의 자연을 가장 잘 보존할 수 있는가라는 곤란한 질

문은 생략되었다. 출간 예정 도서에서 야생에 대한 접근법들을 체계적으로 검토한다.

114 Theodor Adorno, *Negative Dialectics*(New York: Bloomsbury, 2007 [1966]), 67.

115 Max Horkheimer, *Eclipse of Reason*(New York: Oxford University Press, 1947), 108-109. '자연 지배' 이론을 가축과 야생동물의 운명에 적용한 읽을 만한 최근의 글로는 다음이 있다. Diana Stuart and Ryan Gunderson, "Human-Animal Relations in the Capitalocene: Environmental Impacts and Alternatives", *Environmental Sociology* 6(2020): 68-81.

116 Thomas R. Gillespie and Fabian H. Leendertz, "Great-Ape Health in Human Pandemics", *Nature* 579(2020): 497.

117 Magdalena Bermejo, José Domingo Rodríguez-Teijeiro, Germán Illera et al., "Ebola Outbreak Killed 5000 Gorillas", *Science* 314(2006), 1564; Cunningham et al., "One", 2.

118 Quammen, *Spillover*, 388; Wallace, *Big*, 34; 일반적인 주장은 다음을 보라. Andreas Malm, *The Progress of This Storm: Nature and Society in a Warming World*(London: Verso, 2018).

119 Theodor W. Adorno, *History and Freedom: Lectures 1964-1965* (Cambridge: Polity, 2006), 151-152.

120 Theodor W. Adorno, *Critical Models: Interventions and Catchwords* (New York: Columbia University Press, 2005), 144

화석 자본과 기생 자본을 넘어서는 전환

세계사에 '코로나19 팬데믹 원년'이라는 오싹한 이름으로 기록된 2020년 가을에 영국의 좌파 출판사 버소Verso는 신종 바이러스의 위협 속에서 무엇을 성찰해야 하는지 짚는 팸플릿 시리즈 네 권을 세상에 내보낸다. 그 가운데 두 권은 이미 우리말로 번역됐고 (그레이스 블레이클리, 《코로나 크래시》, 장석준 옮김, 책세상, 2021; 더 케어 컬렉티브, 《돌봄 선언》, 정소영 옮김, 니케북스, 2021) 이제 안드레아스 말름의 이 책이 나왔으니, 딘 스페이드Deen Spade의 《상호부조: 위기 중의 연대 구축Mutual Aid: Building Solidarity During This Crisis》 빼고는 다 소개된 셈이다.

코로나 팬데믹을 계기로 나온 책들이지만, 앞서 국내에 소개된 두 책과 스페이드의 저작은 바이러스 감염병 확산 자체보다는 이를 둘러싼 인간 사회의 반응을 주로 성찰한다. 오직 말름의 저서만이 전 인류적 감염병 위기의 핵심을 향해 직진한다. 역병의 창궐이 인간 사회에 끼친 심대한 영향뿐만 아니라 역으로 후자가 전자에 어떻게 영향을 끼쳤는지를 짚으며, 박쥐와 천산갑과 중국인들 뒤의 더 큰 사슬들에 관해 도발적인 주장을 내놓고 있는 것이다. 코로나 팬데믹이 시작된 지 1년도 채 되지 않은 시점에 감히 이런 작업에 나설 수 있는 이는 그리 많지 않았을 것이다. 그런데 그럴 준비가 단단히 돼 있었던 저자가 바로 안드레아스 말름이다.

스웨덴 룬드대학에서 인간생태학을 가르치는 말름은 자본주의와 생태계 위기의 연관성을 파헤치는 저작을 줄곧 발표해왔다. 2016년에 《화석 자본: 증기 동력의 부상과 지구온난화의 뿌리 Fossil Capital: The Rise of Steam Power and the Roots of Global Warming》를 냈고, 팬데믹 직전인 2020년 초에는 생태계 위기를 둘러싼 여러 학설과 담론을 비판적으로 검토한 《이 폭풍의 진보: 뜨거워지는 세계 속의 자연과 사회 The Progress of This Storm: Nature and Society in a Warming World》를 출간했다. 2020년 이 책 《코로나, 기후, 오래된 비상사태》를 낸 뒤에도 말름은 두 권이나 더 출간했는데, 더욱 실천적인 관점에서 기후운동 전략을 다룬 《송유관을 폭파하는 방법: 불타는 세계에서 투쟁 학습하기 How to Blow Up a Pipeline: Learning to Fight in a World on Fire》와, 기후위기와 파시즘 부활의 섬뜩한 상관관계를 밝힌 《흰 피부, 검은 연료: 화석 파시즘의 위험에 관해 White Skin, Black Fuel: On the Danger of Fossil Fascism》(더 젯킨 컬렉티브 The Zetkin Collective와 공저)가 바로 그 책들이다. 이러한 저서 목록에서 알 수 있듯이, 안드레아스 말름은 오늘날 좌파 시각에서 기후위기와 대결하는 가장 정력적이며 영감에 찬 저자이자 운동가다. 그런 그에게 코로나 위기에 관한 진단은 도저히 피할 수 없는 숙명의 작업과도 같았을 것이다.

기후위기의 역사를 파헤쳐
화석 자본주의와 대면하다

기후위기를 파악하는 말름의 기본적 입장을 알려면, 무엇보다 그의 대작 《화석 자본》을 이해해야 한다. 이 책은 아직 우리말로 번역되지는 않았지만, 기후위기에 진지하게 대처하려면 반드시 짚고 넘어가야 할 저작이다. 여기에서는 말름이 기후위기에 어떤 시각으로 접근하는지 확인하기 위해 그 가운데 일부 내용만 요약해보겠다.

《화석 자본》의 핵심 메시지는 산업 자본주의와 화석 에너지가 뗄 수 없는 관계에 있다는 것이다. 이를 밝히기 위해 말름은 영국에서 산업 자본주의가 발흥하던 시점으로 거슬러 올라간다. 그는 산업 자본주의를 비판한 고전적 저작들, 가령 마르크스의 《자본》이나 폴라니의 《거대한 전환》에 누락된 동력원 문제를 중심으로 초기 자본주의 역사를 재구성한다.

말름에 따르면, 지구상에서 인류가 사용할 수 있는 에너지는 다음 세 가지 범주를 넘어설 수 없다. 첫째는 유동 에너지, 즉 지구 생태계 안에서 순환하는 에너지를 있는 그대로 활용하는 것이다. 흐르는 물로 물레방아를 돌리거나 바람의 힘을 빌려 풍차를 돌리는 것이 이에 해당한다. 둘째는 인간을 비롯한 동물의 에너지다. 셋째는 저장 에너지, 즉 식물의 사체 형태를 취했던 과거의 태양 에너지, 그러나 세월이 흘러 석유, 석탄 같은 형태로 변형되어 지층에 저장된 그 에너지를 태워 활용하는 것이다.

고대부터 인간 사회는 세 가지 에너지 형태 모두에 익숙했다. 자본주의에 들어서 갑자기 저장 에너지를 쓰기 시작한 것은 아니다. 하지만 산업 활동과 저장 에너지 사이의 거리는 생각보다 멀었다. 산업혁명 초기만 해도 그랬다. 19세기 초까지 영국 면방직 작업장의 주된 동력원은 수력이었다. 흐르는 물의 힘으로 수차를 돌리고 여기에 인간의 제어력을 가해 방직 기구를 움직였다.

전환점은 1820년대에 닥친 산업 자본주의의 첫 번째 구조적 위기였다. 면방직 산업의 과잉 투자로 공황이 닥치자 자본가들은 그들의 후예가 위기 때마다 반복하게 될 행동에 착수했다. 기술 혁신을 통한 경쟁력 확보라는 행동 말이다. 당시 이들은 숙련 노동을 대체할 정교한 방직 기계를 도입했다. 문제는 어떤 에너지로 이 최신 기계를 돌릴 것인가였다. 이때 자본가들은 역사상 처음으로 수차가 아니라 새로운 발명품인 증기기관으로 눈을 돌렸다.

경제학자들의 익숙한 추정과는 달리 증기기관이 수차보다 훨씬 저렴해서 그랬던 것은 아니다. 영국에는 수력을 사용하는 작업장을 세울 하천이 부족하지 않았다. 게다가 당시만 해도 석탄을 실어 와 증기기관에 넣고 태우면서 증기기관을 가동하는 쪽이 수차를 사용하는 쪽보다 훨씬 고비용이었다. 그렇기에 하천을 정비하여 수력을 더 효율적으로 활용하려는 계획도 함께 추진되었다. 수력과 증기 동력이라는 두 동력이 저울대에 올랐던 셈이다.

승리자는 증기기관이었다. 왜 산업 자본가 1세대는 두 세기 뒤에 인류를 기후위기라는 대재앙에 빠뜨릴 선택을 했던 걸까? 첫째는 공간 문제였다. 수력에 의존하려면 공장을 계곡이나 천변에 세울 수밖에 없었다. 이런 곳은 인구 밀집지와는 멀찍이 떨어져 있게 마련이었다. 노동력을 모으기 쉽지 않았다. 숙련 노동자를 고용하려면 높은 임금을 줘야 했고, 비숙련 일자리는 아예 강제 노동으로 충원해야 했다.

그러나 증기기관과 석탄을 사용하면 이런 공간 제약에서 대번에 해방될 수 있었다. 굳이 하천 주변에 공장을 지을 필요가 없었다. 어디든 석탄을 운반해 오기만 하면 공장을 돌릴 수 있었다. 도시에 공장을 지어 손쉽게 노동력을 확보할 수 있었다. 역설이었다. 유동 에너지는 자본을 특정 장소에 가뒀지만, 저장 에너지는 자본이 유동할 수 있게 만들었다.

둘째는 시간 문제였다. 수차를 돌리는 물의 힘은 일정하지 않았다. 유량과 유속이 들쑥날쑥했다. 1826년에 닥친 가뭄으로 공장주들은 이런 한계를 절감했다. 게다가 새로 작업장에 도입된 자동 기계에는 보다 안정되고 조절 가능한 동력원이 필요했다.

저장 에너지는 이런 시간적 제약도 극복하게 해주었다. 증기 동력을 사용하면, 자본가가 원하는 속도로 기계를 계속 돌릴 수 있었다. 제1차 공장법 제정으로 더 이상 노동시간을 마음껏 늘릴 수 없게 된 자본가들은 이제 기계 가동 속도를 높여 노동 강도를 강화하는 것으로 대응했다. 이것도 역설이었다. 유동 에너지 아래에서 자본은 자연과 인간의 시간에 자신을 맞춰야 했지만, 저장 에너지는 역사상 최초로 유동적인 자본의 시간을 창조했다.

자본이 화석연료를 선택한 것은 희소성이나 비용 때문이 아니라 권력관계 때문이었다. 이 대목에서 말름은 영어에서 파워 power가 '권력'과 '동력'을 함께 뜻한다는 사실을 새삼 거론한다. 화석연료 덕분에 자본은 두 가지 파워를 동시에 확보했다. 유동 에너지 사용에 수반되는 (자연의) 시공간 제약에서 벗어남으로써 노동을 더욱 철저히 제압할 수 있게 된 것이다. 자연 점령과 노동 제압. 이것이 자본이 화석연료와 결합해 '화석 자본'이 된 핵심 이유였다. 이를 말름은 "자연을 자본에 실질적으로 복속시킴으로써 노동을 자본에 실질적으로 복속시켰다"고 정리한다.

산업 자본주의의 등장과 함께 에너지 체제가 바뀐 이유가 이와 같다면, 정반대 방향에서 에너지 체제의 재전환을 추진하는 데 핵심 장벽이 무엇인지도 분명해진다. 태양광, 풍력 등 재생가능 에너지 중심 체제란 결국 유동 에너지로 돌아가자는 것이다. 하지만 두 세기 동안 석탄과 석유라는 저장 에너지를 통해 두 가지 파워를 마음껏 누려온 자본에게는 굳이 이 미지의 세계로 나아갈 이유가 없다.

그렇기에 시장에 맡겨서는 산업혁명 이전처럼 자연조건에 구속되는 에너지 체제로 다시 돌아갈 수 없다. 민주적 계획이 개입돼야 한다. 2016년에 나온《화석 자본》에서 이미 말름은 최소한 2차 세계대전 중의 전시 경제 같은 비상 경제 체제가 필요하다고 주장한다. 인류 역사상 가장 강대해진 21세기 자본에게 이것보다 더 자신들의 이익, 권력과 충돌하는 요구는 없다. 이것이 오늘날 인류가 처해 있는 궁지다. 이처럼 말름의 연구는 나오미 클라인 Naomi Klein이 기후위기를 다룬 저서《이것이 모든 것을 바꾼다》(이순희 옮김, 열린책들, 2016)에 단 부제 '자본주의 대 기후'에 눈에 확 띄는 붉은색 밑줄을 긋는다.

코로나19 비상 대응이 가능하다면
기후위기 비상 대응 역시 가능하다

이렇게 기후위기를 논하는 역사가로 명성을 쌓은 말름이기에 그

가 코로나19 팬데믹을 긴급 분석하는 소책자를 쓰면서 제목에서
부터 '코로나'를 '기후'와 나란히 놓은 대목은 충분히 이해할 만하
다. '1장 코로나와 기후'에서 그는 묻는다. 왜 그동안 기후위기에
는 그토록 무심했던 각국 정부가 바이러스 감염병 확산에는 자본
주의 일상을 강제 종료하는 전대미문의 대책을 단행했을까? 말
름은 이 물음에 이런저런 각도로 답하면서 흥미 있는 이야기들을
풀어나간다. 그 가운데서도, 기후위기의 초기 희생자는 가난한
남반구 나라들에 몰려 있는 반면 팬데믹의 최초 희생자는 북반구
부국들의 부유층이었기에 그런 대응이 나왔다는 지적은 참으로
신랄하다.

　하지만 말름은 스스로 자신의 질문을 뒤집는다. 겉보기와 달
리 실은 신종 바이러스 확산의 경우에도 각국 정부는 결코 신속
히 대응하지 않았다. 21세기 들어서 숱한 과학자들이 앞으로 코
로나바이러스 변종이나 다른 인수공통감염병의 세균, 바이러스
들이 인류를 주기적으로 덮칠 것이라고 경고했다. 각국 지배 엘
리트들은 이 경고를 철저히 무시했고, 그래서 대개 무방비인 채
로 코로나바이러스 대확산에 노출됐다. 이런 점에서 팬데믹과 기
후위기는 서로 대비 대상으로만 볼 별개의 사건이 아니다. 오히
려 이들은 자본주의 질서와 지구 생태계가 빚는 모순과 충돌이라
는 하나의 위기가 발현되는 두 양상이라 봐야 한다.

　'2장 오래된 비상사태'가 바로 이를 뒷받침하는 상세한 논의다.

2장의 전반부에서 말름은 사회과학과 자연과학의 경계를 넘나들며 박쥐의 생태와 세균·바이러스 연구, 북반구 국가들과 남반구 국가들 사이의 불평등 교환 등을 서로 연결해 독자들에게 새로운 그림을 제시한다. 이 그림을 통해 우리는 21세기에 사스나 조류 독감 같은 인수공통감염병이 빈번히 확산한 이유가 인간의 산림 파괴와 공장형 축산에 있음을 확인하게 된다. 이 가운데서도 산림 파괴의 동인은 열대 야생(병원체들의 숙주인 박쥐 등의 서식지)에 대한 자본주의 중심부 국가의 끊임없는 수탈이다. 흔히 중국인들의 기이한 식습관 탓이라 치부된 박쥐나 천산갑 유통조차 남반구에서 북반구로 향하는 조직적인 야생동물 교역의 일환이다. 이런 분석을 바탕으로 '화석 자본' 이론가 말름은 이제 '기생 자본' 이론을 스케치한다. 끊임없이 이윤을 탐닉하는 자본은 "자신을 야생에 부착"(106쪽)하며 야생의 모든 것을 축적 회로 안으로 빨아들인다. 코로나바이러스 같은 기생적 존재가 세포에 자신을 부착하여 마치 생물인 것처럼 활동하듯, 자본은 야생에 자신을 부착해서 자신의 DNA 안에 있는 "단단히 고정하기와 빨기"(107쪽)라는 행동으로 야생을 집어삼킨다. 야생을 희생양 삼은 자본의 자기복제 운동에 제한선은 없다. 그리고 저 희생양의 목록에는 병원성 미생물을 거느리고 사는 숙주 동물, 즉 서식지를 잃고 인간의 마을 가까이 이동해야만 했던 동물이 포함되어 있다.

말름에 따르면, 기생 자본이 열대 야생을 중심으로 자행하는 이와 같은 "시공간 수탈"이 발달된 교통수단을 통한 "시공간 압축"과 만날 때, 코로나19 바이러스 사태 같은 전 지구적 팬데믹의 발생 가능성은 높아진다. 더구나 이러한 조건은 자본이 낳은 더 오래된 비상사태인 기후위기와 만나 팬데믹의 주기적 빈발 가능성으로 이어진다. 코로나19 바이러스는 어쩌면 그 첫 번째 주자일지 모른다. 말름은 이렇게 정리한다.

여기서 가설은, 코로나바이러스들 자체가 저습도 환경에서 번성한다는 것이다. 다른 많은 가설처럼, 이 역시 아직 가설일 뿐이지만, 코로나와 기후가 서로 분리된 채 평행선을 달리지는 않는다는 점만은 확실하다. 코로나 사태는 기후위기의 결과물일 것이며, 그 반대는 아니다. 더 중요한 점이 있다. 코로나와 기후는 작금의 오래된 비상사태를 구성하는, 각자 시공간 스케일을 지닌 채 뒤얽혀 있는 두 개의 면이라는 것이다. (124쪽)

그렇다면 이렇게 서로 얽혀 있는 감염병 위기와 기후위기에 어떻게 대응해야 하는가? 말름은 기존 체제에 비판적인 이들조차 두 위기를 인간 사회 바깥의 자연에서 비롯된 충격으로 보고, 단지 이 충격이 사회 안에서 부와 권력의 차이에 따라 불평등한 영향을 끼친다는 점만 비판한다고 지적한다. 예컨대 팬데믹에 따른 대봉쇄 상황에서 좌파가 제시한 대안은 대개 긴축재정 폐지, 공공의료 복원, 무상 돌봄 확대 등이었다. 물론 급하고 중요한 과제들이다. 그러나 더 근본적인 무엇인가가 빠져 있다. 이 공백은 오직 감염병 위기와 기후위기, 이 둘 모두 사회 바깥에서 닥친 재앙이 아니라 사회 자체가 낳은 모순의 폭발임을 분명히 인지해야만 식별될 수 있다. 빠진 것은 감염병 위기와 기후위기의 결과만이 아니라 그 원인을 해결하는 일이다. 즉 기생 자본과 화석 자본이 주도하는, 생태 파괴적이고 제국주의적인 자본주의 질서 자체를 교정하는 것이다.

'3장 전시 코뮤니즘'의 주제는 이 과제에 어떻게 착수할지에 관한 것이다. 왜 저자가 굳이 20세기 혁명사에서도 가장 고되고 엄혹했던 기억으로 남은 러시아 혁명 정부의 전시 공산주의 기간(1918~1921)을 모델로 제시하는지 의아해할 수도 있겠다. 사실 말름은 수년 전 《화석 자본》을 출간할 때부터 기후위기 대응을 말하며 미국의 전시 경제와 함께 전시 공산주의 경험을 언급하곤 했다. 그런데 2020년 자본주의 주요국들의 팬데믹 대응 사례는 이러한 말름의 생각에 더욱 힘을 실어준 것 같다. 공장과 상점, 사무실을 강제 폐쇄하고 수천만 시민에게 자가격리를 명령하는 등의 조치는 내전기의 볼셰비키 정부조차 감히 상상하기 힘든 것이었다. 그런데 그런 일이 벌어진 것이다. 그것도 시장 지상주의의 세월을 한 세대 넘게 겪고 난 뒤에 말이다. 말름은 감염병 위기에 이렇게 대처할 수 있다면 그간 주요국 정부들이 마치 없는 일이거나 먼 미래의 문제인 양 치부해온 기후위기에도 그만큼 과감한 대처가 가능할 것이라고 단언한다. 더구나 기후위기 대책은 그 가장 급진적인 버전조차 경제활동 중단이나 시민들의 자가 격리 따위를 포함하지는 않는다.

전시 공산주의 비유를 들며 말름이 제시하는 것은 일종의 '생태 레닌주의' 비전이다. 기후위기에 때맞춰 대응하기 위해서는, 레닌적 실천의 어떤 면, 즉 혁명적 위기 상황에서 반전反轉의 순간을 놓치지 않기 위해 국가권력을 과감히 장악하고 이를 통해 상황에 개입하려는 노력을 부활시켜야 한다는 것이다. 그러자면 사회민주주의 세력처럼 점진주의의 도식 안에 스스로를 가둬서도 안 되고, 아나키스트들처럼 국가권력과 멀찌감치 거리를 두려고만 해서도 안 된다. 시민사회의 능동적인 참여를 북돋기 위해서도 국가가 초인적인 생태 전환 노력의 중심에 서야 한다. 팬데믹 와중에 민간 의료시설을 한시적으로나마 공공 의료체계로 전환해 운영하고 생산 활동 전반을 조정한 국가의 노력이 있었기에 시민들의 자발적인 돌봄이나 상호부조가 빛을 발할 수 있었던 것처럼 말이다. 요컨대 그간 '그린 뉴딜'을 포함한 모든 기후위기 대책에서 금기시되거나 아니면 묘하게 에둘러 표현됐던 한 가지 요소가 전면에 대두해야 한다. 러시아 혁명 정부의 전시 공산주의와 제2차 세계대전 중 미국 뉴딜 정부의 전시 경제를 꿰뚫는 공통 요소인 그것은 간단히 말해 '계획'이다. 물론 말름은 이러한 계획이 100년 전 러시아처럼 국가권력의 이상 비대화로 이어지거나 2차 세계대전기의 미국처럼 자본주의와 어정쩡하게 타협하는 결과로 끝나서는 안 된다고 강조한다.

어려운 요청이다. 그러나 '오래된 비상사태' 속에서 과연 다른 길이 있을까? 가만히 앉아서 공멸이라는 결말을 기다리기만 할 게 아니라면?

> 오래된 비상사태라는 상황에서는 이것[전시 공산주의-인용자]이야말로 되돌아가야 할 전통이다. 상거래의 흐름을 통제하고, 야생 동물 밀매업자들을 쫓아내고, 화석연료 기업들을 국유화하고, 직접 기체 포집을 실행하고, 연간 탄소 배출량을 10퍼센트 가까이 감축하는 경제를 계획하고, 이 밖에도 필요한 모든 조치를 추진하는 국가가 정말로 나타날 때 비로소 우리는 비상사태를 벗어나는 도정에 서 있을 것이기 때문이다. (220쪽)

이런 요청과 문재인 정부의 이른바 '그린 뉴딜'을 대조해보면, 그 간극의 막대함에 그저 눈앞이 아득해질 뿐이다. 하지만 위기의 심화와 비상 행동이라는 필요의 심화가 향후 이 간극을 점차 메꾸게 될 것이다. 설혹 그렇지 않다 해도, 이 엄청난 간극이라는 현실 속에서 적어도 공멸의 동조자가 되지 않으려면 우리가 서둘러 반드시 해야 할 일들이 있을 것이다.

이 과업과 관련하여 저자는 위에서 언급한 '계획' 외에도 '인간의 자기 인식'을 논한다. 인간은 자기의 자연성, 지구성을 자각해야만 한다는 것이다. 달리 말해 "자기를 자각한 지구적인 주체"(아도르노, 230쪽)가 출현해야만 한다는 것이다. 오직 그럴 때에만 인류의 파국을 사전에 막아낼 수 있다고 말이다. 저자는 코로나19 팬데믹의 역사적 의의 또한 이러한 자각을 추동하는 것이라고 말한다. 감염병 위기(그리고 기후위기)가 사회 혁명만이 아니라 인식 혁명, 문화 혁명의 계기라는 것이다.

　압축 고도성장의 단맛에 취한 채 자연(지구) 착취를 성장의 필요악으로 당연시하며 살아온 우리에게, 우리 자신의 자연성과 지구성을 인식하는 일이 가능할까? 기업의 성장, 경제의 성장을 책임지는 책임관리자이기만 했던 국가더러 이제는 기업과 무역을 강력히 통제하면서라도 시민의 안녕을 먼저 보장하라고, 새로운 역할을 요구하는 것이 가능할까? 한 사람, 한 사람의 자각, 그 자각의 연대가 또 다른 연대를 부른다면 가능할 것이다. 그리고 이 책은 그 자각의 기폭제가 되기에 부족함이 없다.

2021년 8월
우석영, 장석준

코로나, 기후, 오래된 비상사태

1판 1쇄 발행 2021년 9월 10일
1판 2쇄 발행 2022년 7월 10일

지은이 안드레아스 말름
옮긴이 우석영, 장석준
펴낸이 김미정
편집 김미정, 박기효
디자인 표지 박진범, 본문 김명선

펴낸곳 마농지
등록 2019년 3월 5일 제2022-000014호
주소 (10904) 경기도 파주시 미래로 310번길 46, 103동 402호
전화 070-8223-0109
팩스 0504-036-4309
이메일 shbird2@empas.com

ISBN 979-11-968301-9-9 03300

* 책값은 뒤표지에 있습니다.
* 잘못된 책은 바꾸어드립니다.

* 이 도서는 서울연구원·서울특별시 평생교육진흥원에서 수행한
  2020년 「서울 도시인문학」 사업의 지원을 받아 출간되었습니다.